Dietrich Thränhardt (Hrsg.)

Einwanderung und Einbürgerung in Deutschland

D1618570

Studien zu Migration und Minderheiten
Studies in Migration and Minorities

herausgegeben von

Dietrich Thränhardt

Band 6

LIT

Dietrich Thränhardt (Hrsg.)

Einwanderung und Einbürgerung in Deutschland

Jahrbuch Migration – Yearbook Migration 1997/98

in Verbindung mit

Sigrid Baringhorst (Norwich), Rainer Bauböck (Wien/Princeton),
Sandro Cattacin (Genf), Kees Groenendijk (Nimwegen),
Tomas Hammar (Stockholm), Elmar Hönekopp (Nürnberg),
James F. Hollifield (Dallas), Zig Layton-Henry (Warwick),
Takashi Miyajima (Tokyo), Guiseppe Sciortino (Triest)
und Catherine Wihtol de Wenden (Paris)

herausgegeben von

Dietrich Thränhardt, Münster

LIT

Die Deutsche Bibliothek – CIP-Einheitsaufnahme

Einwanderung und Einbürgerung in Deutschland : Jahrbuch Migration – Yearbook
Migration 1997/98 / Dietrich Thränhardt (Hrsg.) . – Münster : LIT, 1998
 (Studien zu Migration und Minderheiten ; 6.)
 ISBN 3-8258-3741-6

NE: GT

© LIT VERLAG

Dieckstr. 73 48145 Münster Tel. 0251–23 50 91 Fax 0251–23 19 72

Inhaltsverzeichnis

3

Das Jahrbuch Migration

Nach dem Ende des Kalten Krieges sind Probleme der Einwanderung und Integration in ihren verschiedenen Facetten zunehmend zu zentralen Themen der Politik geworden. Migration ist materiell relevant, da die großen Veränderungen der Bevölkerung und Bevölkerungsstruktur Wirtschaft, Gesellschaft und Politik wesentlich beeinflussen und angesichts der demographischen Entwicklung und der Öffnung der Welt weiter beeinflussen werden. Für die symbolische Politik und die Medien ist Zuwanderung deswegen besonders wichtig, weil sie am "Fremden" immer wieder das "Eigene" definieren, auch wenn klar ist, daß es dabei um Konstrukte geht, die sich auf Traditionen beziehen oder neue Traditionen schaffen.[1] All dies gilt nicht nur für Deutschland, sondern auch für die anderen reichen Länder der Welt und für viele Entwicklungsländer.

Migration kann nur angemessen analysiert werden, wenn sie als Gesamtphänomen wahrgenommen wird. Das gilt sowohl für den inneren wie für den internationalen Kontext. In Deutschland geht es also um die ehemaligen Anwerbe-Ausländer und ihre Kinder und Kindeskinder ebenso wie um Aussiedler und Flüchtlinge aller Art, um die neuen russisch-jüdischen Immigranten, um Studierende, Investoren, Niedrigpreis-Arbeitskräfte, um Undokumentierte oder "Illegale", um Angehörige und Nichtangehörige der Europäischen Union oder - wie in Italien und Spanien formuliert wird - *Comunitari* und *Noncomunitari*. Ob die Rhetorik der Regierung nun - wie bei den Aussiedlern - um Positives bemüht ist oder ob sie - wie bei den Asylbewerbern - "Hitzegrade" in der öffentlichen Meinung erzeugen will[2]- stets geht es um Regulierung, um Größenordnungen, um parteipolitische Kampagnen, um ökonomische Bedürfnisse, um das Verhältnis zwischen Politikprogramm und -ausführung, um politische Moral, um Zugehörigkeit oder Nichtzugehörigkeit und andere klassische politikwissenschaftliche Analyseaufgaben. Eine derart zusammenhängende Betrachtung setzt sich sowohl in der Politik wie in der Wissenschaft immer mehr durch. So haben einige Bundesländer ihre Zuwanderungszuständigkeiten gebündelt, in Nordrhein-Westfalen etwa in einem Migrations-

---

[1] Das Fremde und das Eigene" war der entsprechende Forschungsschwerpunkt der Volkswagen-Stiftung betitelt. Die Analyse von "creation of tradition" bezieht sich auf die Arbeiten von Eric Hobsbawn.
[2] So Bundesinnenminister Kanther in einem Interview mit der Süddeutschen Zeitung, zitiert nach: Heribert Prantl, Deutschland - leicht entflammbar, München 1994, S. 53.

ausschuß im Landtag und einem Zuwanderungszentrum. Die Europäische Union bezeichnet die zuständigen Minister - darunter den deutschen Innenminister - routinemäßig als "Einwanderungsminister" - was mit den terminologischen Berührungsängsten in Deutschland seltsam kontrastiert. Entsprechend übergreifend haben sich inzwischen die historischen, die soziologischen, die erziehungswissenschaftlichen und die politikwissenschaftlichen Migrationsforscher in Deutschland organisiert. Sie knüpfen damit an die amerikanische Terminologie an.

Einwanderungs- und Integrationspolitik läßt sich nicht in den Grenzen eines Landes verstehen. In einem Westeuropa ohne Grenzen werden europaweite Regelungen zunehmend relevanter, ähnliches gilt für die weltweiten Prozesse. Dementsprechend ist die komparative Analyse ebenso nötig für das Verständnis des Geschehens wie die europäische und die internationale. Das demographische Ungleichgewicht zwischen den reichen Ländern mit niedrigen Geburtenraten - in den USA bei der "weißen" Bevölkerung - und den Entwicklungsländern mit sinkenden, aber immer noch hohen Geburtenraten, schafft die Rahmenbedingungen dafür, daß Wanderungen in Zukunft eher weiter zunehmen werden.

Dementsprechend soll das Jahrbuch Migration, dessen erster Jahresband hier vorgelegt wird, von Vornherein international angelegt sein. Es erscheint in deutscher und englischer Sprache und wird in enger Verbindung mit Kolleginnen und Kollegen vor allem in Westeuropa, den USA und Japan betrieben, aber auch darüber hinaus. Es soll die ganze Spannweite der Phänomene ebenso wie die der Forschung einbeziehen.

Politikwissenschaftliche Analyse muß der Anspruch haben, über die *simplifications terribles* hinauszuführen. Für einen öffentlich derart stark polarisierten Bereich wie die Zuwanderungspolitik, in dem Begriffe und Schlagworte schnell zur Hand sind, bedeutet das eine besondere Verpflichtung zu intensiver empirischer Faktenaufnahme und theoretischer Präzision. Es bedeutet, Selbstverständlichkeiten zu hinterfragen, Begrifflichkeiten zu klären und sich mit Entwicklungen zu beschäftigen, die gerade erst sichtbar werden. Und schließlich schließt es auch die ethisch fundierte Stellungnahme ein - freilich nicht die einfache und holistische, sondern die an der Sache geprüfte und begrifflich geklärte. Diesen Ansprüchen soll das Jahrbuch verpflichtet sein. Zugleich soll es die intellektuelle Neugierde stimulieren und für Unkonventionelles offen sein.

Die erste Ausgabe ist in thematischer Geschlossenheit schwerpunktmäßig der Migration in Deutschland gewidmet und stammt - einschließlich des Beitrags eines amerikanischen Gastes - aus dem Institut für Politikwissenschaft der Universität Münster. Die nächsten Bände werden - auch in Verbindung mit dem Arbeitskreis Migration der Deutschen Vereinigung für Politische Wissenschaft und mit internationalen Kontakten - sowohl von der Themenwahl wie von den Beiträgern her pluraler und internationaler angelegt sein. Herausgeber und Verlag laden zu Beiträgen ein und hoffen auf eine offene Diskussion.

Münster, im Februar 1998   Dietrich Thränhardt

Dietrich Thränhardt

Einwanderung und Einbürgerung in Deutschland

Einführung in das Jahrbuch Migration 1997/98

Das erste Jahrbuch Migration ist aktuellen Entwicklungen in Deutschland gewidmet und spricht neue und zum Teil ungewohnte Themen an. Der Beitrag von Heike Hagedorn behandelt die "klassische" Frage nach der Einbürgerung in Frankreich und Deutschland, die mit der preisgekrönten Arbeit von Rogers Brubaker 1990 zunächst abgeschlossen schien.[3] Es war eine historische Ironie, daß Frankreich ebenso wie Deutschland ihr Staatsangehörigkeitsrecht im Erscheinungsjahr von Brubakers Arbeit geändert und einander zunächst angenähert haben. Frankreich ist Februar 1998 dabei, ganz weitgehend zu seinem alten Recht automatischer Einbürgerung der "dritten Generation" zurückzukehren, auch wenn die Terminologie und Details der Regelungen anders aussehen. Deutschland hat trotz der andauernden Blockade einer Reform für die Kinder - wenigstens der dritten Generation - inzwischen in bezug auf die Zahl der Einbürgerungen mit Frankreich gleichgezogen. Überraschend mag für den Leser sein, daß für Erwachsene inzwischen in vieler Beziehung die Einbürgerung in Deutschland leichter ist als in Frankreich, vor allem Hinblick auf die Gebühren. Allerdings wird es viel Zeit erfordern, den Vorsprung Frankreichs in dieser Beziehung einzuholen, und es ist sehr zweifelhaft, ob dies ohne eine automatische Einbürgerung für Kinder gelingen kann.

Ein zweiter neuer Aspekt dieses Beitrages ist die regionale Differenzierung bei der Einbürgerung. Für französische Experten war die Tatsache regional unterschiedlicher Einbürgerungsraten eine Überraschung, da die gesetzliche Grundlage dieselbe ist und auch die Entscheidung zentral getroffen wird. In den Niederlanden, ebenfalls einem zentralstaatlichen Land, sind entsprechende Unterschiede ebenfalls nachgewiesen worden, und zwar über sehr

---

[3] Rogers Brubaker, Citizenship and Nationhood in France and Germany, Cambridge, Mass./ London 1992, dt. Staats-Bürger. Frankreich und Deutschland im historischen Vergleich, Hamburg 1994.

lange Zeiträume.[4] Für Deutschland ist die unterschiedliche Einbürgerungspraxis der Bundesländer angesichts ihrer eigenen Zuständigkeit für die Ausführung von Bundesgesetzen weniger
überraschend. Im Gegenteil: Erstaunlich ist immer noch, daß die Bundesländer weitgehend
darauf verzichten, ihre verfassungsmäßigen Rechte auszuschöpfen und die Einbürgerung im
Rahmen der Gesetze so zu gestalten, wie sie es für richtig halten. Nach dem Gesetz von 1913,
das sehr knapp formuliert ist und außer der Einbürgerung von Mittellosen alles möglich
macht, hätten sie diese Möglichkeit ganz weitgehend. Erklärungsbedürftig ist weiterhin,
warum sich in der Unterschiedlichkeit der Einbürgerungsraten der Länder die bekannten und
immer wieder in die Öffentlichkeit gebrachten parteipolitischen Unterschiede nur zum Teil
abbilden und beispielsweise das Saarland 1996 unter die Einbürgerungsraten von Bayern
gerutscht ist. Bis 1985 hatte Berlin die weitaus höchste Einbürgerungsrate, seit 1996 Hamburg. Interessanterweise lassen sich auch innerhalb der Bundesländer entsprechende Unterschiede nachweisen und wir finden beispielsweise innerhalb eines Bundeslandes Einbürgerungsraten zwischen 0,3 und 2,7 Prozent für die selbe Zuwanderungsgruppe.[5]

Nicht eine räumliche, sondern eine zeitliche Maßstabveränderung wird in dem Beitrag von
Uwe Hunger beschrieben. Warum, so fragte im Sommer 1997 bei einem Vortrag zu diesem
Thema in Münster mit Recht ein Bauunternehmer, gab es in den siebziger Jahren bei linken
Wissenschaftlern eine derart vehemente sozialkritische Aufregung und eine zugespitzte
Diskussion um "Ausbeutung" von Anwerbe-Arbeitern, obwohl damals Tarifverträge und der
Gleichheitsgrundsatz galten und dementsprechend ausländische Arbeitskräfte prinzipiell
dieselben Löhne erhielten wie ihre deutschen Kolleginnen und Kollegen? Und warum regt sich
andererseits heute niemand auf, obwohl zum Teil extrem niedrige Löhne gezahlt werden und
ein Teil der neu Entsende-Arbeitskräfte in katastrophalen Verhältnissen lebt? Der Beitrag
beschreibt den Versuch, im Baugewerbe den Konsens-Kapitalismus bundesdeutscher Tradition

---

[4] Eric Heijs, Van vreemdeling tot Nederlander. De verlening van het Nederlanderschap aan vreemdelingen
(1813-1992), Amsterdam 1995, S. 100, 152, 204 und 229.
[5] Berechnet für die türkischen Staatsangehörigen. Vgl. Dietrich Thränhardt, Regionale Ansätze und Schwer-
punktaufgaben der Integration von Migrantinnen und Migranten in Nordrhein-Westfalen. Studie im Auftrag des
Ministerium für Umwelt, Raumordnung und Landwirtschaft des Landes Nordrhein-Westfalen, Ms. Münster
1997, S. 48-55.

durch ein Sweatshop-Modell zu ersetzen und die daraus resultierenden Probleme und Perspektiven. Insbesondere geht es um die Frage, ob der "rheinische Kapitalismus" in einem Prozeß fortschreitender Zersetzung begriffen ist, nachdem schon der Bereich Handelsschifffahrt weitgehend "ausgeflaggt" bzw. in einem Zweitregister organisiert worden ist. Des weiteren ist die Frage interessant, ob eine derartige Entscheidung rückführbar ist. Schließlich enthält der Beitrag eine Analyse zum Entscheidungsprozeß im komplexen System des deutschen Arbeitsrechts.

Daß Deutschland heute das Land mit der weltweit "am schnellsten wachsenden jüdischen Gemeinde" ist - wie der Direktor des American Jewish Committee, David Harris, am 9. Februar 1998 in Berlin erklärte[6] - mag für die Öffentlichkeit immer noch überraschend sein. Weit mehr als das große Betondenkmal in Berlin, über das zu diesem Zeitpunkt immer noch diskutiert wurde, wird mit dieser neuen Einwanderung ein Akzent der Veränderung und der definitiven Abwendung von der Tradition des Antisemitismus und der Massenverbrechen gesetzt. Es ist bezeichnend für die Ängstlichkeit des intellektuellen Diskurses in Deutschland, daß sich bisher fast ausschließlich nichtdeutsche Wissenschaftler mit dieser faszinierenden neuen Einwanderung auseinandergesetzt haben.[7]

Hier geht es - wie Paul Harris in seinem Beitrag ausführt - um die erste planmäßig angelegte Einwanderungspolitik Deutschlands, nachdem alle vorherigen Politiken entweder auf Not gegründet waren - Flüchtlinge der verschiedenen Kategorien und Aussiedler - oder auf ein Provisorium abgestellt hatten, wie es der populäre Ausdruck "Gastarbeiter" so sprechend ausdrückt. Insofern liegt hier eine analytische Herausforderung auch für die Politikwissenschaft. Beschrieben wird im vorliegenden Beitrag der Entscheidungsprozeß, in dem eine Koalition von ostdeutschen Bürgerrechtlern, Grünen, Sozialdemokraten und Jüdischen Gemeinden gegen eine zunächst ablehnende Bundesregierung die Einwanderungspolitik für

---

[6] Zitiert nach: "Herzog: Jüdisches Leben in Deutschland fördern", in: SZ 33, 10.2.1998.
[7] Vgl. vor allem die Bücher von Jeroen Doomernijk, Amsterdam. Jeroen Doomernijk, Going West: Soviet Jewish Immigrants in Berlin since 1990. Aldershot 1997.

jüdische GUS-Auswanderer durchsetzte. Sie wird im Rahmen der Rechtsfigur Kontingent-flüchtlinge durchgeführt, es gibt aber keine Kontingent-Begrenzung. Paul Harris ist inzwischen dabei, sich mit regionalen Aspekten dieser Einwanderung zu beschäftigen. Während ursprünglich Berlin zentraler Anlaufpunkt der neuen russisch-jüdischen Immigration war, ist der Schwerpunkt inzwischen nach Nordrhein-Westfalen verlagert worden. Andererseits dauern in Bayern die Verfahren besonders lange. Ein weiterer wichtiger Punkt wird die Integration sein, die von den Jüdischen Gemeinden und ihrer Zentralwohlfahrtsstelle begleitet wird.

Kann die neuen jüdische Einwanderung bisher als unerwartete, aber bewußt herbeigeführte Erfolgsgeschichte betrachtet werden, so geht es in dem Beitrag über die Italiener in Deutschland um einige Fragezeichen. Wir haben uns weithin daran gewöhnt, Europäer als "kulturell nahestehend" und "unauffällig" zu betrachten, wie es die Bundesregierung 1996 ausgedrückt hat - im Gegensatz zu Nicht-EU-Europäern. Überraschenderweise haben nun aber Italiener in vielen Bereichen die negativsten Integrationswerte, ganz im Gegensatz zu Spaniern, die die positivsten Werte erreichen. Dies gilt speziell für italienische Kinder, die zu einem erschreckenden Prozentsatz Sonderschulen besuchen. In unserem Beitrag werden die Sozialdaten für die einzelnen Nationalitäten verglichen und interpretiert. Sie stehen in einem eklantanten Gegensatz zur *conventional wisdom*. Eine wesentliche Teilerklärung bezieht sich wiederum auf die regionale Unterschiedlichkeit. So besuchen in Bayern und Baden-Württemberg zehn Prozent der italienischen Kinder Sonderschulen und die Konzentation der italienischen Gruppe auf Süddeutschland beeinflußt deshalb auch die deutschen Durchschnittswerte stark.

Trotz der lebhaften Diskussion über das Staatsangehörigkeitsrecht ist Günter Hinken der erste Politikwissenschaftler, der sich systematisch mit den Beratungen des Parlamentarischen Rates zu diesem Problemkreis beschäftigt, wie das für den Asylartikel schon 1988 geschehen ist.[8] Wichtig ist dabei die Einordnung des Problems in den historischen Gesamtzusammenhang, insbesondere die "Magnet-Theorie", die Westdeutschland anziehend für die Bevölkerung im

---

[8] Vgl. Simone Wolken, Das Grundrecht auf Asyl als Gegenstand der Innen- und Rechtspolitik in der Bundesrepublik Deutschland, Frankfurt a. M. 1988.

Osten machen sollte und zuerst von Kurt Schumacher formuliert worden ist. Sie war zwar als ideelle Attraktion formuliert worden, wurde aber als Migration aus dem Osten wirksam, die schließlich 1989 auch den Einsturz des DDR-Systems und seiner Abschottungspolitik brachte. Ein zweiter Strang der Diskussion betraf die Abgrenzungsprobleme zwischen dem bundesdeutschen Teilstaat und dem als fortbestehend betrachteten Gesamtstaat, der schließlich mit dem Teilstaat identisch wurde. Interessant sind die Überlegungen zu einer Wiedererweckung der Landeszugehörigkeiten. Diese Unterstaatsangehörigkeiten, die es bis 1934 in Deutschland gegeben hatte, wurden nicht wieder aufgegriffen. Die Wiedereinbürgerung der vom nationalsozialistischen Regime Ausgebürgerten sollte Unrecht beseitigen und lag damit in einer Linie mit anderen Festlegungen zur Staatsangehörigkeit. Über den eigentlichen Gegenstand hinaus sind auch die Randbemerkungen Hinkens zur Rolle des KPD-Abgeordneten Renner im parlamentarischen Rat neu, der in den vorliegenden Darstellungen, die in der Zeit des Kalten Krieges entstanden sind, in bezug auf konstruktive Mitarbeit kaum erwähnt worden ist.

Insgesamt wird deutlich, wie stark die deutsche Einwanderungs- und Integrationspolitik im Umbruch ist. Die Besonderheiten des Provisoriums Bundesrepublik werden schrittweise abgebaut, und zwar vor allem in Bereichen, die sich auf den Kalten Krieg bezogen. Sonder-Einwanderungsrechte für Aussiedler werden reduziert, sobald - wie in Polen - Gleichberechtigung und Demokratie verwirklicht worden sind. Auch die Zuwanderungsmöglichkeiten für Aussiedler aus Rußland werden stark beschnitten und von verschärften Kriterien abhängig gemacht. Die Asylbewerberzahl und die Zahl der anerkannten Flüchtlinge sind weiterhin rückläufig, erstere macht aber immer noch mehr als die Hälfte der westeuropäischen Gesamtzahl aus. Nicht zu erkennen ist aber ein klares Gesamtmodell für die Zukunft. Die österreichischen Erfahrungen mit einem Quotensystem sind nicht ermutigend. Befürworter eines Quotensystems haben Schwierigkeiten zu beschreiben, wie es denn konstruiert sein soll. Sie pochen aber auf die strikte Einhaltung der Quoten.[9] Gerade damit wird die ganze Problematik

---

[9] Vgl z.B. Stefan Angenendt, Einführung, in: Ders. (Hrsg.), Migration und Flucht, Bonn 1997, S. 22.

von Quotenregelungen klar, denn die Schwierigkeit liegt immer im Einzelfall und seiner Subsumption unter ein Zahlenmodell, das von einer Bürokratie verwaltet wird.[10]

Demgegenüber hat sich die Öffnungspolitik im westlichen Europa bewährt und die Befürchtungen, die sich damit verbanden, haben sich als weitgehend unbegründet erwiesen. In der EU ist die Verantwortung für die Wanderungsentscheidung dem Individuum selbst zurückgegeben, wie dies auch innerstaatlich der Fall ist. Dieses System der persönlichen Freiheit hat sich bewährt. Sofern dabei die Rechtsgleichheit der Zuwanderer gegenüber den Einheimischen gewahrt wird, ergibt sich eine weitgehend problemlose Eingliederung. Geschieht dies nicht, so droht - wie aus dem Beitrag Uwe Hungers deutlich wird - ein Abrutschen in eine Zwei-Klassen-Gesellschaft. Damit ist die Migrationsfrage eng mit der Frage der sozialen Ordnung im Zeitalter der Globalisierung verknüpft. Die Chance für Europa besteht in der schrittweisen Ausweitung der freien Bewegungsmöglichkeit über die jetzigen Grenzen hinaus auf die Nachbarstaaten im Osten und Süden. Dies ist durchaus trotz recht unterschiedlicher Pro-Kopf-Einkommen möglich, wie sie beispielsweise zwischen Hamburg und dem Alentejo bestehen. Nicht möglich ist eine offenes System ohne Staatseingriff bei Katastrophen, seien sie Krieg wie im ehemaligen Jugoslawien, Bürgerkrieg wie in der Türkei oder Nuklearunfall wie in Tschernobyl. Dieser Zusammenhang ist eine Herausforderung an die europäische Politik der nächsten Jahrzehnte und zeigt die Möglichkeiten und Begrenzungen einer Öffnung der Welt für die Menschen.

---

[10] Der Verfasser hat selbst das erste zahlenmäßig durchgerechnete Quotenmodell für Deutschland veröffentlicht, ist aber aus den angegebenen Gründen von derartigen zentralen Vorgaben abgekommen. Vgl. Dietrich Thränhardt, Ein Zuwanderungkonzept für Deutschland am Ende des Jahrhunderts, in: Politische Bildung 1/1993, S. 8-32.

Heike Hagedorn

Wer darf Mitglied werden?

Einbürgerungen in Deutschland und Frankreich

Einleitung

"Blutrecht" in Deutschland, "Bodenrecht" in Frankreich. So lautet oft die vereinfachte Gegenüberstellung zweier Einbürgerungsmodelle. In diesem Sinne schreibt der FIGARO in einem
vergleichenden Artikel über das deutsche Staatsangehörigkeitsrecht:

> **Deutschland: Ablehnung des "Bodenrechts".** Einer "multikulturellen Gesellschaft"
> gegenüber feindlich gesinnt möchte die Mehrheit der Deutschen nur mit 'kulturell deut-
> schen' Bürgern zusammenleben, ausgenommen davon sind Europäer.[...] Deutscher ist
> oder wird jeder, der von deutschen Eltern oder Vorfahren abstammt und durch seine
> Sprache und Kultur die Verbundenheit zur deutschen 'Kulturnation' nachweisen kann.
> Dies nennt man Abstammungsrecht oder Blutrecht. Eine Ausnahme wird gemacht für
> Ausländer, die seit 15 Jahren in Deutschland leben, fließend Deutsch sprechen und ele-
> mentare Kenntnisse über das Grundgesetz und lokale Gebräuche vorweisen können.
> Wenn sie einen regulären Aufenthaltstitel besitzen, ein gesichertes Einkommen haben
> und einen festen Wohnsitz, können sie sich nach einer Art Eignungsprüfung einbürgern
> lassen."[1]

Bei einer derartigen Darstellung, die zum Teil schlichtweg falsch ist, da weder ein Kultur-
noch ein Politiktest verlangt wird, ist es kein Wunder, daß die deutsche Einbürgerungspolitik
verzerrt wahrgenommen wird.

Das *ius sanguinis*, vielleicht besser mit Abstammungsprinzip übersetzt, ist natürlich keine
deutsche Eigenheit, sondern es existiert in jedem Staat als Voraussetzung für das Fortbestehen
des Staatsvolkes. Eine zweite Quelle für die Vergrößerung bzw. Sicherung des Staatsvolkes
ist die Immigration. Jeder Staat, der im Laufe seiner Geschichte Einwanderung erfahren hat,

---

[1] LE FIGARO vom 12.11.1997, S. 7.

wird versuchen, die Immigrierten und ihre Familien auf Dauer in die nationale Gemeinschaft einzugliedern. Zu diesem Zweck haben die einzelnen Staaten verschiedene Ausprägungen des Territorialprinzips in ihr Einbürgerungsrecht aufgenommen. Als Anknüpfungspunkte können der Aufenthalt im Territorium, Heirat mit einem Einheimischen oder Geburt im Land dienen. Das *ius soli* steht also nicht im Gegensatz zum *ius sanguinis*, sondern ist vielmehr eine Ergänzung desselben.

Aber Mythen halten sich hartnäckig. Während Deutschland auch in Fachkreisen als Vertreter des "Blutrechts" gilt, gibt sich Frankreich als Verfechter des *ius soli*, welches es in seiner reinen Form dort jedoch nie gegeben hat. Trotzdem forderten bei der Parlamentsdebatte im Dezember einige sozialistische Abgeordnete die "Wiederherstellung des Bodenrechts"[2]. Anders als in den USA erfolgt die Einbürgerung der zweiten Generation in Frankreich aber nur bei Geburt und Aufenthalt im Land. Diese Regelung wurde durch die Reform von 1993 nicht abgeschafft, sondern nur modifiziert. Der in Frankreich geborene ausländische Jugendliche wird jetzt nicht mehr automatisch beim Erreichen der Volljährigkeit Franzose, sondern muß einen Antrag auf Einbürgerung stellen.

Der öffentliche Diskurs stiftet jedoch noch mehr Verwirrung, denn oft werden **Einwanderung** und **Einbürgerung** miteinander verwechselt. So befürchten manche, durch die Liberalisierung der Einbürgerungsgesetze eine erhöhte Einwanderung zu provozieren. In diese Richtung zielt auch eine Äußerung Bundeskanzler Kohls, derzufolge ein neues Staatsbürgerschaftsrecht einen massenhaften Zuzug von Türken auslösen würde.[3] Dabei handelt es sich um zwei verschiedene Themen: **Einwanderungsgesetze** regeln die aktuellen Zutrittsbedingungen, also die Frage "wer darf hinein?". Das **Einbürgerungsrecht** dagegen ermöglicht es Personen, die zu einem früheren Zeitpunkt eingewandert sind, sich vollständig zu integrieren, und gibt daher Antwort auf die Frage "wer darf Mitglied in der staatlichen Gemeinschaft werden?". Die Beantwortung dieser Frage ist wichtig, da der/die Eingebürgerte in allem und auf

---

[2] Vgl. LE MONDE vom 14.11.1997, S. 1.
[3] Vgl. Süddeutsche Zeitung vom 12.11.1997, S. 10.

Dauer den anderern Mitgliedern gleichgestellt ist. Insofern berührt die Einbürgerung einen sensiblen Nerv der nationalen Souveränität.

Im konkreten Fall von Deutschland und Frankreich handelt es sich bei der Zielgruppe in erster Linie um die in den fünfziger und sechziger Jahren zugewanderten "Gastarbeiter" und ihre Familienangehörigen, also Ausländer mit langem Aufenthalt. Dazu kommen später eingewanderte Ausländer, Flüchtlinge, Asylbewerber, etc. Die Reintegration von ehemaligen Franzosen, oft aus den ehemaligen Kolonien, und die Einbürgerung von Aussiedlern, die in den letzten Jahren in großer Zahl erfolgten, stellen jeweils eine nationale Besonderheit dar.

Anfang der neunziger Jahre wurden sowohl in Frankreich als auch in Deutschland Reformen in der Einbürgerungsgesetzgebung durchgeführt. In Frankreich fand man die Einbürgerungspolitik zu liberal bzw. wollte man den freien Willen des Individuums, das sich zur französischen Nation bekennt, stärker in den Vordergrund stellen. In Deutschland hatte man bemerkt, daß man nicht auf Dauer einen bedeutenden Teil der Bevölkerung vom politischen Leben ausschließen kann und versuchte eine Öffnung der Einbürgerungsgesetze zu erreichen.

Rogers Brubaker hat in seinem Buch „Citizenship and Nationhood in France and Germany" (1992) einen guten Überblick über die Einbürgerungstraditionen in beiden Ländern gegeben. Der folgende Artikel konzentriert sich daher auf die neuesten Entwicklungen im Bereich der Einbürgerung seit 1991. Die Implementation der Reformen läßt sich am besten aus zwei Perspektiven betrachten: einer **juristischen**, die die Einbürgerungsmöglichkeiten für die verschiedenen Gruppen in Deutschland und Frankreich vergleicht und einer **empirischen**, die die realen Einbürgerungszahlen berücksichtigt. Die Frage lautet, ob es eine wirkliche Verknüpfung dieser zwei Bereiche gibt oder ob und wo Diskrepanzen bestehen. Die Darstellung der verschiedenen Antworten auf die Frage "wer darf Mitglied werden?" führt schnell von einer rein technischen Betrachtungsweise zu einer tieferen politischen und gesellschaftlichen Dimension, die das nationale Selbstverständnis berührt.

1. Die rechtlichen Grundlagen und ihre Anwendung

Die rechtlichen Grundlagen bilden den Gestaltungsrahmen, innerhalb dessen eingebürgert werden kann. Es ist aufschlußreicher, die gesetzlichen Grundlagen nicht global zu vergleichen, sondern gruppenspezifisch, da sich nur so differenzierte Erkennntnisse gewinnen lassen. Die in Frage kommenden Migranten lassen sich dabei in drei große Gruppen einteilen:

- die Einwanderer der ersten Generation,
- die ausländischen Ehepartner und
- die zweite bzw. alle nachfolgenden Generationen.

Die semantischen Schwierigkeiten, die Gruppen korrekt zu bezeichnen, sind allgemein bekannt. Soll man nun von Immigranten, Migranten, Ausländern, Inländern ohne deutschen/französischen Paß, Nicht-Deutschen, Nicht-Franzosen oder Deutschen/Franzosen ausländischer Herkunft sprechen? Aus praktischen Gründen wurde im folgenden Text meistens auf die Bezeichnung Ausländer oder Immigranten zurückgegriffen.

Die häufigste Art des Erwerbs der Staatsangehörigkeit ist die Weitervererbung durch die Eltern an ihre Kinder, das *ius sanguinis*. Dies soll hier aber nicht näher untersucht werden, ebensowenig wie die Problematik der Aussiedler in Deutschland und die Reintegration von ehemaligen Franzosen aus den ehemaligen Kolonien.

In Frankreich wurde der frühere *Code de la Nationalité* von 1945 bei der letzten Reform wieder in den *Code civil* eingegliedert. Dort sind seitdem alle wichtigen Bestimmungen zur Einbürgerung enthalten. In Deutschland wurde 1990 ein neues Ausländergesetz[4] geschaffen, welches unter anderem einen Abschnitt zur "Erleichterten Einbürgerung" enthält. Daneben gilt weiterhin das Reichs- und Staatsangehörigkeitsgesetz von 1913. Aber die Gesetzestexte allein sagen wenig aus. Ihre Auswirkungen zeigen sich erst durch die Interpretation und Anwendung in der Praxis.

---

[4] Das Ausländergesetz wurde im Sommer 1990 vom Bundestag verabschiedet und trat am 1.1.1991 in Kraft.

Da Deutschland über eine föderale Struktur verfügt, gibt es im Bereich der Einbürgerung zwar eine bundeseinheitliche Gesetzgebung, die Implementation obliegt aber den Ländern. Der Föderalismus führt dazu, daß es zum Teil beträchtliche Unterschiede zwischen den einzelnen Bundesländern in der Auslegung und Anwendung der Gesetze gibt. Die Landesinnenministerien dürfen die Einbürgerung selbst organisieren und im Rahmen der geltenden Gesetze frei entscheiden. In Zweifelsfällen können sie das Bundesinnenministerium um Rat fragen, welches aber eigentlich über keine eigenen Kompetenzen verfügt. Nur in Einzelfällen darf der Bundesinnenminister von seinem Zustimmungsvorbehalt Gebrauch machen.

In der Praxis wird besonders in Fällen, die eine Hinnahme von Mehrstaatigkeit erfordern, das Bundesinnenministerium eingeschaltet. Einerseits fehlen noch immer bundeseinheitliche Richtlinien zum Ausländergesetz von 1990, andererseits scheuen sich manche Bundesländer, die Verantwortung für ihre Entscheidungen zu übernehmen und stützen sich deshalb auf das Bundesinnenministerium.

Einen Sonderfall bildet die Einbürgerung von Iranern. Das *Zusatzprotokoll des deutschpersischen Abkommens von 1929*, welches noch immer in Kraft ist, verlangt die Autorisierung der Einbürgerung durch den jeweils anderen Staat. Da der Iran es regelmäßig versäumt, sein Einverständnis zu geben, genauso wie er sich weigert, Iraner aus ihrer Staatsangehörigkeit zu entlassen, erfordert jede Einbürgerung einen großen Aufwand an diplomatischer Korrespondenz. Zum Schluß wird der Bewerber, oft nach mehrjähriger Wartezeit, dann doch noch mit Sondergenehmigung des Bundesinnenministers eingebürgert.

Frankreich ist zwar ein stark zentralisiertes Land, d.h. Kompetenzen werden selten an untere Ebenen abgegeben, dafür kämpfen aber die Ministerien untereinander um Macht. Bei Angelegenheiten, die die Staatsbürgerschaft betreffen, sind allein vier Ministerien beteiligt.

Diese Vielfalt führt oft zu Schwierigkeiten bei der Koordination der Zusammenarbeit. Die Arbeit in den einzelnen Ministerien ist kaum oder gar nicht aufeinander abgestimmt.

Abbildung 1: Zuständigkeiten der Ministerien bei Fragen der Staatsangehörigkeit in Frankreich

SOUS-DIRECTION DES NATURALISATIONS MINISTÈRE DE L'EMPLOI *Bearbeitung der Dossiers bei Einbürgerungen per Dekret und bei Deklarationen der franz. Staatsangehörigkeit aufgrund von Heirat Aufbewahrung des Nachweises der franz. Staatsangehörigkeit (Archive)*
SERVICE CENTRAL DE L'ETAT CIVIL MINISTÈRE DES AFFAIRES ETRANGÈRES *Erstellung und Auswertung der Zivilakten von Ausländern, die Franzosen geworden sind Konsularische Anerkennung von Akten über gemischtnationale Ehen*
TRIBUNAUX D'INSTANCE MINISTÈRE DE JUSTICE *Annahme der Anträge auf Einbürgerung bei Heirat Bearbeitung der "manifestations de volonté" Auslieferung des Zertifikates über die französischen Staatsangehörigkeit*
PRÉFECTURES MINISTÈRE DE L'INTÉRIEUR *Annahme der Anträge bei Einbürgerungen per Dekret Überprüfung der Antragsteller (Assimilierung, Straffreiheit) Erstellung und Auslieferung der Ausweise*

Quelle: CFDT: Livre Blanc "Accès à la nationalité française". Paris 1996; eigene Recherchen

1.1 Die Einbürgerung der ersten Einwanderergeneration: ein Patiencespiel

Mit der ersten Generation sind Personen gemeint, die im Ausland geboren und im Laufe ihres Lebens nach Frankreich bzw. Deutschland immigriert sind. Ein Einbürgerungsbewerber aus dieser Gruppe muß, vereinfacht dargestellt, in **Frankreich** folgende Bedingungen erfüllen:

- seit mindestens fünf Jahren seinen gewöhnlichen und rechtmäßigen Aufenthalt in Frankreich haben,
- volljährig sein,
- über ein gesichertes eigenes Einkommen verfügen,
- "être de bonne vie et mœurs" und
- "assimiliert" sein.[5]

---

[5] Zu Einzelheiten bezüglich des französischen Staatsangehörigkeitsrechts vgl. La documentation française: La nationalité française. Textes et documents. Paris 1996. Und Lagarde, Paul: La nationalité française. Paris 1997. Außerdem gibt es hilfreiche Rechtsführer, die vom GISTI und von SOS-Racisme herausgegeben wurden. Le droit des étrangers. Paris 1994.

Die Mindestaufenthaltsdauer kann unter Umständen, z.B. bei Personen, die eine französischsprachige Schule besuchen oder ein französisches Universitätsdiplom haben, verkürzt werden.[6] Der Aufenthalt muß in jedem Fall rechtmäßig sein und der Lebensmittelpunkt (Familie und Arbeit) sich in Frankreich befinden.

"Être de bonne vie et mœurs" könnte man vielleicht übersetzen mit "einen guten Lebenswandel führen" oder unbescholten sein. In der Praxis bedeutet es, daß der Bewerber weder in Frankreich noch in seinem Herkunftsland verurteilt worden sein oder ein "anstößiges" Leben geführt haben darf. Bei kleineren Vergehen entscheidet der Präfekt, ob diese ein Einbürgerungshindernis darstellen oder nicht.

Der Begriff der "Assimilierung" ist typisch französisch und weitergehender als "Integration". Hinter der Forderung nach "Assimilierung" verbirgt sich eine ganze Ideologie der Predominanz französischer Kultur. Der Begriff der "Assimilierung" wird noch immer sowohl von Rechten als auch von Linken in durchaus positiver Absicht benutzt. Frankreich vertritt eben das Ideal der Gleichheit aller Bürger, welches keine besonderen Gemeinschaften und damit keine Minderheitenpolitik wie in Großbritannien zuläßt. In der Praxis bezieht sich Assimilierung in erster Linie auf ausreichende Sprachkenntnisse, da sie im Gegensatz zur "kulturellen Assimilierung" ein einigermaßen überprüfbares Kriterium darstellen. Die Sprachkenntnisse werden im Verlaufe des Gespräches von einem Mitarbeiter der Behörde geprüft und auf einem Vordruck vermerkt, eventuell muß der Bewerber ein kleines Diktat schreiben. Polygamie und extreme politische Positionen werden ebenfalls als fehlende Assimilierung interpretiert und stellen einen Ablehnungsgrund dar. Ein schlechter Gesundheitszustand stellt zwar für die Einbürgerung kein Hindernis mehr dar, aber die Behörde kann weiterhin ein amtliches Gesundheitszeugnis verlangen.

Der Zusammenhalt der Familie wird in Frankreich, zumindest bei Ausländern, noch immer sehr geschätzt. Will sich der (ausländische) Ehepartner nicht miteinbürgern lassen, so stellt dies einen Ablehnungsgrund dar. Ebenso wird der Antragsteller aufgefordert, seine minderjährigen Kinder namentlich zu vermerken, damit diese in den Genuß des *"effet collectif"* kommen, also miteingebürgert werden. In Deutschland ist man schon vor einigen Jahren von dem Grundsatz der einheitlichen Staatsangehörigkeit in der Familie abgekommen, weil man insbesondere Jugendlichen, aber auch Ehegatten eine eigenständige Entscheidung ermöglichen wollte. Familienmitglieder können sich also miteinbürgern lassen, müssen dies aber nicht. Für sie gelten vereinfachte Bedingungen, d.h. insbesondere kürzere Mindestaufenthaltszeiten.

Einbürgerungen der ersten Generation, auf französisch werden sie als *"naturalisations"* bezeichnet, stellen keinen Rechtsanspruch dar, sondern lassen der Behörde einen Ermessensspielraum. Mit anderen Worten darf die zuständige Administration den Bewerber ablehnen, auch wenn er alle aufgeführten Bedingungen erfüllt. Seit 1993 muß diese Ablehnung allerdings begründet werden.

Bis 1986 wurde noch ein Unterschied zwischen "echten" Franzosen und eingebürgerten Franzosen gemacht. Letztere kamen erst nach fünf Jahren (vorher sogar erst nach zehn Jahren) in den vollen Genuß aller Bürgerrechte, die z.B. den Zugang zur Beamtenlaufbahn öffnen.

Einbürgerungsangelegenheiten werden in Frankreich zentral bearbeitet. Im Falle der *naturalisations* ist zur Zeit das *Ministère de l'Emploi* zuständig (bis Juni 1997 war es das *Ministère de l'Aménagement du territoire, de la Ville et de l'Intégration*). Dieses verfügt über eine *Direction de Migration et Population* (DPM), die 1987 im Zuge der Dezentralisierung von Paris nach Nantes ausgelagert wurde. Die Anträge können bei der Präfektur am Wohnort gestellt werden, welche sie dann direkt an die DPM weiterleitet. Die Präfektur funktioniert also quasi wie ein Briefkasten: Sie überprüft die Richtigkeit und Vollständigkeit der Unterlagen, bewertet die Sprachkenntnisse und fragt nach den Motiven für die Einbürgerung. Der Polizeipräfekt gibt schließlich zu jedem Dossier seine Stellungnahme ab, in der er die Einbürgerung befürwortet oder ablehnt. Die endgültige Entscheidung darf aber nur von der DPM getroffen werden.

Die Bearbeitungszeit der Naturalisierungsfälle ist sehr lang, sie beträgt durchschnittlich drei Jahre. In der Pariser Polizeipräfekur, die die meisten Einbürgerungsfälle zu bearbeiten hat, betragen die momentanen Wartezeiten 7 Monate für eine erste Kontrolle der Unterlagen

---

[6] Vgl. zu Einzelheiten Code civil 21-18 und 21-19.

und dann noch einmal 8 Monate für einen Gesprächstermin. Gründe für diese langen Wartezeiten sind Antragstau und Personalmangel. Für Weiter- und Fortbildungsmaßnahmen des Personals und eine gewisse Vereinheitlichung der Prozedur in Absprache mit anderen Präfekturen ist da natürlich keine Zeit. Einbürgerungsangelegenheiten genießen offensichtlich keine Priorität innerhalb der Aufgabenstellungen einer Präfektur.[7]

Bevor der Antrag von der DPM in Nantes bearbeitet werden kann, vergehen noch einmal 12 Monate. Die DPM leidet ebenfalls unter chronischem Personalmangel. Obwohl die Zahl der Einbürgerungsanträge in den letzten Jahren kontinuierlich angestiegen ist, wurden bislang noch keine neuen Mitarbeiter eingestellt. Einbürgerungsfälle, für die eine zeitlich begrenzte Bearbeitungszeit gilt, wie z.B. bei ausländischen Ehepartner von Franzosen, werden vorrangig bearbeitet. Seit einiger Zeit bemüht sich die DPM um personelle Verstärkung, um die Bearbeitungszeiten auf ein erträgliches Maß zu reduzieren.[8] Bei den derzeitigen Budgetbeschränkungen des französischen Staates sind diese Bemühungen allerdings recht aussichtslos.

Der Vorteil einer zentralisierten Einbürgerungsprozedur ist, daß regionale Unterschiede teilweise ausgeglichen werden können, wenn manche Präfekturen strenger beurteilen als andere. Der Nachteil ist, daß die Bearbeitungswege sehr lang sind und nur ein Dutzend Mitarbeiter über sämtliche *naturalisations* in Frankreich entscheiden.[9]

Die französischen Regelungen erinnern an die Bestimmungen des **deutschen Reichs- und Staatsangehörigkeitsgesetz** von 1913 (RuStAG), das bis heute in Kraft ist. Dort und in den ergänzenden Einbürgerungsrichtlinien von 1977 werden

- ein Mindestaufenthalt von 10 Jahren,
- ein gesichertes Einkommen,
- Straffreiheit,
- Aufgabe der früheren Staatsangehörigkeit und
- Integration

---

[7] Auskünfte im Interview mit dem *Bureau de la naturalisation, Préfecture de Police Paris*, am 20.11.1997.

[8] Vgl. dazu CFDT: Livre Blanc Accès à la nationalité. Paris, Oktober 1996. CFDT steht für *Conféderation française démocratique du travail,* eine der größeren Gewerkschaftsbewegungen in Frankreich.

[9] Auskünfte: Interview am 29.10.1997 in der DPM. Zu weiteren Einzelheiten vgl. CFDT: Livre Blanc Accès à la nationalité française. Paris Oktober 1996 und Direction de la population et des migrations: La politique de la nationalité en 1995. Paris 1997.

gefordert.[10] In Deutschland bevorzugt man den Begriff "Integration", der Spielraum für eine gewisse kulturelle Eigenständigkeit läßt und die Konzeption einer pluralistischen Gesellschaft unterstreicht. In der administrativen Praxis läuft es aber auch in Deutschland auf eine reine Überprüfung der Sprachkenntnisse hinaus, die unter Berücksichtigung der sozialen Herkunft ausreichend sein müssen, was eine sehr dehnbare Regelung ist.

Wie in Frankreich handelt es sich bei den Einbürgerungen nach dem RuStAG um Ermessensentscheidungen der Behörde. Auch bei Erfüllung aller Kriterien kann der Antragsteller abgelehnt werden. In Deutschland ist dafür allerdings keine Begründung notwendig.

Abbildung 2: Aufenthaltsdauer der ausländischen Bevölkerung

am 31. Dezember 1995

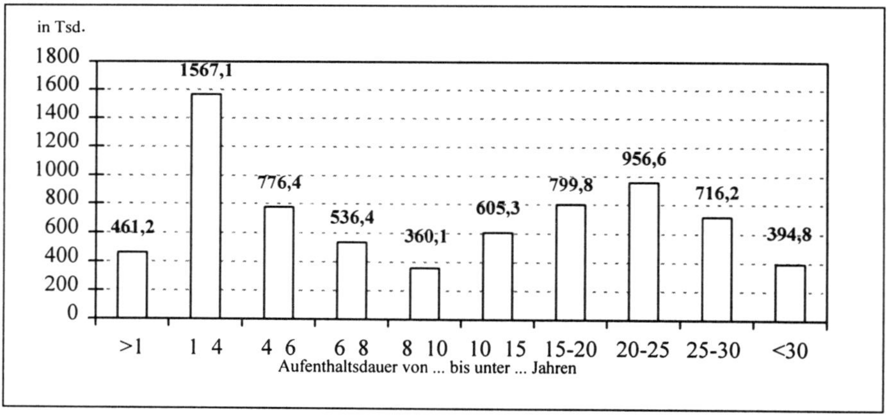

Quelle: Bericht der Ausländerbeauftragten 1997 und eigene Berechnungen.
Anmerkung: In der Tabelle sind auch die unter 18-jährigen enthalten (1,6 Mio.). Sind sie in Deutschland geboren, so entspricht die Aufenthaltsdauer ihrem Lebensalter.

Das neue **Ausländergesetz** von 1990 stellt im Abschnitt "*Erleichterte Einbürgerung*" ein wenig modifizierte Forderungen an den Einbürgerungsbewerber, die z.T. aber große Wirkung zeigen. Die Bedingungen lauten:

---

[10] Zu den Einzelheiten der rechtlichen Grundlagen in Deutschland vgl. das Reichs-und Staatsangehörigkeitsgesetz von 1913 §§ 8 ff. und die Einbürgerungsrichtlinien von 1977, abgedruckt z.B. in: Deutsches Ausländerrecht. Beck-Texte in dtv, 10. Auflage 1996, sowie Kommentare der Gesetzestexte von Hailbronner, von Mangoldt u.a.

- Mindestaufenthalt von 15 Jahren,

- gesichertes Einkommen,

- Straffreiheit und

- Aufgabe der früheren Staatsangehörigkeit.[11]

Es erstaunt vielleicht, daß die Mindestaufenthaltszeit *verlängert* wurde, wo es sich doch um eine *Erleichterung* der Einbürgerung handeln soll. Gleichzeitig muß man aber auch berücksichtigen, daß über die Hälfte der über 18-jährigen schon 15 Jahre und mehr in der Bundesrepublik verbracht haben, die Erfüllung der Mindestaufenthaltszeit für sie also gar kein Hindernis darstellt.

In Frankreich zeigt sich, daß trotz der geforderten kurzen Mindestaufenthaltszeit von 5 Jahren die meisten Ausländer erst nach einem Zeitraum eingebürgert werden, welcher deutlich darüber liegt.

Abbildung 3: Aufenthaltsdauer der per Dekret Eingebürgerten

Frankreich 1994

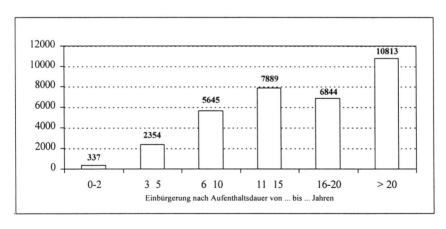

Quelle: DPM 1994

Anmerkung: Einbürgerungszahlen ohne die minderjährigen Kinder, die vom *effet collectif* profitiert haben.

---

[11] Zu Einzelheiten vgl. das Ausländergesetz, Abschnitt 7, § 86.

Im Gegensatz zum § 8 RuStAG verlangt das Ausländergesetz keinen Nachweis der Integration mehr. Auf Sprachtests und ähnliches kann daher verzichtet werden.

Die Bearbeitungsgebühr für eine Einbürgerung beträgt in Frankreich je nach Einkommen bis zu maximal 3.200 FF (ca. 1.000 DM). In Deutschland werden bei Einbürgerungen nach dem RuStAG immerhin noch 500 DM verlangt. Im neuen Ausländergesetz hingegen wurden die Kosten auf 100 DM gesenkt und liegen damit weit unter den französischen Tarifen. Dabei muß man fairerweise berücksichtigen, daß in der französischen Praxis 20 % der Eingebürgerten wegen zu geringem Einkommen gar nichts und knapp 60 % nur 200 DM zahlen mußten. Der Rest zahlte zwischen 500 DM und 1.000 DM.[12]

Ein weitere Verbesserung ist die Umwandlung des § 86 Ausländergesetz 1993 in einen Rechtsanspruch, d.h. der Bewerber *muß* eingebürgert werden, wenn er alle genannten Bedingungen erfüllt. Während die praktischen Konsequenzen für den Bewerber eher geringfügig sind, hat diese Umwandlung in der administrativen Praxis zu einer wichtigen Reorganisation geführt. Bei Rechtsansprüchen, die ja auf eine reine Überprüfung hinauslaufen, dürfen die Entscheidungen auf unterer Ebene (Kreis, kreisfreie Stadt) selbständig getroffen werden. Nur in Zweifelsfällen werden die übergeordneten Behörden noch eingeschaltet. Dadurch konnten die Bearbeitungszeiten zum Teil erheblich verkürzt werden. In manchen Städten, wie z.B. in Gelsenkirchen, liegen sie nur bei zwei bis vier Wochen, in anderen Gegenden betragen sie aber immer noch 12 bis 24 Monate.[13] Diese langen Bearbeitungszeiten lassen sich nur teilweise durch Verzögerungen beim Nachweis der Aufgabe der früheren Staatsangehörigkeit erklären, hinzu kommen verwaltungsinterne Organisation und Prioritätensetzung.

Die genannten Bedingungen unterstreichen die Absicht des Gesetzgebers, die Einbürgerung zu vereinfachen. Aber es bleibt die problematische Forderung nach der Aufgabe der früheren Staatsangehörigkeit. Prinzipell ist die doppelte Staatsbürgerschaft nämlich noch immer ein großes Hindernis für die Einbürgerung.

---

[12] Zu statistischen Einzelheiten vgl. Direction de la population et des migrations: La politique de la nationalité en 1995. Paris 1997, S. 64.
[13] Vgl. Landtagsdrucksache NRW APr 12/505.

1.1.1 Hinnahme oder Vermeidung von Mehrstaatigkeit?
Eine Phantom-Diskussion

Während in Frankreich das Problem gar nicht existiert, da die Einbürgerung unter Beibehaltung der früheren Staatsangehörigkeit die Regel ist, führt dieses Thema in Deutschland immer wieder zu erbitterten Kontroversen. Viele Ausländer, insbesondere der ersten Generation, wollen nur ungern auf ihre frühere Staatsangehörigkeit verzichten, weil sie oft noch eine starke emotionelle Verbundenheit zu ihrem Land empfinden. Eine Aufgabe käme aus ihrer Sicht einem Identitätsverlust gleich, wobei die enge Verknüpfung einer eigentlich rein administrativen Erfindung - des Passes – mit der (psychologischen!) Bedeutung der eigenen Identität auffällt.

Die Gegner der doppelten Staatsbürgerschaft befürchten einen Loyalitätskonflikt: für welchen Staat entscheidet sich im Zweifelsfall der Doppelstaatler? Die Befürworter argumentieren, daß die Staatsangehörigkeit nicht mehr Ausdruck der Abgrenzung sondern der Zugehörigkeit sei. Doppelte Staatsbürgerschaft sei bei Immigranten und ihren Kindern eben Ausdruck ihres doppelten Zugehörigkeitsgefühls. Außerdem würden sich mit der Generationenfolge die Bindungen zum Herkunftsland automatisch auflösen.

Der polemische Charakter der Diskussion wird noch deutlicher, wenn man in Betracht zieht, daß die Fälle von Mehrstaatigkeit allein durch die Zunahme von gemischtnationalen Ehen (etwa 50.000 pro Jahr) und den daraus hervorgehenden Kindern stetig anwachsen. Dazu kommen jährlich etwa 200.000 Aussiedler, von denen nicht die Aufgabe ihrer früheren Staatsangehörigkeit verlangt wird. Loyalitätsprobleme, Schwierigkeiten im internationalen Privatrecht und Unsicherheiten beim diplomatischen Schutz können durchaus auftreten, aber sie müssen dann gegebenenfalls durch bi- und multilaterale Abkommen geregelt werden, wie dies bei der Ableistung des Wehrdienstes schon in vielen Fällen geschehen ist.

Aus der Perspektive des internationalen Rechts gesehen steht es Deutschland frei, seine Ausländer unter Hinnahme oder Vermeidung von Mehrstaatigkeit einzubürgern. Das Europaratsabkommen von 1963, daß noch die Verringerung der Fälle von Mehrstaatigkeit in den Unterzeichnerstaaten anstrebte, ist im Mai 1997 durch ein neues europäisches Abkommen abgelöst worden, welches die Einbürgerung unter Hinnahme von Mehrstaatigkeit ausdrücklich in den Verantwortungsbereich des Nationalstaates verweist.

Aber der deutsche Gesetzgeber läßt auch eine ganze Reihe von Ausnahmen zu bei der prinzipiellen Forderung nach der Aufgabe der früheren Staatsangehörigkeit. So wird unter Hinnahme von Mehrstaatigkeit eingebürgert, wenn der Herkunftsstaat seine Bürger nicht oder nur willkürlich aus der Staatsangehörigkeit entläßt. Dies war jahrelang der Fall für junge türkische Männer, die zuerst ihren Militärdienst in der Türkei hätten ableisten müssen, bevor sie aus der türkischen Staatsangehörigkeit entlassen worden wären. Ebenso sind Länder wie Afghanistan, Marokko und Tunesien dafür bekannt, daß sie prinzipell nicht ausbürgern. Großzügigere Bedingungen für die Hinnahme von Mehrstaatigkeit gelten außerdem für anerkannte Asylbewerber, die ja bekanntermaßen ein schwieriges Verhältnis zu ihrem Herkunftsland haben.[14] In der Praxis werden letztendlich etwa ein Drittel aller Einbürgerungen unter Hinnahme von Mehrstaatigkeit durchgeführt.[15]

Abbildung 4: Hinnahme von Mehrstaatigkeit in Deutschland

nach dem Ausländergesetz 1993-1995

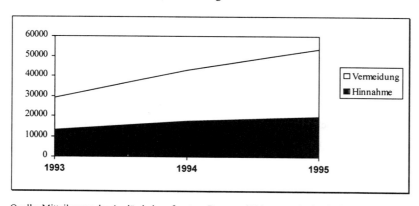

Quelle: Mitteilungen der Ausländerbeauftragten: Daten und Fakten zur Ausländersituation. Bonn März 1997; eigene Berechnungen.

---

[14] Vgl. Einbürgerungsrichtlinien von 1977 und Ausländergesetz von 1990, § 87.
[15] Zahlen von 1995. Vgl. dazu Mitteilungen der Ausländerbeauftragten: Daten und Fakten zur Ausländersituation. Bonn März 1997, S. 12.

Aus den oben angeführten Gründen wurde die doppelte Staatsbürgerschaft besonders häufig bei Afghanen (87,1%), Iranern (82,2%), Marokkanern (80,1%) und Tunesiern (79,9%) akzeptiert. Die Hinnahme von Mehrstaatigkeit dürfte ein wichtiger Grund für die im Vergleich zu anderen Nationalitäten sehr hohen Einbürgerungsraten sein. Auch bei Türken wurde relativ häufig – in 34,0 % der Fälle – Mehrstaatigkeit hingenommen.[16]

Bei der Frage der Hinnahme von Mehrstaatigkeit zeigen sich nicht nur große Unterschiede zwischen den verschiedenen Nationalitäten, sondern auch zwischen einzelnen Bundesländern.

Abbildung 5: Anteil der Einbürgerungsfälle unter Hinnahme von Mehrstaatigkeit in ausgewählten Bundesländern nach dem Ausländergesetz 1995

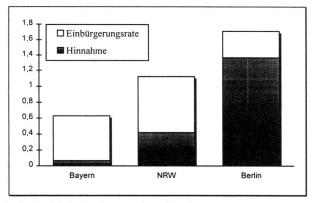

Quelle: Statistische Landesämter; eigene Berechnungen.

In Bayern wurde nur in knapp 10% der Fälle, in Nordrhein-Westfalen in 25% und in Berlin in rund 80% der Fälle Mehrstaatigkeit hingenommen. Diese Unterschiede sind um so frappierender, da es sich um ein bundeseinheitliches Gesetz handelt. Das Beispiel von Berlin zeigt, daß es auch im Rahmen des geltenden Rechts möglich ist, mehr Einbürgerungswillige unter Hinnahme von Mehrstaatigkeit einzubürgern.

---

[16] Die statistischen Angaben bei Türken sind nicht ganz korrekt, da einerseits Türken, die nur eine Entlassungszusicherung vorweisen konnten, von 1991-95 statistisch teilweise als Doppelstaatler eingetragen wurden, obwohl sie beim Erhalt der deutschen Staatsbürgerschaft dann endgültig entlassen worden sind. Andererseits war es für Türken möglich, kurz nach ihrer Einbürgerung sich auch wieder in der Türkei einbürgern zu lassen, womit sie faktisch zu Doppelstaatlern wurden.

Sieht man von der Aufgabe der früheren Staatsangehörigkeit einmal ab, so ist das deutsche Einbürgerungsrecht für die erste Generation in mehreren Punkten und für viele sicherlich überraschend einbürgerungsfreundlicher als das französische: der Wegfall der Integrationsklausel, die Präzisierung der Bedingungen, die Beschleunigung der Bearbeitung, die Senkung der Gebühren, die Umwandlung in einen Rechtsanspruch, u.a. Die Franzosen kümmert dies wenig. Soviel in den letzten Jahren über die Einbürgerungsmodalitäten der zweiten Ausländergeneration diskutiert wurde, sowenig wurden Verbesserungen für die erste Generation auch nur in Erwägung gezogen.

1.2 Die Einbürgerung von Ehepartnern: zwischen *mariage d'amour* und *mariage blanc*

Die Heirat eines Ausländers/einer Ausländerin mit einer/einem Einheimischen stellt eine weitere Möglichkeit der objektiven Anknüpfung an die Nation dar. Die Statistiken verweisen auf eine stetige Zunahme dieser "gemischtnationalen Ehen", was sich durch die erhöhte Mobilität und Migrationsbewegungen erklären läßt.

In **Frankreich** kann der betreffende ausländische Ehepartner einen Antrag ("*déclaration*") stellen, wenn er

- seit mindestens 2 Jahren verheiratet ist,
- seinen gewöhnlichen und rechtmäßigen Aufenthalt in Frankreich hat,
- assimiliert und
- straffrei ist und
- die eheliche Gemeinschaft auch wirklich existiert.[17]

Letzteres müssen die beiden Ehepartner in einer "*attestation sur l'honneur*" (eidesstattlichen Erklärung) versichern, eine Überprüfung des Zusammenlebens vor Ort geschieht durch die zuständige Präfektur. Das Mißtrauen gegenüber den "*mariages blanc*" ("Scheinehen"), die nur zum Zwecke des Erwerbs eines Aufenthaltstitels oder einer Einbürgerung geschlossen werden, ist groß. In diesem Sinne ist auch die Reform von 1993 zu sehen,

---

[17] Vgl. Code civil 21-2.

die die Wartezeit von sechs Monaten auf zwei Jahre nach der Eheschließung verlängerte. Sollte in der Zwischenzeit ein Kind geboren werden, so kann der ausländische Elternteil sich allerdings umgehend einbürgern lassen.

1993 wurde ebenfalls die maximale Bearbeitungszeit von sechs Monaten auf zwölf Monate angehoben, so daß der Behörde mehr Zeit bleibt und die Ehe in der Realität mindestens drei Jahre Bestand haben muß. Nach Ablauf der maximal vorgegebenen Bearbeitungszeit gilt der Bewerber allerdings als eingebürgert, auch wenn die Behörde noch nicht die Zeit zur Überprüfung des Antrags fand.

Aber die Vorbehalte seitens des Staates gehen noch weiter. Zwar handelt es sich bei der Einbürgerung eines ausländischen Ehegattens um einen Rechtsanspruch, trotzdem kann die Regierung bis zu einem Jahr nach der Einbürgerung diese Entscheidung annulieren, wenn sie einen Mangel an Assimilierung oder "indignité" ("Würde") sieht. Mangel an Assimilierung heißt, daß der Betreffende sich nicht an die französischen Sitten und Gebräuche angepaßt hat oder die französische Sprache nur unzureichend beherrscht. Ein Mangel an "Würde" bedeutet, daß er eine Straftat begangen hat oder ein "comportement répréhensible" ("verwerfliches Verhalten") gezeigt hat, auch wenn er dafür nicht verurteilt worden ist. Die Zahl der im Nachhinein wieder annulierten Entscheidungen ("opposition du gouvernement par décret") ist in den letzten Jahren kontinuierlich angestiegen. 1995 geschah dies in 132 Fällen, was einer Steigerung von 22% im Vergleich zum Vorjahr entspricht.

All diese Einschränkungen und Bedingungen werden in Frankreich nicht als Problem empfunden. Sie bilden daher auch kein Diskussionsthema bei der neuerlichen Reform des Einbürgerungsrechts 1997/98.

In **Deutschland** werden die ausländischen Ehepartner Deutscher ebenfalls stiefmütterlich behandelt. Sie wurden bei der Schaffung des neuen Ausländergesetzes nicht berücksichtigt, was bedeutet, daß ihre Einbürgerung noch immer nach dem Reichs- und Staatsangehörigkeitsgesetz von 1913 erfolgt. Die Kriterien sind, bis auf die Aufgabe der früheren Staatsangehörigkeit, aber kaum strenger als in Frankreich.

Ein ausländischer Ehepartner eines/einer Deutschen muß

- seit mindestens 3 Jahren verheiratet sein,
- seinen rechtmäßigen Aufenthalt in Deutschland haben,
- sich in die deutschen Lebensverhältnisse eingeordnet haben,
- straffrei sein und
- seine frühere Staatsangehörigkeit aufgeben.

In der Amtssprache handelt es sich bei der Einbürgerung um einen "Soll-Anspruch", also ein Mittelding zwischen Ermessenseinbürgerung und Anspruchseinbürgerung. "Soll-Anspruch" bedeutet, daß der Ermessenspielraum der Behörde stark eingeschränkt ist: Erfüllt der Bewerber die genannten Kriterien, dann *sollte* er eingebürgert werden. Im Gegensatz zu Frankreich darf in Deutschland keine Entscheidung nachträglich von der Regierung aufgehoben werden, es sei denn, es handelt sich nachweislich um Betrug.

Eine Überprüfung der ehelichen Gemeinschaft vor Ort erfolgt nur in Ausnahmefällen und wenn begründete Zweifel an der Aufrichtigkeit der Ehe bestehen. Normalerweise begnügt man sich mit einem, eventuell getrennten, Gespräch mit den Ehepartnern. Die Geburt eines Kindes hat in Deutschland dagegen keinerlei Auswirkungen auf die Mindestehezeit.

1.3 Die Einbürgerung von Ausländern der zweiten Generation: die ungeliebten Staatskinder?

Mit Ausländer der zweiten Generation sind die Kinder der Einwanderer gemeint, die in Frankreich oder Deutschland geboren wurden und dort zur Schule gegangen sind. Ihre Rückkehr in das Heimatland der Eltern ist unwahrscheinlich, um so wichtiger erscheint ihre vollständige Integration in die neue Heimat. Gleichzeitg will man aber auch sicher sein, daß sie selbst eingebürgert werden wollen und dessen auch "würdig" sind.

In Frankreich war eine Reform des *Code de la Nationalité* von 1945 schon seit den achtziger Jahren angestrebt worden. Damals hatte der *Front National* das Thema in die Tagespolitik eingebracht, indem er der Regierung vorwarf, die derzeitige die Einbürgerungsregelung schaffe "*des Français de papier*", also "Papierfranzosen", die keinerlei Zugehörigkeitsgefühl entwickelt hätten. Statt dessen forderte der *Front National*, daß Ausländer das "Franzose sein" erst verdienen müßten und organisierte in diesem Sinne eine Kampagne unter dem Motto "*Être français, cela se mérite*".[18]

Die damalige konservative Regierung reagierte mit einem Gesetzesentwurf, der den Wegfall der automatischen Einbürgerung der zweiten Generation bei Erreichen der Volljährigkeit vorsah. Außerdem sollten die "neuen" Franzosen einen Schwur nach amerikanischen Vorbild ableisten. Aber Studentenunruhen machten der Regierung einen Strich durch die Rechnung. Um die Situation zu entschärfen, wurde das Thema zur weiteren Untersuchung in eine Kommission unter dem Vorsitz von Marceau Long verwiesen. Die Kommission hielt eine Reihe von z.T. auch öffentlichen Anhörungen ab, die später in einem Bericht veröffentlicht wurden.[19]

Aber noch bevor die Konservativen die Vorschläge der Kommission in ein Gesetz fassen konnten, wurden sie 1988 von den Sozialisten in der Regierungsführung abgelöst. Dadurch verzögerte sich die endgültige Verabschiedung der Reform. Als 1993 wieder eine konservative Mehrheit unter Premierminister Jacques Chirac an die Macht kam, war die Reform des *Code de la Nationalité* einer der ersten Punkte auf der Tagesordnung. Neben den schon erwähnten Restriktionen für Ehegatten von Franzosen, betraf die Reform hauptsächlich die zweite Generation mit dem Wegfall der automatischen Einbürgerung bei Erreichen der Volljährigkeit. Auf den ursprünglichen Vorschlag, einen zeremoniellen Schwur abzulegen, war in der Zwischenzeit verzichtet worden.

Die neue Regelung sieht vor, daß jedes in Frankreich geborene Kind ausländischer Eltern eine "*manifestation de volonté*" (= "Willenserklärung") einreichen kann, wenn es

- zwischen 16 und 21 Jahre alt ist,
- straffrei und
- und seit mindestens 5 Jahren seinen rechtmäßigen und gewöhnlichen Aufenthalt in Frankreich hat.

---

[18] Zur nationalistischen und anderen Argumentationen in den achtziger Jahren vgl. Brubaker, Rogers: Citizenship and Nationhood in France and Germany. London 1992, S. 138 ff.

[19] Vgl. "Etre français aujourd'hui et demain. Rapport de la Commission de Marceau Long." Paris: Documentation française 1988.

Die "*manifestation de volonté*" kann in einer Gendarmerie, einer Präfektur, einem Bürgermeisteramt oder einem Verwaltungsgericht abgegeben werden, womit man ein möglichst dichtes Versorgungsnetz erreichen wollte. In der Praxis hat aber kaum jemand seinen Antrag bei einer Gendarmerie, einer Präfektur oder einem Bürgermeisteramt gestellt. Die große Mehrheit, über 80% aller Fälle, hat ihren Antrag direkt beim Verwaltungsgericht eingereicht. Dieses Ungleichgewicht erklärt sich zum einem durch die abweisende Natur, die Gendarmerie und Präfektur auf Jugendliche ausstrahlen, zum anderen ist es das Resultat von Unkenntnis seitens der Behörden, die sich selbst für nicht zuständig sahen und die Jugendlichen zum Verwaltungsgericht schickten. Die Anträge werden schließlich an den jeweiligen Verwaltungsrichter ("*juge d'instance*") weitergeleitet, der dann innerhalb von maximal sechs Monaten darüber entscheiden muß. Trifft er bis dahin keine Entscheidung, gilt der Antragsteller automatisch als eingebürgert.

Ein anderes Problem des Wegfalls der automatischen Einbürgerung ist die unzureichende Information der Jugendlichen. Gab es im ersten Jahr nach der Reform noch eine Informationskampagne mit Werbespots in Rundfunk und Fernsehen, so ist dies mittlerweile wieder eingeschlafen. Besonders auf dem Lande sind die Informationsmöglichkeiten nur sehr beschränkt vorhanden. Der Rechtsprofessor Paul Lagarde, Mitglied im *Conseil d'Etat*, bemängelt zu Recht, daß die Regierung es versäumt habe, eine individuelle und personalisierte Information zu leisten, z.B. in Briefform bei der Einberufung zum Militärdienst und zukünftigen "Tag des Bürgers". Man befürchtet daher, daß ein Teil der Jugendlichen nach dem 21. Lebensjahr aus Unwissenheit und nicht aus freiem Entschluß Ausländer bleibt. Wie groß dieser Anteil ist, läßt sich nur schwer bestimmen. Man schätzt ihn auf etwa 10 %, genaueres könnte man aber erst Ende 1998 sagen, 5 Jahre nach der Reform, wenn also alle Altersklassen zwischen 16 und 21 Jahren betroffen sind.

Abbildung 6: "Manifestation de volonté": Bilanz nach zwei Jahren

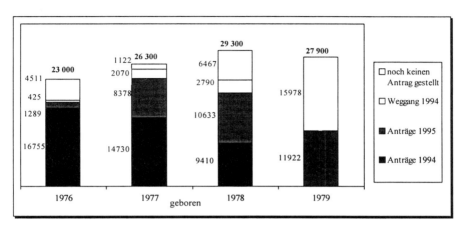

Quelle: Ministère de la Justice, SDSED und eigene Berechnungen.
Anmerkungen: Die Gesamtzahl der betroffenen Bevölkerung ist nur geschätzt.
"Weggang" bedeutet Wegzug aus Frankreich oder Ableben.
Die Zahl der Antragssteller ist nicht identisch mit der Zahl der Einbürgerten!

Von den betroffenen ausländischen Jugendlichen zwischen 16 und 19 Jahren haben 1994 und 1995 insgesamt 75% eine "*manifestation de volonté*" eingereicht. Dabei gestaltet sich der Anteil je nach Altersklasse ganz unterschiedlich:

Von den   **16-jährigen** haben ⇒ **43%,**

von den   **17-jährigen** haben ⇒ **75%,**

von den   **18-jährigen** haben ⇒ **95%** und

von den   **19-jährigen** haben ⇒ **80%**

einen Antrag auf Einbürgerung gestellt. Es sei daran erinnert, daß der älteste Jahrgang (1976) noch bis Ende 1998 Zeit hat, einen solchen Antrag zu stellen, sich die Quote also noch erhöhen kann.

Andere Stimmen sehen in der Regelung der "*manifestation de volonté*" zwischen dem 16. und 21. Lebensjahr auch (praktische) Vorteile. Bei der vorher geltenden "automatischen Einbürgerung" mußte der junge Erwachsene dennoch seinen rechtmäßigen Aufenthalt in Frankreich zwischen seinem 13. und 18. Lebensjahr nachweisen. Beantragte er ein *"Certificat de la nationalité"* erst sehr viel später, so konnte er in Beweisnot geraten, da das Einwohnermeldeamt in Frankreich unbekannt ist und die Schulpflicht nur bis zum 16. Lebensjahr gilt. So wies man Arztrechnungen, Fahrscheine u.ä. vor, um seine Anwesenheit auf französischem Territorium zu beweisen. Aber wer bewahrt schon sein Busticket 10 Jahre auf. Durch die neue Regelung war zumindest die zeitliche Nähe zum Nachweis des Aufenthaltes in Frankreich gegeben. Diese Sichtweise wird insbesondere von Vertretern des *Bureau de la Nationalité* geteilt, da sie neben den *"manifestations de volonté"* auch gleichzeitig für die Auslieferung der *"Certificats de la Nationalité"* zuständig sind.

Mit der Zeit stellte sich heraus, daß die Reform nicht so sehr in der Praxis, sondern vielmehr auf einer symbolischen Ebene restriktiv wirkte. Der Antrag auf Einbürgerung, der von nun an gefordert wurde, war mehr eine Formsache. Die Anträge erfolgten, besonders in den ersten Jahren nach der Einführung, in großer Zahl. Symbolisch fühlten sich jedoch viele junge Ausländer zurückgewiesen, denn man betonte nun ihr "Ausländersein". Die ursprüngliche Absicht der Reform, die besonders in der Argumentation von Dominique Schnapper[20] auftaucht, ging dabei völlig unter. Sie wollte den Übergang von einer Nationalität zu einer anderen bewußt gestalten und es dem freien Individuum überlassen, einen solchen "Vertrag" mit dem französischen Staat zu schließen.

Bei dem *Front National* und bei einigen Rechten war die Motivation für eine solche Reform aber wohl eine andere: Sie zielten gegen die *"beurs"*, d.h. gegen die in Frankreich geborenen Kinder algerischer Eltern, die man als Urheber für die Probleme in den *"banlieus"* von Paris und für die terroristischen Anschläge verantwortlich machte. Ironischerweise hat die Reform aber kaum praktische Auswirkungen auf diese Gruppe, da sie nach dem doppelten Bodenrecht automatisch von Geburt an Franzosen sind.

---

[20] Dominique Schnapper war Mitglied in der Commission de la Nationalité. Sie ist Professorin für Soziologie an der Ecole des Hautes Sciences Sociales in Paris und hat mehrere theoretische Aufsätze und Bücher zu dem Thema der "nationalité" veröffentlicht, unter anderem "La communauté des citoyens", Paris 1990.

Das doppelte Bodenrecht (*"double droit du sol"*) besitzt eine sehr lange Tradition in Frankreich, denn es wurde schon 1851 eingeführt. Es besagt, daß ein in Frankreich geborenes Kind ausländischer Eltern, die selber schon in Frankreich geboren sind, automatisch von Geburt an Franzose ist. Diese Regelung ist besonders für Kinder algerischer Eltern interesssant, da Algerien bis zu seiner Unabhängigkeit 1962 als französisches *Département* galt. Wenn die Eltern also vor 1963 in Algerien geboren waren, irgendwann später nach Frankreich emigrierten und dort Kinder bekamen, so befand sich die Familie seit drei Generationen auf französischem Territorium und die Kinder waren automatisch eingebürgert.

Die Reform von 1993 tastet zwar das doppelte Bodenrecht nicht an, aber sie versucht trotzdem mit der kolonialen Vergangenheit abzuschließen, indem sie zeitliche Limits setzt. Die Kinder algerischer Eltern sind seitdem nur noch unter zwei Bedingungen Franzosen von Geburt an:

1. Die Eltern müssen vor der algerischen Unabhängigkeit geboren sein und

2. zum Zeitpunkt der Geburt seit mindestens 5 Jahren ihren rechtmäßigen Aufenthalt in Frankreich haben.

In **Deutschland** gab es nie die Tradition der "automatischen" Einbürgerung. Trotzdem wollte man die Einbürgerungsbedingungen für die zweite Ausländergeneration erleichtern, die ja mit großer Wahrscheinlichkeit nicht mehr in das Heimatland ihrer Eltern zurückkehren würde. Das Ausländergesetz von 1990 sieht daher vor, daß ein junger Ausländer auf Antrag zwischen dem 16. und 23. Lebensjahr eingebürgert wird , wenn er

- seine bisherige Staatsangehörigkeit aufgibt oder verliert,

- seit acht Jahren rechtmäßig seinen gewöhnlichen Aufenthalt im Bundesgebiet hat,

- sechs Jahre im Bundesgebiet eine Schule, davon mindestens vier Jahre eine allgemeinbildende Schule besucht hat und

- nicht wegen einer Straftat verurteilt worden ist.

Wiederum wird im Vergleich zur französischen Gesetzgebung eine längere Aufenhaltszeit gefordert, die jedoch in der Realität kein allzu großes Hindernis darstellt, da der junge Ausländer in der Regel seine gesamte Kindheit in Deutschland verbracht hat. Störend wird auch noch von der zweiten Generation die Aufgabe der früheren Staatsangehörigkeit gesehen. Zwar ist ihre Bindung an den Heimatstaat der Eltern geringer, sie kennen ihn oft nur aus gelegentlichen Besuchen, aber er bildet dennoch einen Teil ihrer Identität, in den sie sich ggf. zurückziehen können.

Anders als in Frankreich spielt der Geburtsort des Kindes keine Rolle für die Einbürgerung. Mit anderen Worten stellt es in Deutschland kein Einbürgerungshindernis dar, wenn das Kind im Ausland geboren ist und dann in frühen Jahren nach Deutschland gekommen ist. Auch den Zeitraum der Antragstellung hat man in Deutschland mit 16 - 23 Jahren großzügiger gefaßt. Da es sich bei der Einbürgerung jugendlicher Ausländer ebenso wie bei Ausländer mit langem Aufenthalt seit 1993 um einen Rechtsanspruch handelt, können die Anträge von den Ausländerämtern der Kreise und kreisfreien Städte selbständig bearbeitet werden.

Die Bearbeitungszeiten sind unterschiedlich lang und nicht, wie in Frankreich, durch Maximalzeiten begrenzt. In Deutschland wird auch keine Begründung der Ablehnung verlangt, Statistiken über die Ablehnungsquote existieren nicht. Nach Auskunft der zuständigen Behörden sind sie aber sehr gering. Das Problem ist also nicht so sehr, daß die ausländischen Jugendlichen die Bedingungen nicht erfüllen, sondern daß sie gar nicht erst einen Antrag stellen.

Die Umsetzung der rechtlichen Grundlagen zeigt sich erst in den Einbürgerungsstatistiken: Wieviele Ausländer lassen sich in der Praxis überhaupt einbürgern und welche Charakteristika weisen sie auf? Doch zunächst soll die Einwanderungssituation in beiden Ländern kurz skiziert werden, da die verschiedenen Ausländergruppen ja die potentiellen Einbürgerungsbewerber stellen.

2.   Einbürgerung im Spiegel der Statistik

2.1   Die Einwanderungssituation: inländische Ausländer in Deutschland und Frankreich

Diese Analyse geht davon aus, daß die Einwanderungssituation in Deutschland und Frankreich vergleichbar ist. Zwar ist der Ausländeranteil in Deutschland in absoluten und prozentualen Zahlen höher als in Frankreich, dies ist aber zu einem großen Teil durch die seit Jahren hohen Einbürgerungsraten in Frankreich zu erklären.

In **Deutschland** lebten 1995 etwa 7 Millionen Ausländer, das sind 8,7% der Gesamtbevölkerung. In **Frankreich** wurden 1990 3.596.602 in Frankreich lebende Ausländer gezählt, was einem Ausländeranteil von etwa 6,4% entspricht. Damit ist der Ausländeranteil deutlich geringer als in Deutschland. Genaue Bevölkerungsstatistiken können in Frankreich nur anläßlich eines *Récensement* (= Volkszählung) ermittelt werden, welches alle paar Jahre durchgeführt wird. Die Volkszählungen seit dem Zweiten Weltkrieg waren in den Jahren: 1946, 1954, 1962, 1968, 1975, 1982, 1990. Die letzte Volkszählung fand also vor knapp 8 Jahren statt und alle nachfolgenden Bevölkerungsangaben sind nur mehr oder weniger gute Schätzungen.

Abbildung 7: Anteil der ausländischen Bevölkerung an der Gesamtbevölkerung

in Deutschland und Frankreich 1968 -1995

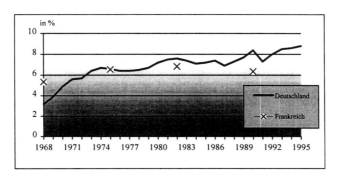

Quelle: Statistisches Bundesamt, INSEE; eigene Berechnungen.

Geht man von einer ähnlichen Einwanderungspolitik der beiden Länder bei der Anwerbung von "Gastarbeitern" in den fünfziger und sechziger Jahren aus, so ist es verwunderlich, daß die absolute Ausländerzahl in Deutschland etwa doppelt so groß ist wie in Frankreich.

Der Unterschied bei den Ausländerzahlen zwischen den beiden Ländern läßt sich zum Teil dadurch erklären, daß Frankreich im Verlauf der letzten Jahrzehnte eine liberalere Einbürgerungspolitik verfolgt, insbesondere was die zweite Generation betrifft. Rechnet man die in Frankreich lebenden Ausländer und die eingebürgerten Franzosen zusammen, so kommt man auf 5,37 Mio (1990). Dies entspricht ziemlich genau der absoluten Ausländerzahl in Deutschland zum gleichen Zeitpunkt.

Abbildung 8: Ausländer in Frankreich 1962-1990

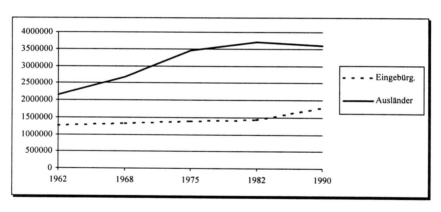

Quelle: Statistisches Bundesamt; eigene Berechnungen.
Anmerkungen: Als Ausländer zählen alle, die nicht die französische Staatsangehörigkeit besitzen, egal ob sie im In- oder Ausland geboren wurden. Die Daten beziehen sich auf die Jahre, in denen ein *recensement* durchgeführt wurde. Es handelt sich um Selbsteinschätzungen auf die Frage: "Sind Sie Franzose von Geburt an?" oder "Sind Sie eingebürgert?" oder "Sind Sie Ausländer?"

Der Ausländeranteil ist in Deutschland in den letzten Jahren zwar kontinuierlich angestiegen, dies ist aber nicht nur die Folge erhöhter Zuwanderung. Mittlerweile wächst die zweite bzw. dritte „Ausländergeneration" heran, die in Deutschland als „Inländer ohne deutschen Paß" lebt. Das Kind eines ausländischen Ehepaars, auch wenn die Eltern schon seit langer

Zeit in der Bundesrepublik leben, ist automatisch vom Tag der Geburt an Ausländer. Jährlich kommen so 13% der in Deutschland Geborenen als Ausländer auf die Welt. Damit vergrößert sich die Anzahl der in Deutschland lebenden "Einwanderer" allein durch den natürlichen Geburtenzuwachs und ohne weitere Zuwanderung statistisch um 100.000 jährlich (+1,4%). Wenn die Einbürgerungsrate nicht wenigstens diesen Wert erreicht, öffnet sich die Schere zwischen der Wohnbevölkerung und dem Wahlvolk immer weiter.

Abbildung 9: Die ausländische Bevölkerung in der Bundesrepublik nach Altersgruppen und Geburtsort 1995

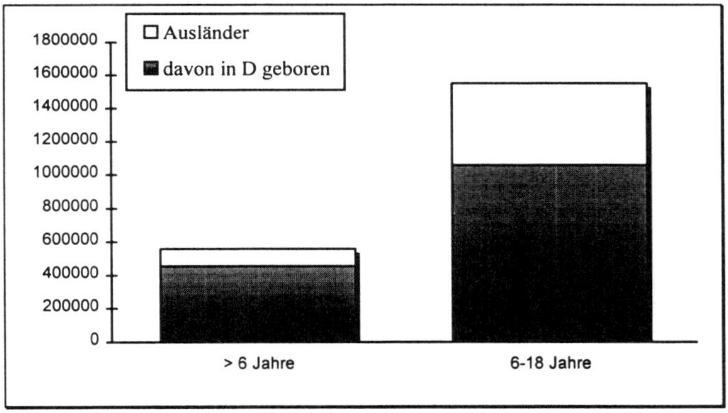

Quelle: Ausländerzentralregister, Ausländerbeauftragte; eigene Berechnungen.

Von den unter 18-jährigen Ausländern in Deutschland sind 1.018.050 oder 63% in Deutschland geboren. Nimmt man alle Altersklassen zusammen, dann sind immerhin noch gut 20% der in Deutschland lebenden Ausländer auch dort geboren.[21] Von den 3,6 Millionen in Frankreich lebenden Ausländern ist ebenfalls etwa ein Fünftel im Land geboren.[22]

Die in **Deutschland** lebenden Ausländer kommen zum größten Teil aus der Türkei bzw. besitzen einen türkischen Paß. An zweiter Stelle folgen Ausländer aus dem ehemaligen Jugo-

---

[21] Vgl. Bericht der Ausländerbeauftragten: Daten und Fakten zur Ausländersituation. Bonn, März 1997, S. 22.
[22] Vgl. Lebon, André: Rapport Immigration et présence étrangère en France 1995-1996. Direction de la Population et des Migrations, Ministère de l'Aménagement du Territoire, de la Ville et de l'Intégration. Paris: Documentation française Dez. 1996, S 39-40.

slawien, dann Italiener, Griechen, etc.[23] Die Herkunftsländer entsprechen den Anwerbestaaten der fünfziger und sechziger Jahre. Ein Viertel aller Ausländer in Deutschland besitzt die Staatsangehörigkeit eines Landes der Europäischen Union.

Abbildung 10: Ausländer in Deutschland nach ausgewählten Staatsangehörigkeiten 1995

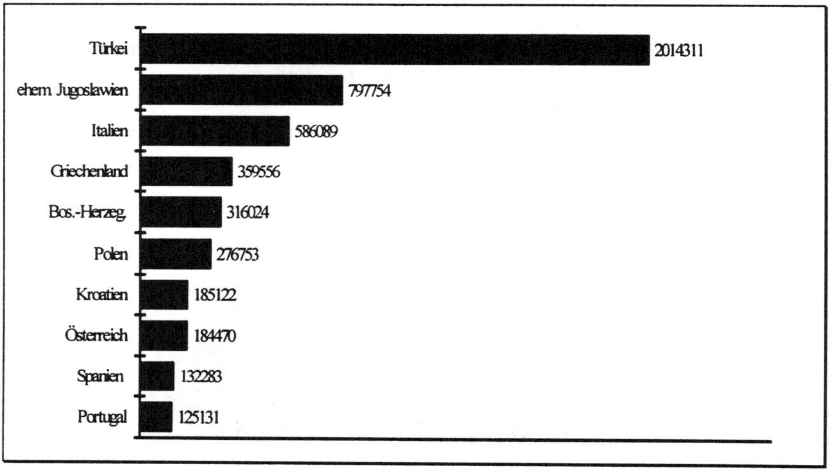

Türkei	2014311
ehem. Jugoslawien	797754
Italien	586089
Griechenland	359556
Bos.-Herzeg.	316024
Polen	276753
Kroatien	185122
Österreich	184470
Spanien	132283
Portugal	125131

Quelle: Statistisches Bundesamt; eigene Berechnungen.

Französische Immigranten, d.h. Personen, die im Ausland geboren sind und nach Frankreich immigriert sind, stammen hauptsächlich aus Portugal, Algerien, Italien und Marokko. Wie im nächsten Teil gezeigt werden wird, entsprechen die Herkunftsländer der Ausländer/ Immigranten nicht proportional den jeweiligen Staatsangehörigkeiten der Personen, die sich einbürgern lassen. In Deutschland stehen also die Türken bezogen auf die Größe ihrer Gruppe nicht an erster Stelle bei den Einbürgerungen, in Frankreich sind es nicht die Portugiesen. Um diese Diskrepanz erklären zu können, ist es zunächst notwendig, das allgemeine Einbürgerungsverhalten näher zu betrachten: Wieviel Personen werden eingebürgert und welche Charakteristika weisen diese auf?

---

[23] Vgl. Bericht der Ausländerbeauftragten: Daten und Fakten zur Ausländersituation. Bonn, März 1997, S. 21.

Abbildung 11: Immigranten in Frankreich nach ausgewählten Herkunftsländern 1990

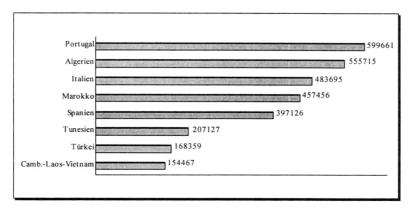

Quelle: INSEE; eigene Berechnungen.
Anmerkung: Als Immigranten zählen Français par acquisition nés à l'étrangers und Ausländer, die im Ausland geboren sind. Insgesamt = 4.165.952

2.2 Die realen Einbürgerungszahlen: Wer wird Deutscher? Wer wird Franzose?

In den letzten zehn Jahren hat sich die Einbürgerungsrate in Deutschland immerhin verdreifacht, sie bleibt jedoch im Vergleich zu Frankreich und im internationalen Vergleich noch immer niedrig. Der restriktive Charakter der deutschen Einbürgerungspolitik wird besonders beim Vergleich zwischen Ausländern und Aussiedlern unterstrichen. So wurden 1995 70.000 Ausländer, aber 240.000 Aussiedler eingebürgert. Dieser Vergleich wird gerne als Bestätigung der These genommen, daß das "Blutrecht" und "ethnisches Denken" in Deutschland noch immer vorherrschend sei. Gleichzeitig zeigen die hohen Einbürgerungszahlen der Aussiedler aber auch, daß Deutschland durchaus in der Lage ist, "Fremde" in großer Anzahl schnell und reibungslos einzubürgern. Addiert man die Einbürgerungen der Ausländer mit denen der Aussiedler, so ergibt sich eine Einbürgerungsrate von 2,4%, was in etwa dem französischen Niveau entspricht.

**Abbildung 12: Gesamtzahl der Einbürgerungen in Deutschland
von 1973 bis 1995**

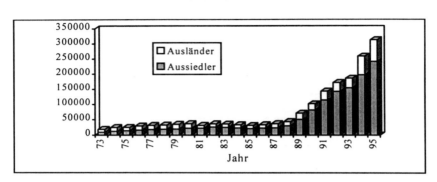

Quelle: Statistisches Bundesamt; eigene Berechnungen.

Im folgenden soll aber nur die Einbürgerung der Ausländer entsprechend der Definition der Zielgruppe näher betrachtet werden. Die **Einbürgerungsrate** setzt die Zahl der eingebürgerten Ausländer in Beziehung mit der ausländischen Wohnbevölkerung.[24] In Deutschland hat sich diese Rate in den letzten 10 Jahren verdreifacht und ist kontinuierlich bis auf 1,0% angestiegen.

In **Frankreich** haben 1995 ca. 92.400 Ausländer die französische Staatsangehörigkeit erhalten, darunter 30.526 in Frankreich geborenen junge Ausländer, die eine "*manifestation de volonté*" gestellt haben. Die anderen zwei Drittel sind aufgrund einer Ermessensentscheidung ("*par décret*") oder einer Anspruchseinbürgerung ("*déclaration*") Franzosen geworden. Die Einbürgerungsrate betrug damit für 1995 = 2,78%.

---

[24] Die Einbürgerungsrate stellt die Zahl der eingebürgerten Ausländer geteilt durch die ausländische Bevölkerung dar. Die Grundgesamtheit ist in diesem Falle die Zahl der Ausländer zu **Beginn** des jeweiligen Jahres, also am 1. Januar, und nicht am **Ende** des Jahres, da hier die neu Eingebürgerten schon nicht mehr mitgezählt werden.

Abbildung 13: Einbürgerungsraten in Deutschland 1989-1995

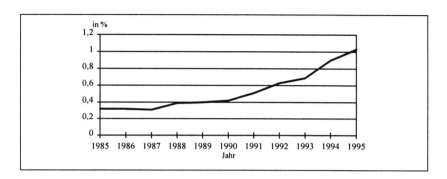

Quelle: Statistisches Bundesamt und eigene Berechnungen.

Ermessensentscheidungen betreffen hauptsächlich die *naturalisations* der 1. Generation, Anspruchseinbürgerungen die ausländischen Ehepartner von Franzosen/Französinnen. Dazu kommen noch jeweils einige Fälle von *Reintégration*, also Wiedereinbürgerung, auf die hier aber nicht näher eingegangen werden soll.[25] Die Gesamtzahl der Einbürgerungen ist in den letzten 10 Jahren leicht aber stetig angestiegen. Der Einbruch 1987 erklärt sich durch den Umzug der zuständigen Behörde (DPM) von Paris nach Nantes. Für einige Monate war die Arbeit der DPM erheblich beeinträchtigt. Vor der Einführung der "*manifestations de volonté*" 1994 wurden die automatische eingebürgerten Jugendlichen nicht statistisch erfaßt, deswegen tauchen sie erst ab 1994 im Schaubild auf.

---

[25] Genauere Einbürgerungszahlen sind im Anhang zu finden.

Abbildung 14: Entwicklung der Einbürgerungen in Frankreich 1986-1995

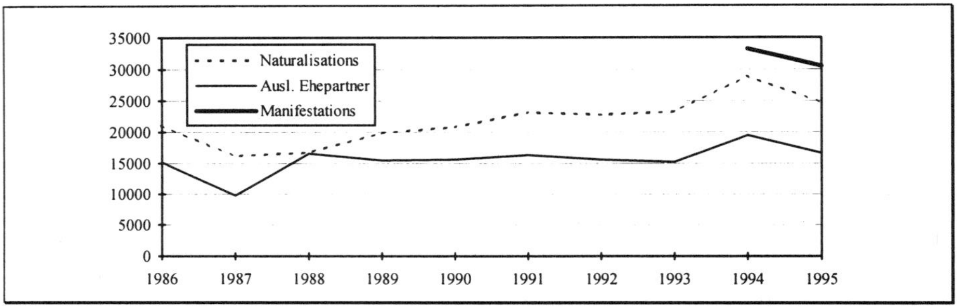

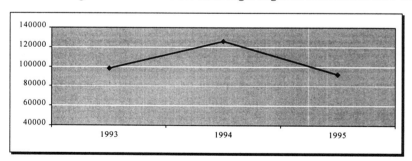

Quelle: André Lebon: La Politique de la Nationalité en 1995.
Anmerkung: Nicht inbegriffen sind die minderjährigen Kinder, die die franz. Staatsangehörigkeit durch *effet collectif* erhalten haben.

Der Anstieg der Einbürgerungszahlen von 1993 bis 1994 (**+22%**) und der Rückgang im Jahr 1995 (**-36%**) ist dennoch erstaunlich, denn weder die "naturalisations" und noch die "déclarations par mariage" wurden direkt von den Reformen berührt.

Abbildung 15: Gesamtzahl der Einbürgerungen in Frankreich 1993-1995

Quelle: Ministère de la Justice, DPM; eigene Berechnungen.

Eine Erklärung für diese großen Schwankungen ist, daß durch die Diskussionen um die Reform des Staatsangehörigkeitsrechts viele Ausländer sich verunsichert fühlten. Sie nutzten die Gelegenheit, um einen Einbürgerungsantrag zu stellen, bevor die Gesetze noch restriktiver würden. So ergab sich für 1993 ein Antragsstau, der erst langsam in den darauffolgenden Jahren abgearbeitet werden konnte. Die an sich restriktive Reform hat also paradoxerweise zu **mehr** statt zu **weniger** Einbürgerungen geführt. Das Jahr 1995 würde damit die Rückkehr zur Normalität kennzeichnen.

Eine getrennte Betrachtung des Einbürgerungsverhaltens der einzelnen Gruppen (1. Generation, ausländische Ehepartner und 2. Generation) ist bei der empirischen ebenso wie bei der juristischen Betrachtung sehr aufschlußreich. In Deutschland zeigt sich ein Anstieg der Einbürgerungen für alle drei Gruppen, der aber besonders signifikant für Einbürgerungen der 1. Generation nach dem Ausländergesetz ist.

Abbildung 16: Einbürgerungen verschiedener Gruppen in Deutschland 1993-1995

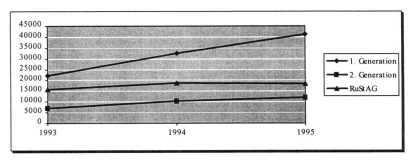

Quelle: Statistisches Bundesamt; eigene Berechnungen.
<u>Anmerkungen:</u> 1. und 2. Generation Einbürgerungen nach dem Ausländergesetz, beim RuStAG handelt es sich um Ermessenseinbürgerungen hauptsächlich von Ehepartnern, aber auch von der 1. Generation.

Ein direkter Vergleich mit Frankreich macht deutlich, daß Deutschland 1995 Frankreich in absoluten Zahlen bei der Einbürgerung der 1. Generation überholt hat. Für die Einbürgerung der ausländischen Ehegatten ergeben sich fast identische Werte.

Abbildung 17: Einbürgerungen der 1. Generation und Ehegatten in Frankreich und Deutschland 1993-1995

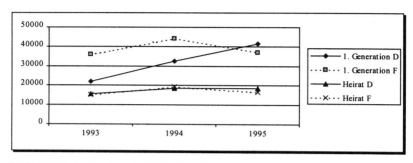

Quelle: Statistisches Bundesamt, INSEE; eigene Berechnungen.
<u>Anmerkung:</u> Die 1. Generation ist inklusive minderjähriger Kinder und Ehegatten.
„Heirat Deutschland" enthält nicht nur die Einbürgerung von ausländischen Ehegatten, sondern auch andere Ermessenseinbürgerungen nach dem RuStAG.

Der große Unterschied zwischen Deutschland und Frankreich betrifft die Einbürgerung der 2. Generation. Frankreich liegt trotz großer Schwankungen in den letzten Jahren deutlich über den deutschen Zahlen. Selbst 1995, als die größte Annäherung stattfand, wurden in Frankreich fast dreimal soviele ausländische Jugendliche eingebürgert, nämlich 31.650, wie in Deutschland (12.141).

Abbildung 18: Einbürgerungen der 2. Generation in Frankreich und Deutschland 1993-1995

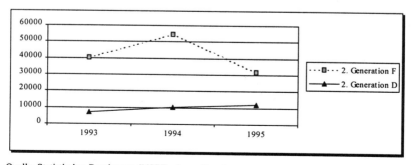

Quelle: Statistisches Bundesamt, INSEE; eigene Berechnungen.
<u>Anmerkungen:</u> 1993 handelt es sich nur um eine Schätzzahl. Die Einbürgerungen der 2. Generation enthalten die *Declarations* minderjähriger Kinder durch ihre Eltern sowie seit 1994 die *"manifestations de volonté"*.

Das Abfallen der französischen Kurve 1995 läßt sich teilweise dadurch erklären, daß 1994 ein atypisches Jahr mit besonders hohen Einbürgerungszahlen war. Wie gesagt läßt sich erst Ende 1998 sagen, ob durch die Reform weniger Jugendliche eingebürgert werden als vorher oder nicht. Einige regionale Studien lassen dies jedoch vermuten.[26] Der wichtigste Grund für den Rückgang ist jedoch der Wegfall der Möglichkeit, daß Eltern für ihre minderjährigen Kinder einen Antrag auf Einbürgerung stellen konnten. Machten 1993 noch 15.275 Eltern davon Gebrauch und wurden1994 noch 21.342 Restfälle bearbeitet, so ist diese Möglichkeit seit der Reform ersatzlos gestrichen worden. Diese Änderung stellt in der Praxis die eigentliche Restriktion der Reform von 1993 für die 2. Generation dar.

2.2.1 Die Ablehnung von Einbürgerungsanträgen: ein Glücksspiel?

Die statistisch erfaßte Ablehnungsquote bei den"*manifestations de volonté*" ist bislang sehr gering. 1994 wurden 33.225 positive Entscheidungen und 644 negative Entscheidungen gefällt. Das entspricht einer Ablehnungsquote von 2%. 1995 lag sie mit 2,6% etwas höher.[27] Dabei muß man allerdings berücksichtigen, daß die Präfekturen und Rathäuser, die ja eigentlich nur als "Briefkasten" für den Antrag funktionieren sollten, oft selbständig einen aussichtslosen Antrag zurückwiesen. Die so abgewiesenen tauchen natürlich nicht in der Statistik auf.

Dagegen ist die Ablehnungsquote bei Einbürgerungsanträgen per Dekret, die also die 1. Generation in Form von *naturalisations* und *reintégration* betreffen, sehr hoch. 1995 wurde fast ein Viertel aller Anträge zurückgewiesen, sei es, daß der Antrag für eine gewisse Zeit

---

[26] Über die Implementation der Reformen von 1993 wurden zwei regionale Studien durchgeführt, die eine in den Regionen Lyon, Marseille und Clichy, die zweite im Elsaß. Vgl. Fulchiron, H.: L'application de l'article 21-7 du Code civil relatif à l'acquisition de la nationalité française à raison de la naissance et de la résidence en France: Bilan de deux années d'application du système de manifestation de volonté (1994-1995). Rapport. Lyon, März 1997 und Observatoire Régional de l'Intégration et de la Ville Alsace: L'acquisition de la nationalité française par la procédure de manifestation de volonté pour les jeunes étrangers âgés de 16 à 21 ans. Synthèse de l'état des lieux en Alsace. Document de Travail. Cahier de l'Observatoire Nr. 22, Strasbourg Mai 1997.

[27] Vgl. statistische Angaben des Ministère de la Justice in: Etudes & Statistiques Justice Nr. 8. Nationalité française en 1995. Acquisitions et certificats traités par le ministère de la Justice.Paris, 1996.

aufgeschoben wurde, sei es, daß es sich um eine endgültige Absage handelt. Diese hohe Ablehnungsquote für die 1. Generation ist für Frankreich allerdings nicht ungewöhnlich, denn auch in den Vorjahren schwankte sie immer um 25%.

Abbildung 19: Ablehnung von Anträgen auf Einbürgerung per Dekret

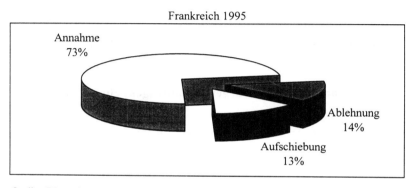

Frankreich 1995

Quelle: DPM; eigene Berechnungen
<u>Anmerkung</u>:   Einbürgerung per Dekret bezieht sich auf die 1. Generation, *Naturalisations* und *Reintégration*.

Wird der Antrag um mehr als ein Jahr aufgeschoben, muß der Bewerber einen komplett neuen Antrag stellen, da sonst die Unterlagen als veraltet betrachtet werden. Ein Grund für die Aufschiebung können unzureichende Sprachkenntnisse sein. Aufschiebung wird aber nur gewährt, wenn Aussicht auf Besserung des Zustandes besteht, ansonsten wird der Antrag abgelehnt.

Die Gründe für eine endgültige Ablehnung sind in 49% aller zurückgewiesenen Fälle die Nichterfüllung des Aufenthaltskriteriums, dazu zählt auch die Arbeitslosigkeit oder ein befristeter Arbeitsvertrag. In 28% aller Fälle wird der Antrag wegen fehlender Assimilation abgelehnt.[28] Fehlende Assimilation bezieht sich, wie gesagt, hauptsächlich auf unzureichende Sprachkenntnisse, wobei dieses Kriterium den Behörden einen weiten Ermessensspielraum

---

[28] Vgl. DPM: La nationalité française en 1995. Paris Dez. 1996, S. 26.

läßt. Problematisch ist auch, daß bei einer durchschnittlichen Bearbeitungszeit von drei Jahren sich die Sprachkenntnisse zwischenzeitlich entscheidend verbessert haben können. Die Relativität des Kriteriums "*Assimilation*" wird deutlich, wenn man die Häufigkeit dieses Ablehnungsgrundes mit dem Vorjahr vergleicht. 1995 wurde zehnmal häufiger ein Antrag wegen fehlender Assimilation zurückgewiesen als 1994![29]

Was die Einbürgerung von Ehegatten in Frankreich betrifft, so ist die Ablehnungsquote mit ca. 8% 1995 deutlich geringer als bei der Einbürgerung der 1. Generation. Dafür hat sie sich im im Vergleich zu 1994 (4,3%) fast verdoppelt.[30] Auch wenn man 1994 als ein atypisches Jahr klassifiziert mit besonders hohen Antragszahlen und niedrigen Ablehnungsquoten, so scheint sich 1995 doch ein leicht restriktiver Trend als Ausdruck für das gestiegene Mißtrauen gegenüber "Scheinehen" abzuzeichnen.

In Deutschland werden leider keine Statistiken über abgelehnte Einbürgerungsanträge geführt, daher sind auch keine detaillierten Aussagen darüber möglich.

2.2.2 Die Einbürgerung in den Regionen und Bundesländern: ein heterogenes Bild

Trotz der zentralisierten Einbürgerungsprozedur in **Frankreich** zeigen sich große Unterschiede zwischen den einzelnen Regionen.

Die Heterogenität setzt sich auf der Département-Ebene weiter fort. Eine ähnlich große Bandbreite läßt sich auch für die Antragsverteilung der „*manifestations de volonté*" beobachten. Erklärungen hierfür sind der unterschiedliche Informationsstand mit einem deutlichen Stadt-Land-Gefälle, die Verwaltungsorganisation und persönliche Tendenzen des jeweiligen Präfekten oder Amtsrichters. Auf all diese Faktoren hat weder das für Einbürgerung zuständige Ministerium noch das Justizministerium direkt Einfluß. Es zeigt sich also, daß selbst in

---

[29] 1994 war fehlende Assimilation in **1,75%** aller negativen Einbürgerungsentscheidungen per Dekret ein Ablehnungsgrund, 1995 in **11,87%**. Vgl. DPM: La nationalité française en 1995. Paris Dez. 1996, S. 25 f. und DPM: La nationalité française en 1994. Paris Dez. 1995, S. 15.

[30] Vgl. DPM: La nationalité française en 1995. Paris Dez. 1996, S. 30 und DPM: La nationalité française en 1994. Paris Dez. 1995, S. 30.

einem zentralisierten Staat und bei detailliert festgelegten Gesetzen und Regelungen ein Ermessensspielraum seitens der Behörde besteht.

**Abbildung 20: Einbürgerungsrate der 1.Generation (*naturalisations*)
in den Regionen 1995**

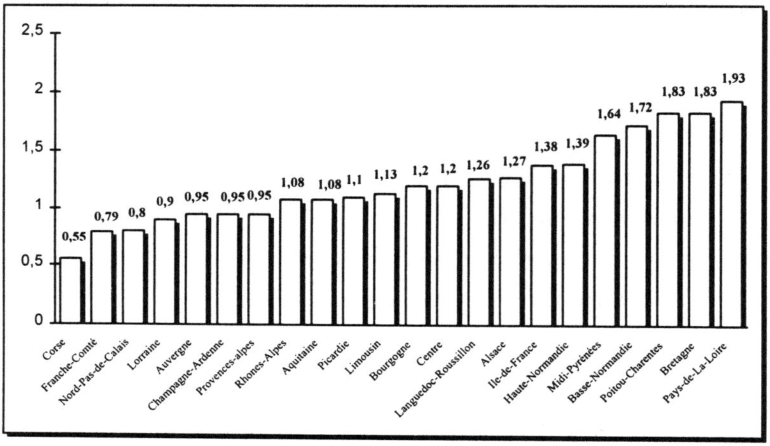

Quelle: DPM 1996; eigene Berechnungen.

In **Deutschland** hat die **föderale Struktur** zu signifikanten Unterschiede zwischen den
einzelnen Bundesländern geführt. Es sei daran erinnert, daß in Deutschland die Länder mit der
Durchführung der Einbürgerungsgesetze betreut sind. Berechnet man die Einbürgerungsrate
getrennt für jedes Land, so ergibt sich ein heterogenes Bild. Die neuen Bundesländer wurden
nicht berücksichtigt, da sie nur einen sehr geringen Ausländeranteil von 1,6% besitzen und
aufgrund der jahrzehntelangen abgeschotteten Lage eine ganz andere Ausländerstruktur auf-
weisen.

Abbildung 21: Einbürgerungsrate der Bundesländer 1995

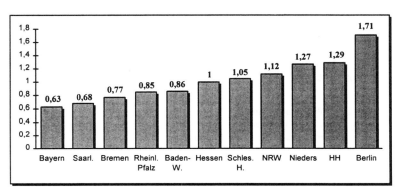

Quelle: Statistische Landesämter; eigene Berechnungen.

Die Bandbreite bei den alten Bundesländern erstreckt sich von Bayern (0,68%) bis zum fast dreifachen Wert in Berlin (1,7%). Vergleicht man die beiden Extremfälle – Bayern und Berlin – direkt miteinander, werden die Unterschiede noch deutlicher.

Abbildung 22: Einbürgerungsrate Berlin und Bayern im Vergleich 1989-1995

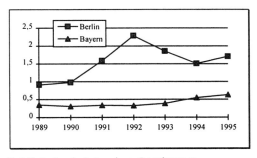

Quelle: Statistische Landesämter; eigene Berechnungen.

Die Berliner Kurve zeigte zu Beginn der neunziger Jahre einen steilen Aufwärtstrend mit einem Höhepunkt 1992. Im darauffolgenden Jahr wurde eine Reorganisation vorgenommen, die das Absinken der Kurve erklärt. Das Personal mußte erst neu eingearbeitet werden. Mittlerweile steigt die Kurve aber wieder deutlich an.

In Bayern zeichnet sich zwar auch ein positiver Trend ab, die Einbürgerungsraten haben sich in den letzten Jahren sogar verdoppelt. Da das Ausgangsniveau aber so niedrig lag, bildet Bayern noch immer das Schlußlicht im bundesweiten Vergleich. Der Bayrische Staatsminister des Innern, Dr. Günther Beckstein, scheint da allerdings ganz anderer Meinung zu sein. In einem Statement verkündete er:

„Die Zahlen der Einbürgerungsstatistik belegen es: Das bisherige Staatsanghörigkeitsrecht hat sich in seinen Grundzügen bewährt. Die in den letzten Jahren durchgeführten Einbürgerungserleichterungen haben voll gegriffen." (30.07.1996)

Die Gründe für derart große Unterschiede zwischen den Bundesländern sind vielschichtig, ein parteipolitischer Zusammenhang ist dabei jedoch nicht direkt nachweisbar. Eine Erklärung ist die weiter oben schon angesprochene Diskrepanz bei der Hinnahme von Mehrstaatigkeit. In Berlin wird die Einbürgerung unter Hinnahme von Mehrstaatigkeit etwa acht mal häufiger aktzeptiert als in Bayern. Eine liberalere Auslegung der Gesetzestexte und eine positivere Haltung der Administration gegenüber der Einbürgerung als wünschenswertes Ziel sind weitere Gründe. Dabei scheint die Informationspolitik, ähnlich wie in Frankreich, eine große Rolle zu spielen. In Berlin wurden in den letzten Jahren durch die Ausländerbeauftragte mehrere Informationskampagnen durchgeführt. In der Tat scheinen viele potentielle Einbürgerungskandidaten nur über unzureichende oder falsche Informationen zu verfügen, was die Bedingungen und Kosten einer Einbürgerung betrifft.

Auch symbolische Aktionen, wie die feierliche Überreichung der Urkunde innerhalb eines zeremoniellen Rahmens, können die Einbürgerung aufwerten und ein positiveres Einbürgerungsklima schaffen.

In Frankreich wurde 1994 speziell ein Dekret erlassen, welches Einrichtungen wie Schulen, Rathäuser und Präfekturen zur Information über die Reformen, insbesondere über die neuen "manifestations de volonté", verpflichtet. Zumindest im ersten Jahr wurden daraufhin umfangreiche Informationskampagnen mit Unterstützung von Rundfunk und Fernsehen gestartet. Größter Kritikpunkt der sozialistischen Regierung und Grund für eine erneute Reform ist, daß die Informationsbemühungen in den letzten Jahren etwas eingeschlafen sind und man befürchtet, daß ein Teil der jungen Migranten nicht aus freiem Willen, sondern aus Unwissenheit nicht eingebürgert wird.

In Bayern und den meisten anderen Bundesländern vertritt man allerdings weiterhin die Auffassung, daß die Betroffenen selbst auf die Idee kommen sollten, sich einbürgern zu lassen, und dann bei den entsprechenden Stellen nachfragen könnten. Dort sieht man also nur das Interesse bzw. Desinteresse der Ausländer an Einbürgerung und vergißt, daß auch der Staat ein elementares Interesse daran hat, den auf Dauer im Land niedergelassenen Ausländern politische Teilhaberechte einzuräumen.

Aus Sicht der Betroffenen, vorausgesetzt sie sind ausreichend informiert, geht es um eine schwierige Abwägung der "Kosten – Nutzen – Analyse". Wer sich einbürgern lassen will, muß einen z.T. beträchtlichen bürokratischen Aufwand auf sich nehmen, Papiere und Unterlagen beibringen, lange Wartezeiten in Kauf nehmen, eine Gebühr bezahlen und eventuell seine frühere Staatsangehörigkeit aufgeben. Dafür erlaubt ihm die deutsche Staatsangehörigkeit das aktive und passive Wahlrecht, einen gesicherten Aufenthaltsstatus und den Zugang zu bestimmten Berufen wie die Beamtenlaufbahn im öffentlichen Dienst. Für EU-Ausländer sind alle diese Dinge nicht so attraktiv, da sie aufgrund der Gleichstellung mit Einheimischen schon jetzt über das kommunale Wahlrecht verfügen, einen relativ sicheren Aufenthaltstitel besitzen und Zugang zum öffentlichen Dienst haben. Eine geringe Einbürgerungsquote muß daher nicht nur ein Zeichen für eine restriktive Einbürgerungspolitik sein sondern kann auch Ausdruck einer gelungenen Ausländerpolitik sein, die die Ausländer weitgehend mit den Einheimischen gleichstellt und damit kaum noch Anreiz für Einbürgerung bietet.

2.2.3 Die Herkunftsländer der Eingebürgerten

Diesen Überlegungen entspricht die auf den ersten Blick paradoxe Tatsache, daß sich kaum EU-Ausländer einbürgern lassen, obwohl diese Gruppe ja als besonders gut integriert gilt. In

Deutschland entfiel von den insgesamt 71.981 Einbürgerungen 1995 fast die Hälfte auf Personen türkischer Herkunft. Danach folgten mit großem Abstand Jugoslawen aus der Bundesrepublik Jugoslawien, Vietnamesen, Marokkaner und Polen.

Abbildung 23: Herkunftsländer der Einbgebürgerten in Deutschland 1995

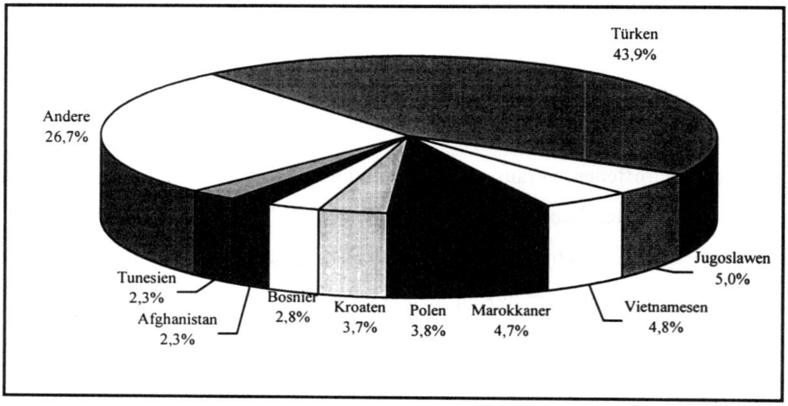

Quelle: Statistisches Bundesamt; eigene Berechnungen.

Bezieht man die Einbürgerungszahlen auf die Gesamtzahl der im Territorium anwesenden jeweiligen Nationalität, ergibt sich ein noch differenzierteres Bild. Danach haben haben Tunesier, Marokkaner, Vietnamesen, Afghanen und Ungarn relative hohe Einbürgerungsquoten. Die Hinnahme von Mehrstaatigkeit dürfte ein wichtiger Grund für die im Vergleich zu anderen Nationalitäten sehr hohen Einbürgerungsraten bei Tunesiern und Marokkanern sein. Mittlere Einbürgerungsraten verzeichnen Türken, und Kroaten. Niedrige Einbürgerungsquoten unter einem Prozent weisen große Migrantengruppen wie Polen, Iraner, Jugoslawen aus der Bundesrepublik Jugoslawien, Italiener und Griechen auf. Mit anderen Worten: Tunesier lassen sich viermal häufiger als Türken und 52mal häufiger als Griechen einbürgern. Die Einbürgerungsquote der Türken hat sich gegenüber 1993 immerhin von 0,63% auf 1,57% erhöht, also innerhalb von zwei Jahren mehr als verdoppelt.[31]

Abbildung 24: Einbürgerungsquoten bezogen auf die Gesamtzahl der jeweiligen Nationalität in Deutschland 1995

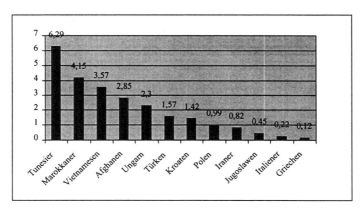

Quelle: Mitteilungen der Ausländerbeauftragten: Daten und Fakten zur Ausländersituation. Bonn März 1997; eigene Berechnungen.

In **Frankreich** stehen bei den Einbürgerungen der 1. Generation und der ausländischen Ehepartner die Marokkaner an erster Stelle. Danach folgen die Algerier, Tunesier und erst an vierter Stelle die Portugiesen. Es sei daran erinnert, daß die Portugiesen die größte Einwanderungsgruppe stellen.

---

[31] Vgl. Mitteilungen der Ausländerbeauftragten: Daten und Fakten zur Ausländersituation. Bonn März 1997.

Abbildung 25: Herkunftsländer der eingebürgerten Franzosen

Acquisitions 1995

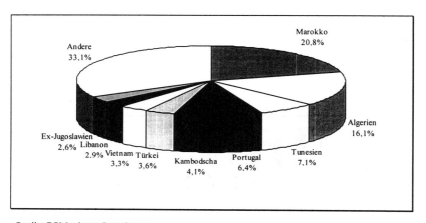

Quelle: DPM; eigene Berechnungen
Anmerkung: Es handelt sich um Einbürgerungen per Dekret und per Deklaration, also 1. Generation und Ehegatten von Franzosen.

In Frankreich setzt sich damit der seit 1990 beobachtete Trend fort, daß immer weniger Europäer und dafür immer mehr Personen aus dem Maghreb und aus Asien eingebürgert werden. Der noch immer bestehende Einfluß der kolonialen Vergangenheit wird dadurch deutlich, daß knapp 70% aller Eingebürgerten aus einem Land des ehemaligen französischen Kolonialreiches bzw. aus einem frankophonen Land stammen.[32]

Für die "*manifestations de volonté*" ergibt sich ein etwas anderes Bild: Die meisten Antragsteller besaßen vorher die marokkanische, portugiesische oder tunesische Staatsangehörigkeit. Algerien ist kaum vertreten, da die jungen Algerier noch von dem weiter oben erläuterten doppelten Bodenrecht profitieren.

---

[32] Vgl. DPM: La nationalité française en 1995. Paris Dez. 1996, S. 49-52.

Abbildung 26: Herkunftsländer der jungen eingebürgerten Franzosen
Manifestations de volonté 1995

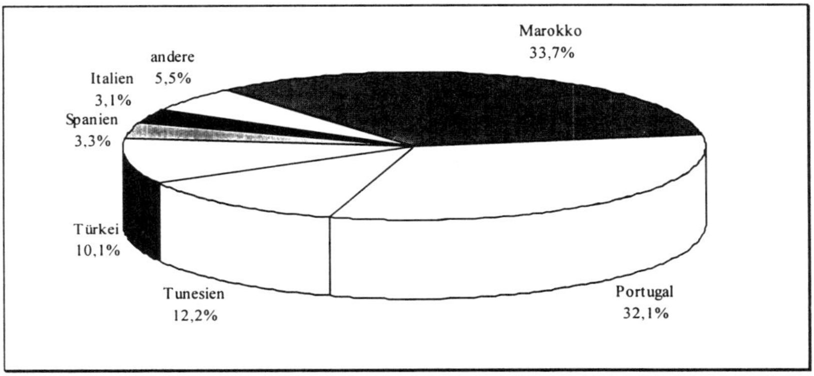

Quelle: Ministère de la Justice; eigene Berechnungen

Im Vergleich zum Vorjahr ist die Zahl der Portugiesen um 5% gesunken, während die Zahl der Marokkaner um 4% und die der Tunesier um 1% gestiegen ist. Auch hier zeichnet sich also der Trend ab, daß sich weniger (EU-) Ausländer und dafür mehr Maghrebiner einbürgern lassen.

Zusammenfassung und Ausblick: Die Reform der Reform?

Die vorliegende Untersuchung hat gezeigt, daß sich weder Deutschland noch Frankreich in ein einfaches Einbürgerungsmodell pressen lassen. In beiden Ländern wird das *ius sanguinis* durch das *ius soli* ergänzt, allerdings in verschiedenen Ausprägungen. Alte nationale Traditionen wirken zwar weiter fort, aber sie werden langsam abgelöst durch das Selbstverständnis eines modernen Einwanderungslandes, welches die Einbürgerungsfrage unabhängig von Ethnizität und Kolonialgeschichte zu lösen versucht. Die aktuellen Tendenzen, die zum Teil widersprüchlich sind, lassen sich folgendermaßen zusammenfassen:

1. Die verschiedenen Einbürgerungsgruppen (1. Generation, Ehegatten und 2. Generation) werden sehr unterschiedlich behandelt. Dies zeigt sich in den Gesetzestexten und noch deutlicher in der administrativen Organisationsstruktur.

2. In manchen Punkten ist Deutschland überraschenderweise einbürgerungsfreundlicher als Frankreich, insbesondere bei der 1. Generation, in anderen ist Frankreich offener (z.b. Einbürgerung der 2. und 3. Generation).

3. Während in Frankreich die doppelte Staatsangehörigkeit nicht als Problem angesehen wird, besteht die deutsche Regierung weiterhin auf dem Grundsatz der Vermeidung von Mehrstaatigkeit. In der Praxis erhöht sich die Zahl der Doppelstaatler jedoch kontinuierlich durch die Aussiedler, die Kinder aus gemischtnationalen Ehen und die unter Hinnahme von Mehrstaatigkeit Eingebürgerten (etwa ein Drittel).

4. Bislang kann noch nicht mit Sicherheit gesagt werden, ob die Einführung der „*Manifestation de volonté*" 1993 in Frankreich zu weniger Einbürgerungen der 2. Generation geführt hat. Erste Untersuchungen legen nahe, daß einige Jugendlich aufgrund von Informationsmangel keinen Antrag gestellt haben.

5. Insgesamt hat die Reform von 1993 zu einem Anstieg der Einbürgerungszahlen im folgenden Jahr geführt, was die Angst und Verunsicherung der Ausländer vor weiteren Restriktionen widerspiegelt.

6. In Deutschland sind die Einbürgerungszahlen seit der Einführung des Ausländergesetzes 1991 und der Umwandlung in einen Rechtsanspruch 1993 kontinuierlich angestiegen und nähern sich langsam den französischen Einbürgerungszahlen an. Die größte Diskrepanz besteht immer noch bei der 2. Generation.

7. Obwohl es sich bei der Einbürgerung um ein landesweit einheitliches Gesetze handelt, schwanken die Bearbeitungszeiten, die Einbürgerungsraten und die Ablehnungsquoten beträchtlich von Region zu Region bzw. von Bundesland zu Bundesland. Dies läßt sich durch Personalmangel, verwaltungsinterne Organisationsstrukturen und den Einfluß von dezentralen Administrationen erklären. (In Frankreich: Ministerien, Amtsgerichte, Polizeipräfekturen; in Deutschland: Landesinnenministerien, Regierungsbezirke, Kreise und kreisfreie Städte).

8. Die meisten der Eingebürgerten stammen aus einem außereuropäischen Land, nur ein kleiner Teil kommt aus einem EU-Land. Einerseits ist dies ein Zeichen für den relativ gesicherten Status, den EU-Ausländer genießen, andrerseits gelten gerade EU-Bürger als gut integriert und sollten nicht von den Staatsbürgerrechten ausgeschlossen sein.

Sowohl in Frankreich als auch in Deutschland ist man unzufrieden mit den Reformen von 1991/93, insbesondere was die Integration der zweiten Generation angeht. Diese Unzufriedenheit spiegelt sich in den Bemühungen wider, Verbesserungsvorschläge in das jeweilige Parlament einzubringen.

In **Deutschland** hatte Bundeskanzler Kohl schon zu Beginn der 13. Wahlperiode eine weitere Reform des Einbürgerungsrechts angekündigt, weil die erste Reform keine rechte Wirkung zeigen wollte. Doch konkrete Vorschläge von den Oppositionsparteien SPD, DIE GRÜNEN oder dem Koalitionspartner FDP sowie junger Abgeordnete aus den Reihen der CDU wurden immer wieder abgelehnt. In der neuesten Auseinandersetzung kündigt die CDU-Spitze zusammen mit der CSU an, daß sie eine "Einbürgerungszusicherung" geben wollen[33]. Es ist allerdings nicht ganz klar, worin der Unterschied zur jetzigen Regelung liegen soll, die ja auch schon einen Rechtsanspruch für junge Ausländer vorsieht.

In **Frankreich** nehmen die Verbesserungsvorschläge konkretere Formen an. Nach dem Machtwechsel im Frühjahr 1997 hat der neue sozialistische Premierminister Lionel Jospin noch in seiner Regierungserklärung eine Rücknahme der Reformen bezüglich des Einbürgerungs- und Einwanderungsrechtes ("*les lois Mehaignerie et Pasqua*") angekündigt. Er wolle die Idee der Republik stärken und damit verbunden die Gleichheit aller Bürger. Nach seinen Vorstellungen gehört dazu auch die Integration aller "*citoyens*". Die "*manifestations de volonté*", die von vielen Linken als eine unnötige (symbolische) Ausgrenzung der zweiten Generation empfunden wird, steht dabei im Gegensatz zur deklarierten Offenheit der französischen Republik.

---

[33] Vgl. Süddeutsche Zeitung vom 11.11.1997.

Der Gesetzesentwurf, der Ende November in der *Assemblée Nationale* verhandelt wurde, sieht vor, daß die automatische Einbürgerung der zweiten Generation bei Erreichen der Volljährigkeit wieder eingeführt werden soll. Die wohl einschneidendste Änderung von 1993, die es seitdem ausländischen Eltern nicht mehr erlaubt, die französische Staatsangehörigkeit für ihre minderjährigen Kinder zu beantragen, wurde im ursprünglichen Entwurf nicht berührt. Man befürchtet, daß ausländische Eltern davon Gebrauch machen könnten, um sich selbst ein Aufenthaltsrecht zu sichern.[34] Erst bei der Unterbreitung des Gesetzesvorschlags in der Partei setzten die sozialistischen Abgeordneten einen Zusatz durch, welcher die Antragstellung durch die Eltern ab dem 13. Lebensjahr ermöglichen soll. Die Mindestehezeit ausländischer Ehegatten vor der Einbürgerung wird auf ein Jahr verkürzt, eine Aufhebung der übrigen Restriktionen von 1993 oder gar eine liberalere Neuregelung für die ehemaligen Kolonien ist nicht vorgesehen.

Die momentane Diskussion in Frankreich zeigt eine zurückhaltende Rechte, die kaum Einwände gegen eine Reform hervorbringt, und eine gespaltene Linke, die die ganze Bandbreite abdeckt: von der Forderung nach einem "integralen" Bodenrecht wie in den USA bis hin zur Beibehaltung der "*manifestation de volonté*" oder sogar weiterer Verschärfungen. Damit wird auch klar, daß es bei Fragen der Staatsbürgerschaft, oder, wie man auf französisch sagt, "*citoyenneté*", selten klare parteipolitische Auffassungen gibt. Die Spaltung in links und rechts wirkt bei diesem Thema eher künstlich. Einbürgerung und noch viel stärker Einwanderung sind schon längst zu einem Spielball in der Rechts-Links Polemik der politischen Debatte geworden, von dem man sich Wählerstimmen erhofft. Dafür spricht auch die für französische Verhältnisse belebte Parlamentsdebatte, im Verlaufe derer die Rechten ein Referendum über die Einbürgerungsfrage forderten. Dies lehnten die Linken allerdings erwartungsgemäß ab. Für die Einbürgerung wäre es fatal, wenn sie in Zukunft weiterhin im politischen Rechts-Links-Profilierungskampf ausgenutzt werden würde, denn damit ginge auch der stabilisierende Effekt von Staatsangehörigkeit verloren. Im Februar 1998 hat die *Assemblée Nationale* in der 2. Lesung endgültig die „Reform der Reform" beschlossen. Das Gesetz kann frühestens

---

[34] In Frankreich dürfen Eltern eines französischen Kindes nicht ausgewiesen werden, auch wenn sie sich illegal im Land aufhalten. Gleichzeitig besteht für sie gesetzlich aber auch keine Möglichkeit der Regularisierung ihrer Situation. So hat die linke Mehrheit im Sommer 1997 eine Legalisierungsaktion gestartet, um solche Fälle endlich zu lösen.

sechs Monate nach der Veröffentlichung im *Journal Officiel* in Kraft treten. Für die 18- bis 21jährigen Ausländer ist eine Übergansregelung vorgesehen, die es auch dieser Gruppe erlaubt, in den Genuß der wiedereingeführten Automatik zu kommen. Die aktuellen Diskussionen haben gezeigt, daß Einbürgerung den sehr sensiblen Bereich der eigenen nationalen Identität berührt, mit dessen Klärung sowohl Deutschland als auch Frankreich viel zu kämpfen haben.

Tabelle 1: Einbürgerungszahlen verschiedener Gruppen in Deutschland und Frankreich

	1993	**1994**	**1995**
1. Generation D (nach dem AuslG §86)	22.160	32.565	41.242
2. Generation D (nach dem AuslG §85)	6.948	10.419	12.141
Heirat D (nach RuStAG §8 und §9)	15.842	18.725	18.598
Gesamt D	**44.950**	**61.709**	**71.981**
1. Generation F	35.988	44.008	36.759
2. Generation F	40.275	54.597	31.650
Heirat F	15.246	19.493	16.659
Reintégration u.a.	6.661	8.239	7.342
Gesamt F	**98.170**	**126.337**	**92.410**

Quelle: Statistisches Bundesamt, INSEE und eigene Berechnungen
Anmerkungen: Einbürgerungen der 1. Generation schließen sowohl in Deutschland als auch in Frankreich die Miteinbürgerung von minderjährigen Kindern mit ein.
Die Zahl der Einbürgerungen von ausländischen Ehegatten in Deutschland (Heirat D) schließt Einbürgerungen der 1. Generation und 2. Generation nach dem RuStAG § 9 mit ein.
Bis 1993 ist die Zahl der Einbürgerungen für die 2. Generation in Frankreich nur geschätzt.

Uwe Hunger

Arbeitskräftewanderungen im Baugewerbe der Europäischen Union: Problemanzeigen, Regelungsversuche und Schlußfolgerungen für die zukünftige Beschäftigung von Ausländern in Deutschland

1. Problemaufriß

Der offene europäische Arbeitsmarkt hat in der Vergangenheit bereits des öfteren Anlaß gegeben, über Arbeitskräftewanderungen innerhalb der EU zu spekulieren. Obwohl die großen Unterschiede der wirtschaftlichen Entwicklungsstandards innerhalb der Gemeinschaft immer wieder entsprechende Wanderungsbewegungen von den armen zu den reichen Ländern vermuten ließen[1], ist mit Ausnahme der Anwerbungen von Arbeitskräften in den fünfziger und sechziger Jahren jedoch kaum von nennenswerten Arbeitsmigrationen auf dem europäischen Arbeitsmarkt zu berichten. Mobilitätshemmend wirken vor allem die großen kulturellen und sprachlichen Hemmnisse, technisch-administrative Hürden sowie die hohen Arbeitslosenraten in fast allen EU-Mitgliedstaaten.

Statt zwischenstaatlicher Wanderungen fanden die Arbeitsmigrationen innerhalb der einzelnen Mitgliedstaaten auf regionaler Ebene statt. Junge, arbeitssuchende Menschen wanderten nicht ins Ausland, sondern in die aufstrebenden regionalen Metropolen ihres Landes. Sogar spezielle Anwerbungsprogramme schlugen fehl, wie ein entsprechendes Beispiel der Bun-

---

[1] Vgl. Peter Robson, The Economics of International Integration, 3. Aufl., London 1987; Thomas Straubhaar, Freizügigkeit der Arbeitskräfte in einem gemeinsamen Markt, in: EFTA-Bulletin, Heft 4, 1987, S. 9-12; Willem Molle/ Aad van Mourik, International Movements of Labour under Conditions of Economic Integration. The Case of Western Europe, in: Journal of Common Market Studies, Heft 3, 1988, S. 317-342.

desanstalt für Arbeit aus dem Jahr 1989/90 belegt, bei dem ein bestehender Facharbeitermangel im Baugewerbe mit Hilfe ausländischer Arbeitskräfte behoben werden sollte.[2]

Ein wesentlicher Faktor für die binnenmigratorische Stabilität der EU ist in der Geltung eines weitreichenden territorialen Gleichheitsgrundsatzes zu sehen. Jede auf der Staatsangehörigkeit beruhende unterschiedliche Behandlung von EU-Bürgern ist nach Art. 48 EG-Vertrag unzulässig. Hinsichtlich der Arbeits- und Beschäftigungsbedingungen müssen daher alle Arbeitnehmer, die Staatsangehörige eines Mitgliedstaates sind und in einem anderen tätig werden, genauso behandelt werden wie Inländer.[3] Im Fall der Dienstleistungsfreiheit gilt entsprechendes. Die Dienstleistungen dürfen grundsätzlich immer nur unter den Voraussetzungen erbracht werden, die der betreffende Mitgliedstaat auch für seine eigenen Angehörigen vorschreibt.[4] Ein migrationsinduziertes Lohndumping konnte auf diese Weise weitgehend verhindert werden, was letztlich zu einer weitreichenden Stabilität der Arbeitsmärkte und der unproblematischen binnenmigratorischen Situation in der EU führte.

1.1 Die Arbeitnehmerentsendung als Quelle innereuropäischer Niedriglohnkonkurrenz

Seit Beginn der neunziger Jahre hat sich diese Situation für den Teilarbeitsmarkt des Baugewerbes grundlegend verändert. Im Zuge des wirtschaftlichen Internationalisierungsprozesses haben sich in den vergangenen Jahren auch die bisher vornehmlich lokal und regional ausgerichteten Baumärkte der Mitgliedstaaten dem internationalen Wettbewerb geöffnet. Da die Bauwirtschaft sich im wesentlichen mit der Errichtung von Gebäuden und Anlagen sowie mit der Herstellung und Lieferung von Baustoffen befaßt und insbesondere der erstgenannte Teil ihrer Produktion stationär ausgerichtet ist, kommt der Mobilität der Arbeitskräfte zwangsläufig eine besondere Bedeutung zu. Im Gegensatz zu anderen Industrien können Ra-

---

[2] Vgl. Dietrich Thränhardt, Ein Zuwanderungskonzept für Deutschland am Ende des Jahrhunderts, in: Friedrich-Ebert-Stiftung (Hg.), Einwanderungsland Deutschland. Bisherige Ausländer- und Asylpolitik. Vergleich mit anderen europäischen Ländern, Gesprächskreis Arbeit und Soziales Nr. 14, Bonn 1992, S. 127-153, hier S. 143.
[3] Vgl. Art. 7 EWG-Verordnung 1612/68.
[4] Vgl. Art. 60 EG-Vertrag.

tionalisierungseffekte nicht durch die Verlagerung der Produktion, sondern nur durch eine Steigerung der Produktivität oder eine Senkung der Personalausgaben erzielt werden. Da sich die Produktion durch eine hohe Arbeitsintensität auszeichnet, ergeben sich insbesondere bei den Personalkosten große Einsparungspotentiale.

Bauunternehmen im europäischen Binnenmarkt haben diese Wettbewerbsoption in den vergangenen Jahren vermehrt zu nutzen gesucht. Binnen weniger Jahre hat sich in der Europäischen Union ein Subunternehmernetz herausgebildet, bei dem Baufirmen im Rahmen der Dienstleistungsfreiheit Werkaufträge im Ausland übernehmen und zur Ausführung dieser Verträge ihre Beschäftigten über den Weg der Arbeitnehmerentsendung[5] ins Ausland schikken. Zielpunkt der neuen Wanderungsströme war zunächst Frankreich, später vor allem Deutschland.

Im Gegensatz zur geschilderten Regelung gilt bei der neuen Beschäftigungsform der Arbeitnehmerentsendung der Gleichheitsgrundsatz nur in eingeschränkter Weise. Die Arbeitnehmer, die zur Ausführung der Verträge ins Ausland entsandt werden, können sich auf spezielle Gemeinschaftsregelungen berufen, nach denen sie zunächst weder an das inländische Arbeits- noch Sozialrecht gebunden sind.[6] Statt dessen gelten - von wenigen Ausnahmen abgesehen - für die Bauarbeiter aus der Europäischen Union die arbeits- und sozialrechtlichen Standards ihrer Heimatländer.[7] Dies hat insbesondere zur Folge, daß Arbeitnehmer, die aus Niedriglohnländern entsandt werden, zu Konditionen beschäftigt werden können, die weit unterhalb der in Hochlohnländern üblichen Bedingungen liegen. Daß dies zu einer exzessiven

---

[5] Die Arbeitnehmerentsendung unterscheidet sich von allen anderen Formen der Ausländerbeschäftigung insbesondere darin, daß die entsandten Arbeitnehmer während ihrer Tätigkeit im Ausland weiterhin einen gültigen Arbeitsvertrag mit ihrem Arbeitgeber im Heimatland besitzen. Sie werden von ihren Arbeitgebern für eine begrenzte Zeit ins Ausland geschickt und kehren anschließend wieder in ihre Heimatländer zurück. In der Literatur wird eine Entsendung immer dann als 'vorübergehend' angesehen, wenn sie den Beschäftigungsschwerpunkt weiterhin in dem Land beläßt, aus dem der Arbeitnehmer entsandt wurde und in dem er gewöhnlich tätig ist. Hierbei wird auf das Kontinuum der Beschäftigung vor und nach der Entsendung abgehoben. Die Dauer kann dabei von Fall zu Fall variieren. Die Bestimmungen reichen hier von einem Zeitraum von einem Jahr bis zu einer unbeschränkten Dauer der Entsendung.
[6] Für eine kurze Übersicht der Rechtslage in diesem Bereich siehe Peter Hanau/ Jörg Heyer, Rechtliche Regelungen bei grenzüberschreitender Arbeitnehmerentsendung in der EG, in: Die Mitbestimmung, Nr. 10, 1993, S. 16-20.
[7] Speziell zur sozialrechtlichen Regelungssituation bei Entsendungen innerhalb der EU siehe Heinz-Dietrich Steinmeyer, Die Einstrahlung im internationalen Sozialversicherungsrecht. Kollisionsnormen für ins Inland entsandte Arbeitnehmer und vergleichbare Selbständige, Berlin 1981.

Nutzung der Möglichkeit von innergemeinschaftlichen Arbeitnehmerentsendungen innerhalb der EU geführt hat, liegt auf der Hand.

Ein Blick auf die unterschiedlichen Kosten, die pro Stunde für den Einsatz eines Industriearbeiters in Europa anfallen, macht die potentiellen Wettbewerbsvorteile von innergemeinschaftlichen Arbeitnehmerentsendungen unmittelbar evident. Während 1995 in Westdeutschland 45,52 DM pro Arbeitsstunde aufgewendet werden mußten, kam man in Portugal mit einem Fünftel des Betrags aus. Diese Disparitäten sind nicht neu und wurden bislang durch die entsprechend unterschiedlichen Produktivitätsniveaus der Länder kompensiert. Im Fall der grenzüberschreitenden Arbeitnehmerentsendung fallen sie jedoch voll ins Gewicht. Denn die Standortvorteile der Heimat, d.h. die geringen Arbeitskosten, werden mit den Standortvorteilen des Auslands, also mit einer weit ausgebauten Infrastruktur, einer hohen Realkapitalausstattung der Betriebe, gut ausgebildeten Stammbelegschaften etc., kombiniert und zu einem neuen und größeren Wettbewerbsvorteil kumuliert. Das Produktivitätsdefizit, das unter den heimischen Gegebenheiten die Folge schlechterer Rahmenbedingungen war, wird auf diese Weise reduziert, ggf. sogar vollständig eliminiert.

Allein die Kosten, die bei der Entlohnung der eigentlichen Arbeitsleistung eingespart werden können, sind enorm. Im Baugewerbe ist das Lohnkostengefälle vielfach ausgeprägter als in anderen Branchen. Bei vergleichbarer Qualifikation erhielt 1995 ein Baufacharbeiter aus Irland nur 64,3% des Bruttolohns, der für seinen deutschen Kollegen ausgezahlt werden muß. Bei Portugiesen (24,1%) fällt die Diskrepanz noch deutlicher aus.[8]

Über die Lohnkostenvorteile hinaus ergeben sich weitere Wettbewerbsvorteile über die in vielen Fällen entsprechend geringeren Aufwendungen für Sozialleistungen. Zu bedenken ist, daß die sozialen Sicherungssysteme in den Staaten der Europäischen Union unterschiedlichen Traditionslinien folgen und sich daher in ihrer Ausgestaltung erheblich voneinander unterscheiden. Grundsätzlich können zwei Entwicklungspfade unterschieden werden, die für die Errichtung der Sozialsysteme der Staaten Westeuropas maßgeblich waren.[9]

---

[8] Angaben von Eurostat.
[9] Vgl. Heinz-Dietrich Steinmeyer, Sozialdumping in Europa, in: Deutsches Verwaltungsblatt, Heft, 18, 1995, S. 962-968, hier S. 962.

Abbildung 1:   Arbeitskosten und Produktivität in den Staaten der Europäischen Union 1995

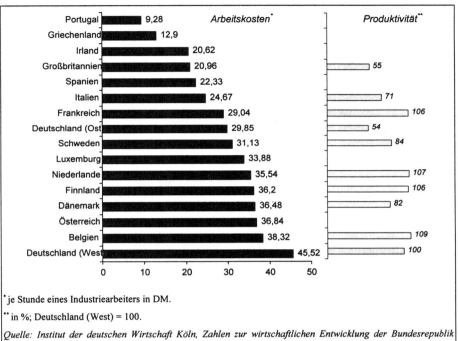

* je Stunde eines Industriearbeiters in DM.

** in %; Deutschland (West) = 100.

Quelle: Institut der deutschen Wirtschaft Köln, Zahlen zur wirtschaftlichen Entwicklung der Bundesrepublik Deutschland 1996, Köln 1996; dass., Internationale Wirtschaftszahlen 1996, Köln 1996.

Zum einen ist dies der sozialversicherungsrechtliche Ansatz Bismarcks, der seinen Anfang in der Sozialversicherungspolitik nach 1881 nahm, zum anderen handelt es sich um den bedarfsdeckenden Ansatz, der auf den Engländer Beveridge zurückgeht. Beide Ansätze unterscheiden sich neben ihren entgegengesetzten ideologischen Axiomen vor allem in der Art der Finanzierung.[10]

---

[10] In der Praxis haben sich heute größtenteils Vermischungen beider Arten ergeben. Gleichwohl lassen sich die Sozialsysteme in Europa noch nach ihrer prinzipiellen Pfadabhängigkeit unterscheiden. In ihrem Bericht über die Soziale Sicherheit in Europa teilt die Europäische Kommission die Sozialsysteme der Mitgliedstaaten in vier Gruppen ein. Die erste Gruppe bilden die skandinavischen Staaten Dänemark, Schweden und Finnland. Hier finden sich universelle, stark egalitäre Systeme, die in weiten Teilen vom Staat verwaltet und nahezu ausschließlich durch Steuern finanziert werden. Das Niveau der sozialen Sicherheit kann als überaus hoch bewertet werden. Die Inselstaaten Großbritannien und Irland umfassen die Gruppe zwei und zeichnen sich ebenfalls

Während versicherungsorientierte Sozialsysteme primär über Beiträge der Versicherten finanziert werden, stützen sich bedarfsdeckende Sozialleistungssysteme auf Steuereinnahmen. Da in den verschiedenen Mitgliedstaaten zudem unterschiedliche Standards in der sozialen Sicherheit bestehen, ergeben sich verschiedene Belastungen für den Faktor Arbeit. Während die Personalzusatzkosten in Dänemark z.b. nur 25% der eigentlichen Lohnkosten betragen, machen sie in Italien in etwa einen ebenso so großen Anteil an den Arbeitskosten aus wie die Löhne selbst. In absoluten Beträgen liegt (West)Deutschland wiederum an der Spitze. Hier werden 20,44 DM pro Arbeitsstunde eines Industriearbeiters fällig, in Portugal dagegen nur 4,08 DM.

Aus diesen Unterschieden ergeben sich ebenfalls Konsequenzen für Wettbewerbspositionen der verschiedenen Baufirmen. Im Falle Dänemarks, wo das Sozialleistungssystem zum großen Teil durch die Mehrwertsteuer finanziert wird, kann eine Baufirma trotz höherer Lohnkosten ihre Produkte günstiger anbieten als die deutsche Konkurrenz. In grenznahen Bereichen führt dies zu entsprechenden Wettbewerbsverschiebungen. Die Kostenvorteile, die sich aus den Einsparungen bei den Personalzusatzkosten ergeben, belaufen sich auf über 13 DM pro Stunde. Dies entspricht einem Viertel der Gesamtkosten pro Arbeitsstunde. Auch wenn die Nebenkosten, wie im Fall Italiens, einen höheren Anteil als die Lohnkosten ausmachen, bleiben im Vergleich zu Deutschland Wettbewerbsvorteile von über vierzig Prozent.

Da die Sozialabgaben für entsandte Arbeitnehmer weiterhin im Entsendestaat entrichtet werden müssen, ist bei Arbeitnehmerentsendungen von Niedrig- in Hochlohnländer neben den Lohnkostenvorteilen eine weitere Kostenersparnis durch verminderte Sozialabgaben zu konstatieren. Ein zusätzlicher Wettbewerbsvorteil ergibt sich zudem, wenn - wie in der Bauwirt-

---

durch eine staatsdominierte und steuerfinanzierte Bürgerversorgung aus, doch ist das Versorgungsniveau bei weitem nicht so hoch wie bei der ersten Gruppe. Nach den beiden vorwiegend beitragsorientierten Gruppen können mit Deutschland, Österreich, Frankreich und den Benelux-Staaten jene Länder zusammengefaßt werden, deren Sozialsysteme vornehmlich dem Versicherungsprinzip folgen und durch lohnbezogene Beiträge finanziert werden. Auch hier kann ein relativ hohes Sicherungsniveau konstatiert werden. Die vierte und letzte Gruppe aus den südeuropäischen Staaten Italien, Spanien, Portugal und Griechenland zeichnet sich durch die beitragsbezogenen Sozialversicherungs- und steuerfinanzierten Versorgungsleistungen und einem insgesamt geringen Sicherungsniveau aus. Vgl. Kommission der Europäischen Gemeinschaften, Bericht über die Soziale Sicherheit in Europa, Brüssel 1995. Einen Kurzüberblick gibt darüber hinaus Peter Clever, Soziale Sicherheit in der Europäischen Union, in: Zeitschrift für Sozialhilfe und Sozialgesetzbuch, Heft 7, 1996, S. 337-349. Zu den Sozialsystemen Westeuropas vgl. im allgemeinen Gesellschaft für Versicherungswissenschaft und -gestaltung e.V. (Hg.), Soziale Sicherung in West-, Mittel- und Osteuropa, Baden-Baden 1994.

schaft der Fall - gesonderte Einrichtungen zur sozialen Sicherung der Beschäftigten bestehen. Aufgrund der besonderen Beschäftigungssituation in der Bauwirtschaft sind in Deutschland wie auch in anderen Staaten der EU alle Arbeitgeber der Branche verpflichtet, Zahlungen an eine gemeinsame Einrichtung zu leisten, die für die Urlaubs- und Lohnausgleichsansprüche der Beschäftigten aufkommt. Die Beiträge zu den Sozialkassen machen in Deutschland z. Zt. etwa 20% der Bruttolohnsumme aus. Fehlen entsprechende Einrichtungen in den Entsendestaaten, schlagen die Einsparungen voll zu Buche. In der Regel ergeben sich aber auch dann Ersparnisse, wenn Beiträge an entsprechende Institutionen im Ausland gezahlt werden müssen.[11]

Aus der sozial- und arbeitsrechtlichen Regelungssituation ergibt sich bei Entsendungen innerhalb der Europäischen Union eine einfache ökonomische Logik. Arbeitnehmer aus Niedriglohnländern werden im Rahmen eines Dienstleistungsauftrags in einen anderen EU-Staat entsandt, der sich durch ein höheres Arbeits- und Sozialkostenniveau auszeichnet. Vorteile können dabei sowohl von den ausländischen, entsendenden Unternehmen als auch von den inländischen Anbietern erzielt werden. Unternehmen aus Niedriglohnländern können ihren Standortvorteil in Form geringerer Arbeitskosten in den internationalen Wettbewerb einbringen und im Ausland neue Märkte erschließen. Für Unternehmen aus Hochlohnländern eröffnet sich über die innereuropäische Dienstleistungsfreiheit die Möglichkeit, mit den billigen ausländischen Arbeitskräften zu operieren und auf diesem Weg ihre Produkte auf der Basis erheblich niedrigerer Arbeitskosten anzubieten.

1.2 Arbeitnehmerentsendung und illegale Beschäftigung

Inzwischen hat sich ein ausdifferenziertes System der Subunternehmerschaft und des Einsatzes von Selbständigen etabliert. Bauunternehmer aus Billiglohnländern wie Griechenland, Portugal oder Spanien werden in Hochlohnländern wie Deutschland, Österreich, Frankreich

---

[11] Für einen komparativen Überblick über die Sozialkassensysteme in der europäischen Bauwirtschaft vgl. den Sammelband von Bruno Köbele/ Karl-Heinz Sahl (Hg.), Die Zukunft der Sozialkassensysteme der Bauwirtschaft im Europäischen Binnenmarkt, Köln 1993.

oder den Niederlanden als Sub- oder Hauptunternehmer eingeschaltet und gehören mittlerweile zum festen Bestandteil der Bauproduktion dieser Länder. Auch selbständige Bauarbeiter aus Großbritannien oder Irland kommen als eine Art Ein-Mann-Subunternehmen zum Einsatz. Bei allen Beschäftigungsformen haben sich Praktiken und Techniken herausgebildet, die die bestehenden ökonomischen Vorteile noch intensiver auszunutzen suchen, als dies ohnehin schon möglich ist. Teilweise handelt es sich dabei um Varianten innerhalb des legalen Rahmens, meistens jedoch um eindeutig illegale Praktiken.

Nach einer Untersuchung des niederländischen Wirtschaftsinstituts der Bauindustrie (*Economisch Instituut voor de Bouwnijverheid*), das die Arbeitnehmerentsendungen in verschiedenen Staaten der Europäischen Union systematisch untersucht hat,[12] wird mit den sog. E101-Formularen, die den entsandten Arbeitnehmern ihren Sozialversicherungsschutz im Heimatland bestätigen, großer Mißbrauch getrieben. Es werde, so das Ergebnis dieser Untersuchung, kaum kontrolliert, ob es sich bei den betreffenden Arbeitnehmern tatsächlich um entsandte Arbeitskräfte im Sinne des Internationalen Arbeits- und Sozialrechts handelt bzw. ob sie im Heimatland auch tatsächlich versichert sind. Die so erschlichenen Entsendeerklärungen werden entweder dazu genutzt, eine Entsendung vorzutäuschen, oder die Beitragslast der sozialen Sicherung zu reduzieren. Die Untersuchung aus den Niederlanden zeigt, daß

- die Entsendungsfrist von zwölf bzw. 24 Monaten überschritten wird,

- die Sozialversicherungsbeiträge im Herkunftsland nicht geleistet werden bzw.

- der Arbeitnehmer gar nicht versichert ist,

- falsche Angaben (z.B. des Namens und der auszuführenden Tätigkeit) gemacht werden,

- der Arbeitnehmer kein Unionsbürger bzw. kein freizügigkeitsberechtigter drittstaatsangehöriger Arbeitnehmer ist oder

- über die Einschaltung von illegalen Arbeitsvermittlern entweder im falschen Land oder gar keine Beiträge gezahlt werden.[13]

---

[12] Walter Ritmeijer, Die Entsendung im Baugewerbe, in: Bruno Köbele/ Jan Cremers (Hg.), Europäische Union: Arbeitnehmerentsendung im Baugewerbe, Witterschlick/ Bonn 1994, S. 31-97, hier S. 41.
[13] Vgl. ebd., S. 42.

Der häufigste Verstoß, der bei Arbeitnehmerentsendungen im Baugewerbe zu beobachten ist, besteht jedoch in der illegalen Arbeitnehmerüberlassung, die innerhalb der Europäischen Union unterschiedlichen Regelungen unterliegt. Während z.B. in Spanien ein generelles Verbot der Leiharbeit besteht, ist sie in Dänemark ohne Beschränkungen zulässig.[14] Im Baugewerbe bestehen zudem häufig Sonderregelungen. So ist sie in Deutschland nur zwischen Betrieben des Wirtschaftszweigs gestattet und setzt voraus, daß die betreffenden Unternehmen von denselben Rahmen- und Sozialkassentarifverträgen oder von deren Allgemeinverbindlichkeit erfaßt werden.[15] Gewerbliche Verleihunternehmen außerhalb der Bauwirtschaft dürfen somit keine Arbeitnehmer an deutsche Baubetriebe verleihen. Eine Überlassung zwischen ausländischen und inländischen Baubetrieben scheidet ebenfalls aus, da die Betriebe nicht gleichermaßen den angesprochenen Tarifverträgen unterliegen. In der Praxis wird gegen die Vorschriften der Arbeitnehmerüberlassung jedoch allenthalben verstoßen: „Allen mit der Materie Vertrauten ist im Grunde klar, daß die verbreitete wirtschaftliche Praxis der Einschaltung von Subunternehmern häufig nur gut kaschierte verbotene Arbeitnehmerüberlassung ist.“[16]

Die Verstöße bestehen einerseits darin, daß gewerbliche Verleihunternehmen eingeschaltet werden, die weder dem Bausektor zugerechnet werden können, noch in deren Sozialkassensystem eingebunden sind. Andererseits werden die Bestimmungen in der Form umgangen, daß formal Werkverträge geschlossen werden, die Arbeitnehmer aber faktisch als Leiharbeitnehmer tätig sind und in den Organisationsbereich des inländischen Betriebs eingegliedert werden. Man spricht in diesen Fällen von sog. Scheinwerkverträgen.[17]

Vielfach haben sich Leihfirmen gebildet, die sich allein auf die Vermittlung von Bauarbeitnehmern spezialisiert haben. Diese Form der internationalen Leiharbeit ist besonders für Bauarbeitskräfte von der britischen Insel von Bedeutung, da hier der Anteil von selbständigen

---

[14] Vgl. Erich Menting, Probleme und Perspektiven der Arbeitnehmerüberlassung, Diss. Köln 1993, S. 168.

[15] Vgl. hierzu Karl-Heinz Sahl/ Michael Bachner, Die Neuregelung der Arbeitnehmerüberlassung im Baugewerbe, in: Neue Zeitschrift für Arbeitsrecht, Heft 23, 1994, S. 1063-1069.

[16] Rainer Fuchs, Ausländerbeschäftigung. Dargestellt unter besonderer Berücksichtigung ausländischer Subunternehmen in der Bauwirtschaft, Stuttgart 1995, S. 29. Im folgenden zitiert als Fuchs 1995.

[17] Vgl. Wolfgang Hamann, Erkennungsmerkmale der illegalen Arbeitnehmerüberlassung in Form von Scheindienst- und Scheinwerkverträgen, Berlin 1995, S. 35f.

Bauarbeitern relativ hoch ist. Die sog. „Self Employed Persons" bilden hier seit jeher eine eigenständige Gruppe von Baubeschäftigten. 1995 wurden 615.000 selbständige Bauarbeiter in der britischen Bauwirtschaft gezählt, was einem Anteil von knapp 44% an der Gesamtzahl der Beschäftigten entsprach.[18] Die selbständigen Bauarbeiter werden in Großbritannien von großen Bauunternehmen für einzelne Bauprojekte engagiert, da sie aufgrund ihrer geringeren Sozialkosten billigere Arbeitskräfte darstellen. Diese Form der Beschäftigung hat in Großbritannien eine entsprechende Institutionalisierung gefunden. Überall auf der Insel haben sich sog. Zeitarbeitsbüros formiert, die selbständige Bauarbeiter unter Vertrag nehmen und an größere Firmen weiter vermitteln. Die spezifischen Strukturen in der britischen Bauwirtschaft werden zunehmend auf die Bauwirtschaft des Festlands übertragen.

In den letzten Jahren hat sich ein ausgefeiltes Netzwerk herausgebildet, das die britischen Bauarbeiter systematisch an Hochlohnländer wie die Niederlande oder Deutschland vermittelt. Als Drehscheibe des „Bauarbeitertransfers" dient vielfach die Stadt Nijmegen an der deutsch-niederländischen Grenze. Hier sind sog. Koppelbaas-Organisationen ansässig, die britische Selbständige an Baufirmen nach Deutschland vermitteln.[19] Die meisten der angeworbenen Bauarbeiter besitzen lediglich eine Schaufel oder eine Kelle, die sie als Produktionsmittel in den Produktionsprozeß einbringen. Selbständige „Kranführer ohne Kran" sind mittlerweile auf deutschen Baustellen keine Seltenheit mehr.

Was in Großbritannien oder Irland zur Normalität zählt, kann in anderen Ländern jedoch überaus problematisch erscheinen. Denn faktisch werden die Selbständigen in Großbritannien wie auch anderswo in den Betriebsablauf eines größeren Unternehmens eingebunden und sind nach deutschen Kriterien zumindest eher als Arbeitnehmer bzw. arbeitnehmerähnliche Personen denn als Selbständige einzustufen. In Deutschland wird daher der Einsatz von britischen Bauarbeitern als illegal empfunden und mit dem Unwerturteil „Scheinselbständigkeit" be-

---

[18] Vgl. Kommission der Europäischen Gemeinschaften, Panorama der EU-Industrie 95-96, Luxemburg 1995, S. 19-7.

[19] Vgl. hierzu Wolfgang Weipert, Kontrollverlust und Chaos auf den deutschen Baustellen, in: Bruno Köbele/ Jan Cremers (Hg.), Europäische Union: Arbeitnehmerentsendung im Baugewerbe, Witterschlick/ Bonn 1994, S. 229-233.

legt.[20] Die britischen Bauarbeiter werden in der Regel für 45 DM pro Stunde „angeboten" (im Vergleich hierzu kostet ein deutscher Arbeitnehmer 65 bis 75 DM). Davon fließen 20-25 DM als Lohn in die Tasche des Bauarbeiters, die gleiche Summe wird als Vermittlungsgebühr für die Koppelbaas-Organisationen fällig. In Spitzenzeiten gelangen auf diesem Weg bis zu 800 Bauarbeiter pro Wochenende nach Deutschland. Neben den Briten werden inzwischen auch selbständige Bauarbeiter aus Italien, Portugal oder Irland engagiert.

Oftmals bestehen diese Vermittlungsagenturen auch nur aus einer einzigen Person, die sich in das Geschäft der internationalen Leiharbeit eingeklinkt hat und arbeitssuchende und billige Arbeitskräfte in die Hochlohnländer vermittelt. Diese Praxis hat sich insbesondere bei der Vermittlung von portugiesischen Bauarbeitern nach Deutschland institutionalisiert. Portugiesische „Vermittlungsfirmen" inserieren in einheimischen Zeitungen und suchen nach Arbeitskräften, die bereit sind, kurzfristig und für begrenzte Zeit ins Ausland zu gehen.

1.3   Die Auswirkungen der Entsendepraxis in Deutschland

Zunächst wurde vor allem Frankreich zum Ziel europäischer Baufirmen und ihrer Beschäftigten. Hier wurden ausländische Arbeitnehmer vor allem auf Großbaustellen wie beim Bau des Euro-Disneylands in Paris eingesetzt. Deutschland wurde im Vergleich zu anderen europäischen Hochlohnländern erst sehr spät zum Zielpunkt der neuen Arbeitsmigration. Diese Entwicklung läßt sich im wesentlichen auf vier Gründe zurückführen. Zu nennen sind

1. das System der Werkvertragsabkommen mit den mittel- und osteuropäischen Reformstaaten sowie die Reduzierung der Kontingente ab 1993,

2. die Beschäftigung von ausländischen Saisonarbeitern und ihr abruptes Ende zum gleichen Zeitpunkt,

3. der Bauboom und die lang anhaltende Hochkonjunktur im deutschen Baugewerbe sowie

---

[20] Vgl. hierzu etwa Rolf Wank, Franchisenehmer und Scheinselbständigkeit, in: Zeitschrift für Sozialreform, Heft 6, 1996, S. 387-400.

4. die Abschottung anderer Hochlohnländer gegenüber der europäischen Niedriglohnkonkur-
renz.

Mit dem Ende des Kalten Krieges und dem Fall des Eisernen Vorhangs begann die Bundesregierung mit einer Reihe von ost- und mitteleuropäischen Staaten (MOE-Staaten) sowie
der Türkei bilaterale Regierungsvereinbarungen zu treffen,[21] die es ausländischen Unternehmen erlaubten, Werkverträge mit deutschen Firmen abzuschließen und zur Abwicklung
der Aufträge ihre Arbeitnehmer auf dem Wege der Arbeitnehmerentsendung nach Deutschland zu schicken. Der Großteil der Werkvertragsarbeitnehmerkontingente betraf von Beginn
an den Bausektor, 1992 betrug sein Anteil am Gesamtkontingent gut 75%.[22] Die Bundesregierung erhoffte sich von der Rekrutierung der Migranten, einen akuten Mangel an Baufacharbei-
tern in Deutschland[23] sowie den durch den vereinigungsbedingten Bauboom hervorgerufenen
zusätzlichen Bedarf an Arbeitskräften decken zu können. Daneben spielten außenpolitische
Erwägungen ein Rolle.[24] Die Möglichkeit, legal als Arbeitnehmer in die Bundesrepublik zu
kommen, sollte illegaler Einwanderung entgegenwirken und helfen, die Asylbewerberzahlen
zu senken.[25] Außerdem wurde erwartet, daß die Abwanderung zu einer Reduzierung der Arbeitslosigkeit in den Anwerbestaaten führen und damit zur Stabilisierung des demokratischen
Reformprozesses beitragen werde.

In Deutschland erhielten die Migranten befristete Arbeitsmarkt- und Gebietszulassungen,
nach Beendigung des Werkvertrags sollten sie wieder in ihre Heimatstaaten zurückkehren.
Damit wollten die Behörden jede Form der sozialen Integration und damit verbundener Folge-

---

[21] Vgl. hierzu z.B. Udo R. Mayer, Werkvertragsarbeitnehmer aus Osteuropa, in: Betriebs-Berater, Heft 20,
1993, S. 1428-1431; Hedwig Rudolph, The new Gastarbeiter system in Germany, in: New Community, Heft 2,
1996, S. 287-299. Zu Vereinbarungen mit einzelnen Staaten vgl. Thomas Kaligin, Tätigkeit von Bauunternehmen aus Polen und der CSFR in Deutschland, in: Neue Zeitschrift für Arbeitsrecht, Heft 24, 1992, S. 1111-1116;
Andreas Hänlein, Die rechtliche Stellung der in Deutschland tätigen Werkvertragsarbeitnehmer aus der Türkei,
in: Zeitschrift für ausländisches und internationales Arbeits- und Sozialrecht, Heft 1, 1996, S. 21-47; Ralf
Klöppner, Werkvertragsarbeiten von Arbeitnehmern aus Osteuropa im Rahmen von Regierungsabkommen. Am
Beispiel Polen, in: Arbeitsrecht im Betrieb, Heft 11, 1993, S. 682-694.
[22] So der Wert im Oktober 1992, da die Zahl der Werkvertragsarbeitnehmer ihren Höchststand erreichte.
[23] Vgl. N.N., Bauminister befürchtet Facharbeitermangel, in: Bundesbaublatt, Heft 5, 1988, S. 241. Oder N.N., Bau
befürchtet Personalkrise, in: Bundesbaublatt, Heft 12, 1988, S. 678.
[24] Vgl. hierzu Thomas Faist, Migration in transnationalen Arbeitsmärkten. Zur Kollektivierung und Fragmentierung
sozialer Rechte in Europe, in: Zeitschrift für Sozialreform, Heft 42,1995, S. 108-122.
[25] Vgl. Bernhard Santel, Migration in und nach Europa. Erfahrungen, Strukturen, Politik, Opladen 1995, S. 78ff.

kosten etwa in den Bereichen des Wohnungsmarktes und Ausbildungswesens vermeiden. Die ausländischen Migranten wurden zwar dem deutschen Arbeitsrecht unterstellt und mußten nach den hiesigen Tarifen bezahlt werden, stellten aber, bedingt durch vielfältige Mißbrauchsformen und illegale Praktiken, dennoch Billigarbeitskräfte dar. Die Mißbrauchsformen, die Vedrängungseffekte auf dem Arbeitsmarkt und die Benachteiligung des Mittelstandes brachten diese Praxis schnell in Mißkredit. Angesichts der nachlassenden Konjunktur beschloß die Regierung eine Reduzierung der Kontingente und schloß das Baugewerbe 1994 zusätzlich von der Vermittlung ausländischer Saisonarbeitnehmer aus.[26]

Die Bundesregierung verknüpfte mit diesem Schritt die Hoffnung, daß die aufgrund der ausländischen Konkurrenz arbeitslos gewordenen inländischen Bauarbeiter wieder in den regulären Arbeitsprozeß eingegliedert werden könnten. Entgegen dieser Erwartung führte der nach wie vor bestehende Nachfrageüberhang nach billigen und flexiblen Arbeitskräften jedoch nicht zur Neueinstellung einheimischer Bewerber, sondern vielmehr zur Substitution der ehemaligen Migranten aus Mittel- und Osteuropa durch Arbeitskräfte aus den Mitgliedstaaten der Europäischen Union. Die Gründe hierfür sind vor allem darin zu sehen, daß die Bundesregierung die Werkvertragskontingente ohne jede Vorwarnung reduzierte und die deutschen Bauunternehmen damit in eine prekäre Lage hinein manövrierte. Da die Unternehmen zu diesem Zeitpunkt eine Reihe von Verträgen abgeschlossen hatten, die noch auf den erheblich billigeren Subunternehmerleistungen basierten, waren sie nun gezwungen, sich nach ebenso günstigen Angeboten umzuschauen. Bei den genannten EU-Unternehmen wurden sie schließlich fündig. Die veränderte Angebotssituation auf dem deutschen Bauarbeitsmarkt wirkte damit wie ein Sog, der billige Arbeitskräfte nach Deutschland führte. Hinzu kamen verschiedene Druckfaktoren, die zusätzliche Billigarbeitnehmer auf den deutschen Markt brachten.

Ein wesentlicher Push-Faktor ist in der konjunkturellen Entwicklung zu sehen. Während 1994 alle Baumärkte der EU negative Zuwachsraten verzeichneten, wuchs die deutsche Bauproduktion weiter um 3%. Der große Baubedarf in den neuen Bundesländern und der Ausbau der neuen Hauptstadt Berlin ließen die Baunachfrage stetig wachsen. Viele Bauunternehmen,

---

[26] Vgl. Fuchs 1995, S. 46.

die zuvor als Subunternehmen in anderen EU-Ländern tätig waren, folgten dem Konjunktur-
verlauf und verlagerten ihr Engagement schrittweise nach Deutschland.

Die zudem in anderen Hochlohnländern errichteten Eintrittsbarrieren für Billigbauanbieter
aus dem Ausland ließen diese Märkte für ausländische Subunternehmer weniger lukrativ er-
schienen. Deutschland blieb als nahezu einziges Hochlohnland übrig, das den Einsatz von
Bauarbeitnehmer zu Billiglöhnen uneingeschränkt zuließ, und wurde so zu einem Magneten
für europäische Billigbauanbieter. Inzwischen ist Deutschland das Land mit dem weitaus
höchsten Anteil entsandter Arbeitskräfte im Baugewerbe.

Über die genaue Höhe der Ausländerzahlen können jedoch nur Vermutungen angestellt
werden, die Schätzungen gehen weit auseinander. Unstrittig ist lediglich, daß die tatsächliche
Anzahl in den letzten drei Jahren rasant gestiegen ist. In dem Maße, in dem die Werkvertragskontingente mit den MOE-Staaten reduziert wurden, strömten neue Arbeitnehmer aus der EU
auf den Markt. 1994 wurden bereits bis zu 150.000 EU-Arbeiter auf deutschen Baustellen
vermutet. 1995 schätzte man die Zahl der entsandten Arbeitnehmer auf 200.000. Einige
Schätzungen gingen sogar von 260.000 EU-Arbeitern aus.[27]

Ergänzungsbedürftig sind die vorgetragenen Analysen insofern, als daß die im Baugewerbe
traditionell hohe Zahl an illegal Beschäftigten durch die Praxis der Arbeitnehmerentsendung
weiter gesteigert wird. Eine genaue Quantifizierung der Zahlen ist aber auch in diesem Fall
kaum möglich. Die Schätzungen des HDB reichen von 100.000 bis 200.000, die IG BAU
rechnet sogar mit 200.000 bis 300.000 illegal Beschäftigten aus dem In- und Ausland.[28]

---

[27] Vgl. Gerhard Webers, Auswirkungen des Entsendegesetzes auf die Beschäftigung von handwerklichen Arbeitskräften aus Mittel- und Osteuropa, in: Wolfgang König/ Gustav Kucera (Hg.), Kontaktstudium Wirtschaftswissenschaft 1995, Göttingen 1995, S. 174-179, hier S. 174.
[28] Vgl. Ernst-Ludwig Laux, Explosives Gemisch, in: Die Mitbestimmung, Heft 11, 1996, S. 40-42, hier S. 41.

Abbildung 2: **Anteile deutscher, ausländischer und illegal Beschäftigter auf dem deutschen Bauarbeitsmarkt 1996**

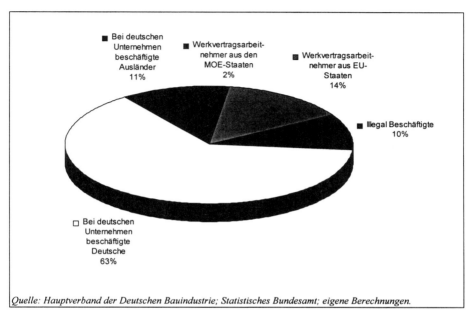

Quelle: Hauptverband der Deutschen Bauindustrie; Statistisches Bundesamt; eigene Berechnungen.

Daß die geschilderten Entwicklungen auf dem deutschen Bauarbeitsmarkt für die Branche nicht ohne Folgen bleiben konnten, liegt auf der Hand. Die durch die ausländische Konkurrenz induzierten Auswirkungen sind vielfältig und weitreichend. Sie sind zu unterscheiden in ökonomische, soziale und (tarif)politische.

Die anhaltende Konkurrenz der ausländischen Baufirmen respektive ihrer Beschäftigten hat die deutsche Bauwirtschaft in ihre tiefste Strukturkrise seit Bestehen der Bundesrepublik geführt. Innerhalb weniger Jahre hat sich die Wettbewerbssituation auf dem Baumarkt grundlegend verändert. Im Bauhaupt- und Bauausbaugewerbe können Aufträge mittlerweile nur noch akquiriert werden, wenn sie wenigstens zum Teil durch ausländische Subunternehmen ausgeführt werden. Unternehmen, die ausschließlich mit den Löhnen ihrer deutschen Facharbeiter kalkulieren, so ist man sich in der Branche einig, „haben im Wettbewerb keine Chance mehr."[29] Die Bauunternehmen operieren daher fast ausschließlich mit sog. Mischkalkulationen, die sich einerseits auf die Löhne der eigenen Beschäftigten und andererseits auf die Niedriglöhne ausländischer Bauarbeiter stützen. Die meisten Einzelgewerke werden an ausländische Subunternehmen vergeben, nur wenige, zumeist anspruchsvolle Tätigkeiten von den Stammbelegschaften ausgeführt.

Dieser Trend trifft die Unternehmen innerhalb der Bauwirtschaft in verschiedener Weise. Während sich Großunternehmen auf die neue Situation besser einstellen können und sich zusehends vom reinen Anbieter von Bauleistungen zum modernen Dienstleistungsunternehmen entwickeln[30] und ausländische Märkte erschließen,[31] sind Klein- und Mittelbetriebe die Verlierer dieser Entwicklung. Sie meldeten seit 1993 reihenweise Vergleich und Konkurs an. Innerhalb von zwei Jahren ist die Zahl der Insolvenzen im Baugewerbe von 1.875 im Jahr 1993 auf 5.540 im Jahr 1995 um knapp das Dreifache gestiegen.

Mit dem ruinösen Wettbewerb geht ein dramatischer Anstieg der Arbeitslosenzahlen einher. Trotz eines Anstiegs der Bauproduktion nahm die Zahl der Beschäftigten kontinuierlich ab. 1992 wurden 105.638 Arbeitslose in Bauberufen registriert. Zwei Jahre später betrug die Zahl bereits 136.563, und 1995 kletterte der Wert noch einmal um 20% auf 164.452 beschäftigungslose Bauarbeiter. 1996 explodierte die Zahl der Beschäftigungslosen, im März lag sie bei 304.759 arbeitslosen Bauarbeitern. Dies entspricht einer Steigerungsrate von 57,5% im Vergleich zum Vorjahreswert des selben Monats. Wenngleich man nicht pauschal davon ausgehen kann, daß der Verdrängungsprozeß allein durch die billigen EU-Arbeitnehmer bedingt ist,[32] besteht ein weitgehender Konsens darüber, daß zumindest ein Teil der Produktionssteigerung den heimischen Arbeitnehmern hätte zu Gute kommen können.

---

[29] Bernd Ehinger, Gleicher Lohn für gleiche Arbeit - Gegen Lohndumping auf den Baustellen, Rede auf der bundesweiten Entsendetagung der IG Metall am 23.9.1995 in Offenbach, Bonn 1995, unveröffentlichtes Manuskript, S. 2.
[30] Vgl. Christian Roth, Der Strukturwandel ist Gemeinschaftsaufgabe, in: Arbeitgeber, Heft 6, 1996, S. 164-165, hier S. 164.
[31] Die Umsätze auf den ausländischen Märkten sind in den letzten Jahren stetig gestiegen. 1995 haben deutsche Unternehmen Aufträge in Höhe von rund 17 Mrd. DM erhalten, ein Jahr zuvor waren es nur 13 Mrd. DM. Dies entspricht einer Steigerungsrate von über 20% (Angaben des Hauptverbandes der Deutschen Bauindustrie).
[32] So muß man z.B. die besondere Situation des ostdeutschen Baugewerbes in Rechnung stellen. Durch das Sonderabschreibungsprogramm des Bundes für Immobilien in Ostdeutschland wurde die ostdeutsche Baukonjunktur zusätzlich belebt. Mittlerweile fallen aber viele der neu geschaffenen Arbeitsplätze wieder weg, da die große Nachfragewelle schon 1995 deutlich nachgelassen hat und mit dem Auslaufen des Programms zum

Die geschilderten Entwicklungen gehen an der Ausbildungsplatzsituation im Bau- und Ausbaugewerbe nicht spurlos vorüber. Zu bedenken ist, daß der Mittelstand in Deutschland seit jeher einen Großteil des Ausbildungsangebots trägt. Seine Marginalisierung im Baugewerbe führt daher zu negativen Auswirkungen für die Nachwuchsrekrutierung in diesem Bereich. Nach Angaben der Gemeinsamen Urlaubs- und Lohnausgleichskasse ist die Zahl der Auszubildenden im ersten Lehrjahr 1996 im Vergleich zum Vorjahr um 21% zurückgegangen.

Die schlechte Ausbildungssituation korrespondiert mit der Reduzierung der Fortbildungsmöglichkeiten für die verbliebenen Beschäftigten am Bau. Vielerorts wird berichtet, daß Qualifizierungen immer weniger stattfinden und das Qualifizierungsniveau der Beschäftigten stagniere. Der Verband beratender Ingenieure (VBI) warnte vor diesem Hintergrund frühzeitig vor steigenden Baufolgekosten durch mangelnde Qualität in der Bauausführung. Deutsche Qualität in Planung und Ausführung sei „mit billigen Arbeitskräften auf Dauer nicht zu machen,"[33] so der Hauptgeschäftsführer des Verbandes, Klaus Rollenhagen.

Gleichzeitig sinkt der Sicherheitsstandard auf den Baustellen. Das Berliner Landesamt für Arbeitsschutz und technische Sicherheit (LAfA) vermeldet, daß Verstöße gegen die Sicherheitsbestimmungen auf fast allen Baustellen festzustellen sind. In den letzten drei Jahren ist die Unfallquote auf deutschen Baustellen erheblich gestiegen. Als Grund gibt die LAfA die fehlende Koordination auf Großbaustellen und die erheblichen Sprachschwierigkeiten zwischen den Beschäftigten an. Bruno Köbele, ehemaliger Bundesvorsitzender der Industriegewerkschaft Bau-Steine-Erden,[34] faßt die erodierenden Arbeitsschutzbestimmungen auf dem Bau in dem pointierten Satz zusammen: „Der Tod auf der Baustelle ist wieder alltäglich geworden."[35]

1.1.1997 gänzlich versiegt ist. Aufgrund der großen Baunachfrage erwirtschaftete die Bauwirtschaft zeitweilig fast 50% der Leistungen des produzierenden Gewerbes in Ostdeutschland. Vgl. DER SPIEGEL, Heft 18, 1996, S. 80.

[33] Zitiert nach Frankfurter Allgemeine Zeitung vom 30.1.1995.

[34] Jetzt IG Bauen Agrar Umwelt (IG BAU).

[35] Bruno Köbele, Eröffnung der Europäischen Arbeitsmarktkonferenz unter dem Motto „Europäischer Arbeitsmarkt. Grenzenlos mobil?" 06. bis 08. März 1995 in Bonn, in: Bruno Köbele/ Gerhard Leuschner (Hg.), Dokumentation der Konferenz „Europäischer Arbeitsmarkt. Grenzenlos mobil?", 6. bis 8. März 1995, Bonn, Baden-Baden 1995, S. 11-16, hier S. 11.

Bereits 1989 warnte der Sachverständigenrat zur Begutachtung der gesamtwirtschaftlichen Entwicklung vor den sozialen Gefahren gespaltener Arbeitsmärkte. Die Beschäftigung von Arbeitnehmern gleicher Qualifikation zu unterschiedlichen Arbeitsbedingungen an einem Ort würde negative externe Effekte auslösen und zwischen den Beschäftigten zu sozialen Spannungen führen.[36] Betrachtet man die Situation auf den Baustellen heute, so muß man feststellen, daß sich die Befürchtungen der „Fünf Weisen" weitgehend bewahrheitet haben. In der Tat hat der Einsatz von ausländischen Subunternehmen in der Bauwirtschaft den sozialen Frieden in der Branche nachhaltig gefährdet. Dies gilt sowohl für die Beziehungen zwischen den Tarifparteien als auch für die Situation auf den Baustellen. Hier entladen sich die sozialen Spannungen zwischen den einheimischen Beschäftigten und ihren ausländischen Konkurrenten zusehends in ausländerfeindlichen Übergriffen und antieuropäischen Parolen.[37]

Der soziale Unfriede bricht sich vielerorts durch fremdenfeindliche Übergriffe und verbale Attacken gegen die ausländischen Kollegen Bahn. „Sozialneid" und die Angst vor Arbeitslosigkeit gepaart mit dem Unverständnis über die Situation entladen sich nicht selten in rechtsradikalen und rassistischen Parolen, die zunehmend zu ausländerfeindlichen Aggressionen führen. Gewerkschaftsvertreter berichten, daß sie schon des öfteren ausländische Bauarbeiter vor Übergriffen ihrer deutschen Kollegen schützen mußten.[38] Dabei hat das Baugewerbe bisher „mit einem überdurchschnittlichen Anteil von jungen Ausländern in der Ausbildung und einem selbstverständlichen Miteinander von Ausländern und Deutschen in den Betrieben" einen wesentlichen Beitrag zur Integration von Ausländern geleistet.[39] Diese „soziale Errungenschaft" scheint vor dem Hintergrund der neuen Wettbewerbssituation zunehmend verloren zu gehen. Die strukturell bedingte Konfrontation von Ausländern und Deutschen infolge ihrer

---

[36] Vgl. Sachverständigenrat zur Begutachtung der gesamtwirtschaftlichen Entwicklung, Weichenstellung für die neunziger Jahre, Jahresgutachten 1989/90, Stuttgart 1989, S. 197ff.

[37] Zu konkreten Ausschreitungen kam es bereits auf einer Baustelle in Freiburg, auf der sich die deutschen Bauarbeiter, mit Eisenstangen und Knüppeln bewaffnet, gegen den drohenden Zwangsurlaub zugunsten polnischer Arbeitskräfte schlagkräftig zur Wehr setzten. Zwar konnten in diesem Fall die Arbeitnehmer weiter beschäftigt und eine Eskalation der Gewalt abgewendet werden, doch wird allerorts befürchtet, daß „irgendwann auf den Baustellen der Krieg ausbricht." Vgl. die Berichterstattung in: DER SPIEGEL, Heft 12, 1996, S. 106.

[38] Vgl. die Ausführungen des Vorsitzenden der IG BAU, Klaus Wiesehügel, in der öffentlichen Anhörung von Sachverständigen zum Arbeitnehmer-Entsendegesetz. Vgl. Deutscher Bundestag, 13. Wahlperiode, Ausschuß für Arbeit und Sozialordnung, Protokoll Nr. 28, Bonn 1995, S. 34.

[39] Vgl. die Pressemitteilung der Handwerkskammer Hamburg, „Hamburger Handwerk fordert ein wirklich wirksames Arbeitnehmer-Entsendegesetz," vom 31.8.1995.

unterschiedlichen arbeitsrechtlichen Stellung läßt die freundliche zusehends in eine feindliche Grundhaltung umschlagen.

Die Wut und Enttäuschung der von Arbeitslosigkeit bedrohten Arbeitnehmer richtet sich in gleichem Maße gegen den europäischen Einigungsprozeß. Dies ist insofern leicht nachzuvollziehen, als daß der integrierte europäische Binnenmarkt die unmittelbare Ursache für den Verdrängungsprozeß auf dem deutschen Arbeitsmarkt ist. Der verschärfte Wettbewerb erweckt bei den Beschäftigten eine Schreckensvision von einem „Europa gegen die Arbeitnehmer", bei dem die Arbeitnehmer den Interessen des Kapitals hilf- und schutzlos ausgeliefert sind. Die Skepsis gegen das „Projekt Europa" verfestigt sich vor diesem Hintergrund von Tag zu Tag. Daß dies zu einer ernstzunehmenden Hypothek für das weitere Zusammenwachsen der EU werden kann, mag ein Beispiel aus Schweden belegen. Hier vermochte sich der schwedische Dachverband der Holz- und Bauarbeitnehmer LO nicht dazu durchzuringen, seinen Mitgliedern ein positives Abstimmungsverhalten beim Referendum über den Beitritt des Königreichs zur Europäischen Union zu empfehlen. Als ein wesentlicher Grund wurde die schwierige Wettbewerbssituation auf dem europäischen Baumarkt angegeben.[40]

Wie so oft, wenn eine neue Form der Ausländerbeschäftigung Einzug hält, kommt es auch zu Verstößen gegen Arbeitsschutzbestimmungen und zu Ausbeutungsprozessen. Dies ist bei entsandten oder illegal tätigen Arbeitnehmern aus den Staaten der Europäischen Union ebenfalls der Fall. Die Ausbeutungsprozesse werden hier durch die begrenzte Aufenthaltsdauer und die arbeitsrechtliche Ausnahmesituation begünstigt. In vielen Fällen greift weder das Arbeitsrecht des Heimat- noch des Beschäftigungslandes.

So gelangen elementare Arbeitsschutzbestimmungen kaum noch zur Anwendung. Es ist nicht ungewöhnlich, daß dem inländischen Auftraggeber ein außerordentliches Kündigungsrecht der Verträge zugebilligt wird, wenn die Fähigkeiten und Fertigkeiten der ausländischen Arbeitnehmer nicht ausreichen. Die Arbeitnehmer werden auf diese Weise zur reinen Dispositionsmasse der Unternehmen. Ihre Arbeitszeit beträgt oftmals 60 Stunden in der Woche, die Arbeitsbedingungen sind überaus schlecht. Überstunden müssen unbezahlt geleistet werden,

---

[40] Vgl. die Schilderungen bei Bruno Köbele, Europäischer Arbeitsmarkt - Grenzenlos mobil?, in: Bruno Köbele/ Jan Cremers (Hg.), Europäische Union: Arbeitnehmerentsendung im Baugewerbe, Witterschlick/ Bonn 1994, S. 7-8, hier S. 8.

ein Urlaubsanspruch besteht in aller Regel nicht.[41] Um die Kosten des Auslandsaufenthalts weiter zu reduzieren, werden die Arbeitnehmer in einfachen Wohncontainern untergebracht, die in Extremfällen nur von außen zu öffnen waren.[42] Die portugiesische Fernsehjournalistin Lourdes Picareta, die über zwei Jahre portugiesische Bauarbeiter auf deutschen Baustellen begleitete, berichtet, daß es sogar Fälle gibt, bei denen „die Arbeiter hungern. Diese bekommen zwei Brötchen während des 12-, 14-stündigen Arbeitstages. Abends gibt es oft nur eine kalte Mahlzeit. Erkranken sie, kommt kein Arzt. Sie werden einige Tage in den Bauwagen gesperrt und sollen irgendwelche Medikamente schlucken. Falls es ihnen in ein paar Tagen nicht besser geht, werden sie nach Portugal zurückgeschickt."[43]

Die Entsendepraxis der ausländischen Baufirmen hat über die ökonomischen und sozialen Auswirkungen hinaus zu Konsequenzen geführt, die an den Grundfesten des tarifpolitischen Systems der Bundesrepublik Deutschland rühren. Es ist längst ein offenes Geheimnis, daß die Tariflöhne vielerorts nicht mehr eingehalten werden. Vor allem in Ostdeutschland ist die Entwicklung dramatisch. Nach Angaben der IG BAU werden hier stellenweise nur noch 20% der Beschäftigten nach dem Tariflohn bezahlt, der Rest verzichtet mehr oder weniger freiwillig auf das durch den Tarifvertrag zugesicherte Entgelt.[44] In der Region um Zwickau, so das Ergebnis einer Stichprobenuntersuchung der IG BAU, liegt die Quote sogar nur bei 13%. Hier werden Löhne „zum Teil weit unter 18 DM" gewährt,[45] obwohl der vereinbarte Tariflohn bei 22,52 DM liegt. In Extremfällen sind sogar nur Stundenlöhne von 6,40 DM gezahlt worden.[46] Gleichzeitig steigt die Arbeitszeit der Beschäftigten auf elf bis vierzehn Stunden pro Tag.

Auch die Beziehungen zwischen den Tarifparteien der Branche sind frostiger geworden. Die IG BAU zeigt sich im Kampf um gleiche Arbeitsbedingungen für alle in Deutschland tätigen Bauarbeiter nach Aussage ihres Vorsitzenden Klaus Wiesehügel „zu jedem Waffen-

---

[41] Information des IG Metall-Vorstands. Vgl. die Informationsbroschüre „Gegen Lohndumping am Bau", Frankfurt am Main 1995.

[42] Vgl. die Berichterstattung in der Süddeutsche Zeitung vom 28.6.1996.

[43] Vgl. Lourdes Picareta, Interview mit zwei portugiesischen Bauarbeitern, in: Bruno Köbele/ Gerhard Leuschner (Hg.), Dokumentation der Konferenz „Europäischer Arbeitsmarkt. Grenzenlos mobil?", 6. bis 8. März 1995, Bonn, Baden-Baden 1995, S. 25-27, hier S. 25.

[44] Vgl. DER SPIEGEL, Heft 37, 1996, S. 99.

[45] Vgl. Süddeutsche Zeitung vom 3./4.8.1996.

[46] Vgl. ebd.

gang bereit."[47] Teilweise kam es bereits zu Arbeitsniederlegungen und Demonstrationen, die sich gegen die anhaltende Billiglohnkonkurrenz auf den Baustellen wandten.[48] Innerhalb weniger Jahre entwickelte sich das deutsche Baugewerbe von einem Modellfall der Konsensorientiertheit, in dem die Tarifparteien lösungsorientierte Partnerschaftsmodelle erarbeiteten, zu einem ruinösen Kampfplatz, auf dem zum ökonomischen Überleben ein laxer Umgang mit der Gesetzlichkeit empfehlenswert geworden ist.

2. Regelungsversuche

2.1 Das Scheitern der europäischen Entsenderichtlinie und die Verabschiedung separater Entsendegesetze auf nationaler Ebene

Sowohl auf europäischer als auch auf nationaler Ebene wurde schon frühzeitig über Möglichkeiten diskutiert, diese spezielle Form innergemeinschaftlicher Arbeitsmigration zu regulieren. So kündigte die Europäische Kommission bereits im Jahr 1989 in ihrem „Aktionsprogramm zur Anwendung der Charta der sozialen Grundrechte der Arbeitnehmer in der Gemeinschaft" an, gegen die Ausbeutungsprozesse bei Arbeitnehmerentsendungen innerhalb der Europäischen Union vorzugehen und eine entsprechende Richtlinie zu erarbeiten. Einen ersten Entwurf der Richtlinie legte sie im April 1991 vor.[49] Dieser sah vor, daß „ein klar definierter harter Kern von Mindestarbeitsbedingungen" unbeschadet des auf das Arbeitsverhältnis anzuwendenden Rechts für alle Arbeitnehmer zwingend vorgeschrieben werden sollte, womit insbesondere die Zahlung von gesetzlich bzw. tariflich vorgeschriebenen Mindestlohnsätzen verbunden gewesen wäre. Dieser Vorschlag stieß jedoch ebenso wie ein veränderter

---

[47] Zitiert nach Süddeutsche Zeitung vom 18.3.1996.
[48] Zu den Protestaktionen der Gewerkschaften vgl. Industriegewerkschaft Bauen Agrar Umwelt, Aktions-Express. Zeitung der IG Bauen Agrar Umwelt, Heft 2, 1996.
[49] Kommission der Europäischen Gemeinschaften, Vorschlag für eine Richtlinie des Rates über die Entsendung von Arbeitnehmern im Rahmen von Dienstleistungen, Brüssel 1991 (KOM (91) 230 endg. - SYN 346).

Entwurf vom Juni 1993[50] auf den massiven Widerstand einiger Mitgliedstaaten. Insbesondere die Niedriglohnländer Großbritannien, Portugal, Italien und Griechenland sprachen sich gegen eine Regulierung der neuen Arbeitsmigration aus, da sie im großen und ganzen von den Möglichkeiten der innereuropäischen Arbeitnehmerentsendungen profitierten und folglich befürchten mußten, durch eine Reglementierung wirtschaftliche Einbußen zu erleiden. Sie sahen dementsprechend keinerlei Notwendigkeit, in den Wettbewerb einzugreifen. Im Gegenteil, Großbritannien wurde nicht müde, immer wieder zu betonen, daß der Richtlinienentwurf im Widerspruch zu den Grundsätzen des Binnenmarkts stehe und den freien Dienstleistungsverkehr zwischen den Mitgliedstaaten unzulässigerweise behindere.[51] Der Versuch, die Entsende-Problematik auf europäischer Ebene zu lösen, blieb daher lange Zeit erfolglos. Erst Mitte 1996 gelang es der italienischen Ratspräsidentschaft, einen Kompromiß vorzulegen, dem bis auf Großbritannien und Portugal alle Mitgliedstaaten zustimmen konnten. Für die Lösung der Problematik in der Bauwirtschaft hat er jedoch kaum eine Bedeutung, da infolge der langwierigen Verhandlungen auf europäischer Ebene verschiedene Mitgliedstaaten der EU die Entsende-Problematik in ihren Ländern separat lösten.

Rechtlich stand einer nationalen Regelung grundsätzlich nichts entgegen, da der Europäische Gerichtshof bereits in seiner Entscheidung im Fall Rush Portuguesa im Jahr 1990 festgestellt hatte, „daß das Gemeinschaftsrecht [es] den Mitgliedstaaten nicht verbietet, ihre Rechtsvorschriften oder die von den Sozialpartnern geschlossenen tarifvertraglichen Vereinbarungen auf jeden auszudehnen, der in ihrem Gebiet eine - selbst zeitlich begrenzte - Tätigkeit in Lohn- oder Gehaltsverhältnis ausübt."[52]

Allen voran erließ Frankreich ein nationales Entsendegesetz und erschwerte auf diesem Wege den Zugang von Billiglohnarbeitern zu seinem Arbeitsmarkt. Für Deutschland kündigte Bundesarbeitsminister Norbert Blüm Ende 1994 einen nationalen Alleingang an, nachdem die

---

[50] Kommission der Europäischen Gemeinschaften, Geänderter Vorschlag für eine Richtlinie des Rates über die Entsendung von Arbeitnehmern im Rahmen von Dienstleistungen, Brüssel 1993 (KOM (93) 225 endg. - SYN 346).
[51] Vgl. zuletzt die Erklärung der britischen Delegation zur Stimmabgabe im Rat der Europäischen Union zur Entsenderichtlinie, dokumentiert in: Rat der Europäischen Union, Mitteilungen an die Presse vom 24.9.1996, Brüssel 1996, S. 3.
[52] Entscheidung des Europäischen Gerichtshofs im Fall Rush Portuguesa: Europäischer Gerichtshof, Urteil vom 27.3.1990 - Rs C-113/89, abgedruckt in: Neue Zeitschrift für Arbeitsrecht, Heft 16, 1990, S. 653.

Verhandlungen im europäischen Ministerrat gescheitert waren. Zur Begründung wurde zum einen angeführt, daß die geschilderten Probleme der Bauwirtschaft eine rasche Lösung verlangten und nicht länger auf ein europäisches Placet warten könnten. Zum anderen erhoffte man sich, durch eine nationale Regelung den Druck für eine europäische Einigung zu erhöhen.

Die staatliche Entscheidungsfindung im Hinblick auf das deutsche Entsendegesetz bewegte sich in dem Spannungsfeld von Globalisierungsparadigma und Sozialstaatsgedanken: Auf der einen Seite schienen die Zeichen der Zeit voll und ganz auf Deregulierung und Globalisierung zu stehen und insofern eine verstärkte staatliche Einflußnahme auf das Wirtschaftsgeschehen zu verbieten, auf der anderen Seite regte sich - auch angesichts des immer lauter werdenden Hilferufs der Baubranche - das alte sozialstaatliche Gewissen, das in der Praxis der innereuropäischen Arbeitnehmerentsendungen keine marktkonforme Handelspraxis mehr sah, sondern „menschenverachtendes Lohndumping."[53]

In der parlamentarischen Auseinandersetzung standen sich zwei Positionen gegenüber. Auf der einen Seite wollte die SPD-Opposition im Deutschen Bundestag ein Entsendegesetz durchsetzen, das eine alle Branchen, nahezu alle Arbeitsbedingungen und eine zeitlich unbegrenzte Geltungsdauer umfassende Regelung beinhalten sollte. Den aus dem Ausland entsandten Arbeitnehmern sollte ein zwingender Anspruch auf die hier geltenden gesetzlichen und ortsüblichen Arbeitsbedingungen gewährt werden, der unbeschadet des auf das Arbeitsverhältnis anzuwendenden Rechts gelten sollte. Auf der anderen Seite sah der Gesetzentwurf der Bundesregierung eine weniger weitgehende Lösung des Problems vor, d.h. der Staat sollte nur dort eingreifen, wo es unter wettbewerbspolitischen Aspekten geboten erschien. Konkret hieß das, daß erstens nur das Baugewerbe, zunächst sogar nur das Bauhauptgewerbe, in den Geltungsbereich des Gesetzes eingeschlossen und zweitens die Geltungsdauer des Gesetzes auf zwei Jahre begrenzt werden sollte. Der Entwurf folgte der Systematik des Internationalen Privatrechts und erklärte bestimmte wettbewerbsrelevante Arbeitsbedingungen zu internatio-

---

[53] Vgl. die Pressemitteilung des Bundesministeriums für Arbeit und Sozialordnung vom 30.11.1995, in der die Rede des Bundesarbeitsministers Norbert Blüm zur Bundestagsdebatte zur zweiten und dritten Lesung des Arbeitnehmer-Entsendegesetzes vorab abgedruckt wurde. In der Rede selbst findet sich diese deutliche Ausdrucksweise jedoch nicht wieder. Vgl. Deutscher Bundestag, 13. Wahlperiode, Stenographischer Bericht, 74. Sitzung vom 30.11.1995, Bonn 1995, S. 6447-6488, insbesondere 6447-6449.

nal zwingenden Arbeitsnormen, die ebenfalls unbeschadet des auf das Arbeitsverhältnis anzuwendenden Rechts Gültigkeit beanspruchen sollten. Während das Instrumentarium im Entwurf der Bundesregierung seine Vorteile in der klareren rechtstechnischen Systematik und in
der Einbeziehung der Tarifvertragsparteien besaß, sprachen für den Gegenentwurf seine unmittelbare Anwendbarkeit und die umfassenden Kontroll- und Sanktionsvorschriften. Letzterer stieß jedoch auf massive rechtliche und praktische Bedenken. Der Gesetzentwurf der Bundesregierung bürdete dem Lösungsprozeß dagegen überaus hohe Hürden auf. Ein dritter Gesetzentwurf des Bundesrats sah einen Kompromiß beider Vorschläge vor. Er stützte sich einerseits auf die Vorgehensweise des SPD-Entwurfs und wollte ebenso wie dieser einen zwingenden Anspruch auf die ortsüblichen Löhne begründen, sah aber nur die Einbeziehung der
Baubranche und eine begrenzte Geltungsdauer des Gesetzes vor, die allerdings mit fünf Jahren erheblich länger ausfiel, als im Gesetzentwurf der Bundesregierung vorgesehen.

Nach über einjährigen Verhandlungen wurde schließlich zum 1. März 1996 ein entsprechendes Arbeitnehmer-Entsendegesetz verabschiedet. Das Gesetz wurde im Vermittlungsaus-
schuß von Bundestag und Bundesrat vereinbart und fand anschließend die breite Zustimmung
aller Fraktionen des Deutschen Bundestages und der Mitglieder des Bundesrats. Es folgt
nunmehr im Geltungsbereich weitgehend den Vorschlägen der Bundesregierung und stützt
sich in den Kontroll- und Sanktionsvorschriften auf die Vorstellungen der Gesetzentwürfe von
SPD-Fraktion und Bundesrat. Damit sollen in Zukunft tariflich festgelegte Mindestlöhne für
eine Übergangszeit auch für aus dem Ausland entsandte Arbeitnehmer verpflichtend vorgeschrieben und den geschilderten Entwicklungen in Form der gespaltenen Arbeitsmärkte, der
aus ihnen resultierenden Spannungen und der Gefährdung der Tarifautonomie Einhalt geboten
werden.

2.2 Die Umsetzung des deutschen Entsendegesetzes im Tarifausschuß des Bundesministeriums für Arbeit und Sozialordnung

Die eigentlich Crux der gesetzlichen Regelung besteht jedoch darin, daß durch die im Entsendegesetz vorgesehene Kombination von gesetzlichen und tariflichen Regelungen für den

letzten Schritt zur Umsetzung des Gesetzes nicht mehr der Gesetzgeber zuständig ist, sondern die Sozialpartner. Ihnen obliegt es, dem Gesetz die vorgesehene Wirksamkeit zu verleihen, indem sie zunächst die den Erfordernissen des Arbeitnehmer-Entsendegesetzes entsprechenden Tarifverträge abschließen und diese anschließend gemäß § 5 Abs. 1 TVG für allgemeinverbindlich erklären. Daß es sich hierbei jedoch keineswegs nur um eine Formsache, sondern um die eigentliche Achillesferse des Gesetzes handelt, hat die Praxis gezeigt. Zum einen sind in bestimmten Ausbaugewerben keine entsprechenden Tarifverträge zwischen den Tarifpartnern zustande kommen, zum anderen blieb die erforderliche Allgemeinverbindlicherklärung der einschlägigen Bautarifverträge lange Zeit aus.

Für die besagte Allgemeinverbindlicherklärung der Tarifverträge ist der Tarifausschuß beim Bundesministerium für Arbeit und Sozialordnung zuständig. Dieses Gremium setzt sich paritätisch aus je drei Vertretern der Spitzenorganisationen der Arbeitgeber und der Arbeitnehmer zusammen, die für die Dauer von vier Jahren in ihr Amt berufen werden. Über einen Sitz im Ausschuß verfügen derzeit auf Arbeitgeberseite die Bundesvereinigung der Deutschen Arbeitgeberverbände (BDA) sowie die Arbeitgeberorganisationen von Gesamtmetall und Gesamttextil. Für die Arbeitnehmer sind der Deutsche Gewerkschaftsbund (DGB), die IG Chemie und die Deutsche Angestellten Gewerkschaft (DAG) vertreten. Die in erster Linie betroffenen Tarifparteien des Baugewerbes sind nicht im Ausschuß vertreten, sondern werden nur mittelbar durch ihre Dachverbände BDA bzw. DGB repräsentiert. Hierin liegt die eigentliche Sprengkraft des Gesetzes. Während sich die Sozialpartner des Baugewerbes einig sind, daß die Billiglohnkonkurrenz aus dem Ausland mit Hilfe des Arbeitnehmer-Entsendegesetzes und der dazu gehörigen Allgemeinverbindlicherklärung der Bautarifverträge eingedämmt werden soll, besteht bei den Mitgliedern des Tarifausschusses in diesem Punkt keinerlei Konsens. Zwar plädieren die Arbeitnehmerverteter geschlossen für eine Allgemeinverbindlicherklärung, doch muß für eine positive Beschlußfassung zumindest einer der Arbeitgebervertreter ebenfalls sein befürwortendes Votum abgeben. Bei einer Pattsituation, d.h. bei drei Für- und drei Gegenstimmen, gilt der Antrag als abgelehnt, der Bundesarbeitsminister verfügt über kein Stimmrecht.

Die Arbeitgeberverbände von Gesamtmetall und Gesamttextil hatten sich von Beginn an gegen eine Allgemeinverbindlicherklärung ausgesprochen. Sie sahen, ebenso wie alle anderen

Arbeitgeberverbände, im Entsendegesetz einen „schweren Verstoß gegen das Prinzip des freien Welthandels"[54] und befürchteten von dem „protektionistischen Regelungsansatz" negative Konsequenzen für die deutsche Wirtschaft. Im Mittelpunkt stand die Befürchtung, daß sich ausländische Regierungen durch das Entsendegesetz veranlaßt fühlen könnten, ihrerseits Retorsionsmaßnahmen gegen deutsche Exporte zu ergreifen, um damit die Absatzchancen deutscher Produkte im Ausland zu erschweren.[55] Insbesondere so exportabhängige Branchen wie die Metall- und Elektroindustrie wären davon betroffen. Zudem sah man die Gefahr, daß die ausländischen Ökonomien durch die Abwehrmaßnahmen der Hochlohnländer in ihrem Entwicklungsprozeß zurückgeworfen würden, was neben einem vordergründig moralischen Aspekt[56] vor allem die Konsequenz hätte, daß dadurch die Exportchancen von deutschen Gütern zusätzlich geschmälert würden.[57]

Aufgrund der klar ablehnenden Haltung der Arbeitgeberverbände von Gesamtmetall und Gesamttextil kam der BDA in der Frage der Allgemeinverbindlicherklärung folglich die Rolle des Zünglein an der Waage zu. Ihre Haltung zum Arbeitnehmer-Entsendegesetz war jedoch gespalten. Auf der einen Seite hatte sie in ihrer Eigenschaft als Dachverband aller Arbeitgeberverbände auch die Interessen der Bauwirtschaft zu vertreten. Auf der anderen Seite hatte sie sich aber ebenso wie die anderen Arbeitgeberverbände grundsätzlich gegen das Arbeitnehmer-Entsendegesetz und die damit verbundene Notwendigkeit zur Allgemeinverbindlicherklärung von Tarifverträgen ausgesprochen. Beides sei, so die Argumentation in ihrer

---

[54] So Michael Fuchs, Präsident des Bundesverbandes des Deutschen Groß- und Außenhandels, in seinem Brief an den Bundesminister für Arbeit und Soziales, Norbert Blüm, und Bundesbauminister Klaus Töpfer, in dem er sich eindringlich gegen ein staatliches Eingreifen ausspricht. Zitiert nach Frankfurter Allgemeine Zeitung vom 24.1.1995.

[55] Vgl. Gesamtverband der metallindustriellen Arbeitgeberverbände e.V., Stellungnahme zum Entwurf eines Gesetzes über zwingende Arbeitsbedingungen bei grenzüberschreitenden Dienstleistungen (Arbeitnehmer-Entsendegesetz), Köln 1995, unveröffentlichtes Manuskript. Im folgenden zitiert als Gesamtmetall 1995.

[56] Der Präsident des Weltwirtschaftsinstituts Kiel, Jürgen B. Donges, geht in diesem Zusammenhang sogar soweit, daß er ein Entsendegesetz für „ethisch" nicht vertretbar hält. Vgl. seinen Beitrag im Handelsblatt vom 15.1.1996.

[57] Zudem könnte hierdurch auch ein Abbau von Transferleistungen, z.B. im Rahmen des Europäischen Kohäsionsfonds, unnötig in die Länge gezogen werden. Vgl. zu diesem Einwand: Sachverständigenrat zur Begutachtung der gesamtwirtschaftlichen Entwicklung, Im Standortwettbewerb, Jahresgutachten 1995/96, Stuttgart 1995, S. 229ff.

Stellungnahme zum Arbeitnehmer-Entsendegesetz, mit den Interessen der deutschen Wirtschaft nicht vereinbar.[58]

Die BDA bezog ihre Kritik am Entsendegesetz im wesentlichen auf zwei Punkte. Zum einen sah sie die Gefahr, daß die Allgemeinverbindlicherklärung von Mindestlöhnen im Baubereich zu einer Steigerung der Baupreise in Deutschland führen könnte, und zum anderen befürchtete sie von der Einführung hoher Mindestlohnsätze im Baubereich präjudizierende Wirkungen auf die Tariffindung in anderen Wirtschaftsbereichen. Beides hätte für die Qualität des Wirtschaftsstandorts Deutschland nachteilige Folgen.

Was die Preiseffekte einer Einführung von Mindestlöhnen im Baubereich betrifft, so ist zunächst darauf hinzuweisen, daß sich die Beschäftigung von ausländischen Billiglohnarbeitern und die damit verbundene Verschärfung des Wettbewerbs deflationär auf das Baupreisniveau ausgewirkt hat. Zwar wurden die Preisvorteile von den Unternehmen nicht zu hundert Prozent an den Verbraucher weitergegeben, doch lag die Preissteigerungsrate für Bauprodukte trotz Boomphase deutlich unter denen vergleichbarer vergangener Konjunkturphasen im In- und Ausland. 1996 sanken die Baupreise in Deutschland sogar erstmals wieder nach über dreißig Jahren, ein Faktum, das von Konsumenten wie Investoren gleichermaßen positiv bewertet wird.

Dieser Effekt könnte, so die Befürchtung der BDA, durch die Einführung von Mindestlöhnen schnell in sein Gegenteil verkehrt werden. Eine Anhebung der Lohnkosten würde unweigerlich zu einem Anstieg des Baupreisniveaus führen und letztlich negative gesamtwirtschaftliche Effekte auslösen, wie z.B. die Erhöhung der Mieten oder die Verteuerung kommunaler und privater Investitionen. Vor allem aber stehe zu befürchten, daß durch eine Erhöhung der Baupreise inländische und ausländische Investoren abgehalten werden, am Standort Deutschland zu investieren. Insbesondere im Anlagenbau würden sich die Herstellungskosten zusätz-

---

[58] Vgl. Bundesvereinigung der Deutschen Arbeitgeberverbände, Stellungnahme zum Entwurf eines Gesetzes über zwingende Arbeitsbedingungen bei grenzüberschreitenden Dienstleistungen (Arbeitnehmer-Entsendegesetz), Köln 1995, unveröffentlichtes Manuskript.

lich erhöhen, so daß es zu einer weiteren Abwanderung von Produktionsstätten ins Ausland kommen könnte.[59]

Die zweite Befürchtung der BDA bezog sich auf die tarifpolitischen Folgewirkungen, die von einer Allgemeinverbindlicherklärung der Baumindestlöhne ausgehen könnten. Als problematisch wurde insbesondere gewertet, daß die Lohnentwicklung im Baugewerbe im Vergleich zu anderen Wirtschaftsbereichen über Jahre hinweg überdurchschnittlich hoch gewesen sei. In Relation zu der gesamtwirtschaftlichen Steigerungsrate der tariflichen Entgelte fielen die Lohnerhöhungen in der Bauwirtschaft zumeist deutlich höher aus. Sollte daher ein tariflicher Mindestlohn in der Bauwirtschaft in Kraft treten, der höher als der Ecklohn in den meisten anderen Branchen läge, so ein Hauptargument der BDA, könnte dies zu Spill-over-Effekten in anderen Branchen führen. Insbesondere baunahe Branchen könnten ebenfalls höhere Einstiegstarife fordern und damit das gesamte Lohngitter in Deutschland nach oben verschieben. Für den Wirtschaftsstandort Deutschland hätte dies wiederum negative Folgen, da - wie im übrigen auch das Beispiel der Bauwirtschaft selbst zeige - die Arbeitskosten ohnehin einen der markantesten Standortnachteile darstellten.[60]

Trotz dieser massiven Bedenken zeigte sich die BDA jedoch bereit, sich einer Allgemeinverbindlicherklärung der entsprechenden Tarifverträge nicht grundsätzlich zu verschließen. In ihrem Jahresbericht 1994 heißt es zur möglichen Entsenderegelung: „Angesichts der tatsächlichen Konkurrenz-, Preisfindungs- und Beschäftigungsprobleme vornehmlich im Mittelstand des Baugewerbes und angesichts des Wunsches der Arbeitgeberverbände dieses Bereichs nach einer Regelung hält die Bundesvereinigung jedoch für eine Übergangszeit ein solches Instrument, begrenzt auf den Bereich des Baugewerbes, für das geringere Übel."[61]

---

[59] Vgl. auch Gesamtverband der Textilindustrie in der Bundesrepublik Deutschland e.V., Stellungnahme zum Entwurf eines Gesetzes über zwingende Arbeitsbedingungen bei grenzüberschreitenden Dienstleistungen (Arbeitnehmer-Entsendegesetz), Köln 1995, unveröffentlichtes Manuskript, S. 2, und Gesamtmetall 1995.

[60] Daß hierbei völlig unberücksichtigt bleibt, daß die Löhne in der Bauwirtschaft nur deswegen so hoch ausfallen, weil sie nicht über das ganze Jahr gezahlt werden, spielte in der öffentlichen Debatte keine Rolle. Die besondere Beschäftigungssituation im Winter zwingt die Beschäftigten im Baugewerbe nachgerade dazu, höhere Löhne zu verlangen, da sie über Monate hinweg kein tarifliches Einkommen erzielen können, und statt dessen Winterausfallgeld beziehen. Vergliche man also die tatsächlichen Jahreseinkommen der Beschäftigten, so würde man feststellen, daß die Bauwirtschaft zumindest aus Arbeitnehmersicht keineswegs eine Hochlohnbranche darstellt, sondern sich im Mittelfeld aller Industriebranchen bewegt.

[61] Vgl. Bundesvereinigung der Deutschen Arbeitgeberverbände, Jahresbericht 1994, Köln 1994, S. 34.

Abbildung 3: **Tarifvertragliche Entgelterhöhungen der Bauwirtschaft im Vergleich zur Gesamtwirtschaft 1980-1994**

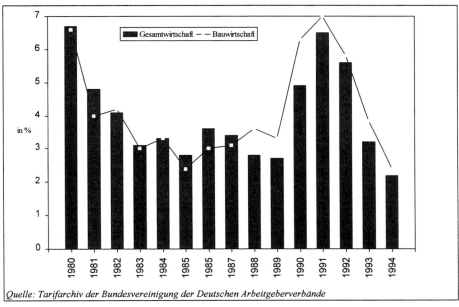

Quelle: Tarifarchiv der Bundesvereinigung der Deutschen Arbeitgeberverbände

Der Höhe der in Frage stehenden Mindestlöhne kam vor diesem Hintergrund eine entscheidende Bedeutung zu. Denn von ihr hängt es im wesentlichen ab, ob und in welchem Ausmaß es zu den von der BDA befürchteten negativen Auswirkungen des Gesetzes kommen wird: Ein relativ hoher Mindestlohn würde sich in weitaus stärkerem Maße negativ auf die Baupreise auswirken und eine sehr viel größere Gefahr für die Tarifstabilität in anderen Bereichen in sich bergen, als ein geringer Mindesttarif. Im Hinblick auf eine mögliche Allgemeinverbindlicherklärung der Bautarifverträge stellte die BDA daher im Vorfeld der Verhandlungen vier Forderungen auf, von der sie ihre Zustimmung im Tarifausschuß abhängig machen wollte. Sie lauteten: „1) Koppelung der Tarifverträge über Mindestarbeitsbedingungen an die Laufzeit des Arbeitnehmer-Entsendegesetzes bis Ende August 1999, 2) Entdynamisierung eines neu verhandelten Mindestentgeltes, 3) Vereinbarung unterschiedlicher Min-

destentgelte entsprechend den unterschiedlichen tariflichen Realitäten Ost/West, 4) Nicht-
überschreiten eines Mindestlohnes von 15 DM/Stunde (West) und 13,80 DM/Stunde (Ost).“[62]
Da der ausgehandelte Tarifvertrag des Bauhauptgewerbes diesen Voraussetzungen jedoch
bei weitem nicht entsprach (der Tarifvertrag sah erstens eine dynamische Entwicklung der
Entgelte, zweitens ein Mindestlohnniveau von weit über 15 bzw. 13,80 DM und drittens eine
unbefristete Laufzeit vor), lehnte die BDA den Antrag auf Allgemeinverbindlicherklärung des
Bautarifvertrags am 28.5.1996 zusammen mit den beiden anderen Arbeitgebervertretern kon-
sequenterweise ab und forderte statt dessen einen erheblich niedrigeren Mindestlohn, als er im
Tarifvertrag des Baugewerbes vorgesehen war.

Die betroffenen Tarifparteien des Baugewerbes sahen sich daher gezwungen, erneut an den
Verhandlungstisch zurückzukehren. Ein am 2.9.1996 geschlossener Tarifvertrag sah schließlich die neuen Mindestentgelte in Höhe von 17,00 DM für den Westen und 15,64 DM für den
Osten vor. Aber auch ein zweites Verfahren zur Allgemeinverbindlicherklärung des Tarifvertrags am 8.10.1996 führte nicht zu dem gewünschten Ergebnis. Die BDA zeigte sich zwar mit
der Höhe der ausgehandelten Mindestlöhne einverstanden, lehnte aber eine unbefristete Allgemeinverbindlicherklärung des Tarifvertrags ab und forderte statt dessen eine befristete
Laufzeit bis zum 31.5.1997, also dem Zeitpunkt, da der Tarifvertrag zum ersten Mal gekün-
digt und über die Mindestlöhne neu verhandelt werden konnte. Um ein endgültiges Scheitern
des Entsendegesetzes zu verhindern, unterbreitete die IG BAU den Arbeitgebern einen Kom-
promißvorschlag, der eine Allgemeinverbindlicherklärung befristet bis zum 31.12.1997 vorsah. Die Beratungen des Tarifausschusses wurden daraufhin unterbrochen und man vertagte
sich auf den 25.10.1996. Hier gelang es dann schließlich, einen Kompromiß zu finden, dem
beide Seiten zustimmen konnten. Die Allgemeinverbindlicherklärung des Mindestlohntarif-
vertrags Bau wurde zunächst für den Zeitraum vom 1.1.1997 bis zum 31.8.1997 ausgesprochen und anschließend mit nochmals verringerten Mindestentgelten bis zum 31. August 1999,
dem Ende der Laufzeit des Gesetzes, verlängert. Damit konnte das Entsendegesetz erst 10
Monate nach seiner Verabschiedung vollständig umgesetzt werden. Daß diese Verzögerungen

---

[62] Pressemitteilung der BDA vom 22.3.1996.

im Tarifausschuß und das Scheitern vieler Einigungsversuche nicht ohne Folgen für die Wirksamkeit des Gesetzes bleiben können, liegt auf der Hand.

2.3   Die begrenzte Wirksamkeit des Gesetzes

Über die Wirksamkeit eines Gesetzes, das zwar mittlerweile seit knapp zwei Jahren in Kraft ist, aber erst seit gut einem Jahr Kraft ausübt, läßt sich noch nichts Abschließendes sagen. Bisher liegen über die Anwendung des Gesetzes nur knappe Erfahrungsberichte der zuständigen Kontrollorgane vor. Dennoch sind die betroffenen Parteien des Baugewerbes mehr als skeptisch. Die Gründe für diese äußerst pessimistische Sichtweise sind vor allem in der Wirkungsweise des Gesetzes begründet, das primär auf den Marktzugang ausländischer Unternehmen abzielt und weniger darauf ausgerichtet ist, bereits auf dem Markt etablierte Firmen wieder zu verdrängen.

Für Unternehmen, die noch nicht auf dem deutschen Markt etabliert sind, geht von dem Arbeitnehmer-Entsendegesetz ohne Zweifel eine abschreckende Wirkung aus. Die Verpflichtung, deutsche Tariflöhne zahlen zu müssen, wird viele Baufirmen zukünftig davon abhalten, sich in Deutschland zu engagieren, zumal der Markt hier ohnehin übersetzt ist, die Preise fallen und die Nachfrage sinkt. Doch kam es 1997 gar nicht mehr darauf an, neuen Anbietern den Marktzugang zu versperren, da die ausländischen Unternehmen bereits in Deutschland waren und sich weitgehend am Markt etabliert haben.

Ohnehin ist es fraglich, ob die ausländischen Firmen durch das Entsendegesetz überhaupt einen Wettbewerbsnachteil erleiden werden, da durch das Gesetz bei weitem nicht alle Arbeitskosten angeglichen werden, sondern nur die direkten Entgelte und Teile der Lohnnebenkosten. Zudem wird es sehr schwierig sein, die Einhaltung der Gesetzesvorschriften zu überwachen. Gerade die Erfahrungen aus den Werkvertragsabkommen mit den MOE-Staaten haben gelehrt, daß die Durchsetzung der geltenden Bestimmungen insbesondere in Hinsicht auf die Entlohnung aus dem Ausland entsandter Arbeitnehmer kaum gewährleistet werden kann.

Untersuchungen haben gezeigt, daß den entsandten Arbeitnehmern in ihren Heimatländern nicht die vertraglich zugesicherte Höhe ihres Lohns ausgezahlt wurde. Entweder verzichteten die Arbeitnehmer mehr oder weniger freiwillig auf die vereinbarten Löhne, oder das Geld wurde ihnen in der Heimatwährung ausgezahlt, was letztendlich auf vergleichbare Konsequenzen hinausläuft. Darüber hinaus wurde von gefälschten Lohnlisten und anderen illegalen Praktiken berichtet.[63]

Diese Problematik besteht bei Entsendungsfällen innerhalb der EU ebenfalls, vielleicht sogar in noch größerem Maße, da die Arbeitsaufnahme im Inland noch weniger der Aufsicht der deutschen Arbeitsverwaltung unterliegt als zuvor. Zwar wurden in den Durchführungsbestimmungen des Gesetzes verschiedene Maßnahmen vorgesehen, um Mißbrauchsfälle von vornherein auszuschließen, aber fachkundige Beobachter wissen schon heute davon zu berichten, daß es eine Vielzahl von Möglichkeiten gibt, die bestehenden Vorschriften zu umgehen. So können über Lohnrückzahlungsklauseln, über die Auszahlung nur eines Teillohnes oder In-Rechnung-Stellung von Unterkunft und Verpflegung zu überhöhten Preisen trotz anderslautender Vereinbarungen die tatsächlich ausgezahlten Löhne beträchtlich reduziert werden.[64] Eine Kontrolle dieser Praktiken scheint nahezu unmöglich.

Infolge der zögerlichen Haltung des Gesetzgebers und der BDA im Tarifausschuß sind schließlich Fakten geschaffen worden, an denen auch das jetzige Gesetz nicht mehr viel ändern wird. Weder wird es eine hohe Beschäftigungswirkung für deutsche Arbeitnehmer haben noch wird es den Druck auf die bestehenden Arbeitsplätze merklich vermindern oder die verheerende Situation der aus dem Ausland entsandten und in Deutschland tätigen Arbeitnehmer wesentlich verbessern können. Insgesamt, so ist an dieser Stelle festzuhalten, steht die 'neue Gastarbeiterpolitik' in der Bauwirtschaft in einem diametralen Gegensatz zu den handlungsleitenden Prinzipen der vergangenen Jahrzehnte und markiert einen Wendepunkt in der jüngeren deutschen Migrationsgeschichte.

---

[63] Vgl. etwa Dieter Hold, Arbeitnehmer-Entsendegesetz gegen Lohndumping und illegale Beschäftigung im Baugewerbe, in: Arbeit und Arbeitsrecht, Heft 4, 1996, S. 113-117, hier S. 117.
[64] Zu diesen Beispielen vgl. ebd.

3. Schlußfolgerungen

Bis zum Ende der achtziger Jahre war die Beschäftigung von Einwanderern in der Bundesrepublik Deutschland von einem korporatistischen Konsens getragen, dem zufolge ausländische Arbeitnehmer unter keinen schlechteren Bedingungen beschäftigt werden durften als deutsche.[65] Im Gegensatz zu anderen Einwanderungsländern[66] war der Einfluß der Gewerkschaften stets so groß, daß ein migrationsinduziertes Lohndumping und eine dadurch möglich werdende Verdrängung einheimischer Arbeitskräfte weitgehend verhindert werden konnte. Die Festschreibung der grundsätzlichen tarif-, arbeits-, und sozialrechtlichen Gleichbehandlung deutscher und ausländischer Arbeitnehmer war eine der zentralen gewerkschaftlichen Forderungen bei Abschluß der ersten Anwerbeabkommen in den fünfziger Jahren.[67]

Vor dem Hintergrund der mit der tarif-, arbeits- und sozialrechtlichen Inklusion gemachten positiven Erfahrungen wurde dieser Grundsatz lange Zeit weder von Arbeitgeber- noch von Arbeitnehmerseite in Frage gestellt. Seinen endgültigen Ausdruck fand er im 1972 verabschiedeten Betriebsverfassungsgesetz, das die Gleichbehandlung von In- und Ausländern festschrieb.[68] In Paragraph 75, Absatz 1 heißt es:

> Arbeitgeber und Betriebsrat haben darüber zu wachen, daß alle im Betrieb tätigen Personen nach den Grundsätzen von Recht und Billigkeit behandelt werden, insbesondere, daß jede unterschiedliche Behandlung von Personen wegen ihrer Abstammung, Religion, Nationalität, Herkunft, politischen oder gewerkschaftlichen Betätigung oder Einstellung oder wegen ihres Geschlechts unterbleibt.

Neben dieser arbeitsrechtlichen Inklusion wurden die ausländischen Arbeitnehmer auch weitgehend in den deutschen Sozialstaat integriert. In ihrer Eigenschaft als Arbeitnehmer partizipierten die Zuwanderer zusammen mit ihren Familien automatisch an den nationalen Sozi-

---

[65] Ulrich Herbert, Geschichte der Ausländerbeschäftigung in Deutschland 1880 bis 1980. Saisonarbeiter, Zwangsarbeiter, Gastarbeiter, Berlin/Bonn 1986, S. 191.

[66] Zur Bezeichnung Deutschlands als „Einwanderungsland" vgl. Dietrich Thränhardt Deutschland. Ein unerklärtes Einwanderungsland, in: Aus Politik und Zeitgeschichte, Heft 24, 1988, S.3-13 / Klaus J. Bade, Auswanderer - Wanderarbeiter - Gastarbeiter: Bevölkerung, Arbeitsmarkt und Wanderung in Deutschland seit der Mitte des 19. Jahrhunderts, Ostfildern 1986.

[67] Vgl. hierzu Reinhard Lohrmann/ Klaus Manfrass (Hrsg.): Ausländerbeschäftigung und internationale Politik. Zur Analyse transnationaler Sozialprozesse, München/Wien 1974, S. 321-323.

[68] BGBl. 1989, Teil I, S. 1. Seit 1971 genießen ausländische Arbeitnehmer das aktive und passive Wahlrecht zum Betriebsrat.

alversicherungssystemen und wurden zu großen Teilen von den steuerfinanzierten Sozialleistungen erfaßt. Obgleich insbesondere bei den Sozialhilfeleistungen eine gewisse Ungleichbehandlung gegenüber Deutschen fortbestand, konnte man doch insgesamt von einem weitreichenden und erfolgreichen Einbezug von Ausländern in das deutsche Arbeits- und Sozialsystem sprechen.[69]

Auch wenn hinzugefügt werden muß, daß diese wohlfahrtsstaatliche Inklusion damals vor allem deswegen relativ konfliktfrei zu implementieren war, weil sie anfänglich keine Kosten verursachte, da in der Regel junge und gesunde Personen angeworben wurden, die mehr in die öffentlichen Kassen einzahlten als sie in Form von sozialen Leistungen zurückerhielten, so sorgte sie dennoch für eine insgesamt stabile und verläßliche aufenthaltsrechtliche Situation von Einwanderern in Deutschland. Letztendlich hat sie nicht unwesentlich dazu beigetragen, daß eine strukturelle wirtschaftliche Marginalisierung der sog. 'Gastarbeiter'-Bevölkerung weitgehend verhindert werden konnte. Im internationalen Vergleich kann ihre wirtschaftliche Situation bei allen vorhandenen Problemen als durchaus befriedigend bezeichnet werden.[70]

Unter dem beschriebenen 'Druck der Globalisierung' scheint den inklusionistischen Prinzipien deutscher Migrationspolitik zunehmend der Boden entzogen zu werden. Bereits im Jahr 1989 hatte der Grundsatz der Gleichbehandlung einheimischer und ausländischer Arbeitskräfte mit der Verabschiedung des Gesetzes zur Einführung eines zusätzlichen Registers für Seeschiffe eine erste Brechung erfahren. Durch diese Regelung wurde es deutschen Reedern damals ermöglicht, ausländische Seeleute nicht mehr zu den hohen deutschen Tarifen, sondern zu deren Heimatheuern zu beschäftigen. Der Hintergrund für diese Entscheidung war im Grunde mit der Situation, in der sich heute die Bauwirtschaft befindet, vergleichbar. Ebenso wie die Bauwirtschaft sah sich auch die hiesige Seeschiffahrt einer Wettbewerbskrise gegenüber, die nach Auffassung der deutschen Schiffseigner durch die im internationalen Vergleich zu hohen Löhne und Lohnnebenkosten ausgelöst wurde.

---

[69] Zur sozialen Integration der ausländischen Bevölkerung in Deutschland heute vgl. Dietrich Thränhardt, Die Lebenslage der ausländischen Bevölkerung in der Bundesrepublik Deutschland, in: Aus Politik und Zeitgeschichte, Heft 35, 1995, S. 1-13.

[70] Bernhard Santel/ James F. Hollifield, Erfolgreiche Integrationsmodelle? Zur wirtschaftlichen Situation von Einwanderern in Deutschland und den USA, in: Bommes, Michael/Halfmann, Jost (Hrsg.): Migration in nationalen Wohlfahrtsstaaten. Theoretische und vergleichende Untersuchungen, Osnabrück 1998 (im Erscheinen).

Anfang der siebziger Jahre hatten deutsche Reeder damit begonnen, ihre Schiffe unter ausländischer Flagge fahren zu lassen, um auf diesem Weg billigere ausländische Matrosen anheuern zu können. Die deutsche Handelsschiffstonnage sank aufgrund dieser Praxis innerhalb von nur zehn Jahren um knapp 6 Mio. Bruttoregistertonnen. Allein in den Jahren 1985 bis 1987 belief sich der Verlust der deutschen Handelsflotte mit ca. 2 Mio. Bruttoregistertonnen auf rund 41%.[71] Erst mit der Änderung des Flaggenrechtsgesetzes konnte dieser Trend gestoppt werden. Seither fahren die Schiffe auch wieder unter deutscher Flagge, die Beschäftigten sind aber mit Ausnahme der Führungs- und Fachkräfte durchweg ausländischer Nationalität und werden zu ihren Heimatbedingungen beschäftigt.[72] Das Bundesverfassungsgericht bestätigte damals die grundgesetzliche Konformität des Gesetzes, nachdem die Gewerkschaften und die SPD-Bundestagsfraktion dagegen geklagt hatten. Es begründete seine Entscheidung u.a. damit, daß ausländische Seeleute geringere Lebenshaltungskosten aufwiesen als Deutsche und eine ungleiche Entlohnung daher rechtmäßig sei.

Was auf hoher See schon vollständig umgesetzt wurde, hat nun auf dem Territorium der Bundesrepublik im Bereich der Bauindustrie seine Fortsetzung gefunden. Zwar wurde mit dem Arbeitnehmer-Entsendegesetz und der europäischen Entsenderichtlinie von Seiten des Gesetzgebers nicht wie bei der Seeschiffahrt offiziell mit der „Ausflaggung" scheinbar nicht mehr wettbewerbsfähiger Zweige der deutschen Volkswirtschaft reagiert. Von einer Kontrolle der aufgezeigten Tendenzen kann jedoch auch nicht gesprochen werden. Beide Regelungen kommen sehr spät und besitzen eine nur begrenzte Wirkungskraft. Faktisch ist es auch in diesem Bereich zu einer Ausgliederung vornehmlich gering qualifizierter Arbeitsplätze an (billigere) ausländische Wettbewerber gekommen.

Die beiden Beispiele Seeschiffahrt und Bauwirtschaft demonstrieren eindrücklich, wie angesichts veränderter volkswirtschaftlicher Rahmenbedingungen das einst ehern scheinende Gesetz der wohlfahrtsstaatlichen Inklusion von Arbeitsmigranten außer Kraft gesetzt werden kann. In beiden Fällen wurden mit Hilfe neuer Beschäftigungsformen ausländische Arbeits-

---

[71] Die Zahlen sind entnommen aus: Dieter Dörr, Das Zweitregistergesetz, in: Archiv des Völkerrechts, Heft 3, 1988, S. 366-386.
[72] Zu den niedrigen Mindeststandards und widrigen Arbeitsbedingungen in den bedeutendsten "Billig-Flaggen-Ländern" Liberia, Panama, Singapur und Zypern in den siebziger Jahren vgl. Friedrich Leffler, Das Heuerverhältnis auf ausgeflaggten deutschen Schiffen, Berlin 1978.

kräfte von den heimischen Arbeits- und Sozialleistungssystemen ferngehalten, um anfallende wohlfahrtsstaatliche Kosten zu externalisieren. Konnte das Beispiel der Seeschiffahrt aufgrund der geringen Beschäftigtenzahl noch als volkswirtschaftliche Randerscheinung ohne paradigmatischen Wert abgetan werden, ist dies im Fall der Bauwirtschaft nicht mehr möglich. Sie beschäftigte im Jahr 1994 bundesweit mit 3.05 Mio. Menschen immerhin fast 9 Prozent aller Erwerbstätigen und war damit einer der wichtigsten deutschen Wirtschaftszweige.[73]

Ausgelöst durch die Abkehr von den Prinzipien wohlfahrtsstaatlicher Inklusion scheint sich eine Spaltung des Arbeitsmarktes zu etablieren. Eingedenk der Tatsache, daß die Bauwirtschaft seit jeher eine Modellfunktion für die Beschäftigung von Zuwanderern einnimmt, stellt sich die Frage, ob auch in anderen Bereichen vergleichbare Entwicklungen zu erwarten sind. Bereits heute können Nachahmungseffekte beobachtet werden. So folgt nicht nur die Beschäftigung von Saisonarbeitnehmern in der Landwirtschaft sowie im Hotel- und Gaststättengewerbe der Logik des Imports von 'Billiglohnmigranten' in standortgebundene Branchen. Auch in der Transportbranche wurde der Grundsatz 'gleicher Lohn am gleichen Ort' bereits durchbrochen. Die Lufthansa etwa beschäftigt seit längerem bei Auslandsflügen ausländische Flugbegleiter, die - wie aus der Seeschiffahrt bereits bekannt - zu den Bedingungen ihres Heimatlandes entlohnt werden.[74] Zwar kann noch nicht von einem generellen Trend der wohlfahrtsstaatlichen Exklusion von Arbeitsmigranten gesprochen werden, der alte sozialpartnerschaftliche Konsens der arbeits- und sozialrechtlichen Gleichbehandlung von In- und Ausländern ist jedoch brüchig geworden.

---

[73] Vgl. Institut der Deutschen Wirtschaft Institut der deutschen Wirtschaft Köln, Zahlen zur wirtschaftlichen Entwicklung der Bundesrepublik Deutschland 1996, Köln 1996, S. 14.
[74] Vgl. Frankfurter Allgemeinen Zeitung vom 2.2.1996.

Literaturverzeichnis

Bundesvereinigung der Deutschen Arbeitgeberverbände, Jahresbericht 1994, Köln 1994, S. 34.

Bundesvereinigung der Deutschen Arbeitgeberverbände, Stellungnahme zum Entwurf eines Gesetzes über zwingende Arbeitsbedingungen bei grenzüberschreitenden Dienstleistungen (Arbeitnehmer-Entsendegesetz), Köln 1995, unveröffentlichtes Manuskript.

Peter Clever, Soziale Sicherheit in der Europäischen Union, in: Zeitschrift für Sozialhilfe und Sozialgesetzbuch, Heft 7, 1996, S. 337-349.

Dieter Dörr, Das Zweitregistergesetz, in: Archiv des Völkerrechts, Heft 3, 1988, S. 366-386.

Bernd Ehinger, Gleicher Lohn für gleiche Arbeit - Gegen Lohndumping auf den Baustellen, Rede auf der bundesweiten Entsendetagung der IG Metall am 23.9.1995 in Offenbach, Bonn 1995, unveröffentlichtes Manuskript.

Thomas Faist, Migration in transnationalen Arbeitsmärkten. Zur Kollektivierung und Fragmentierung sozialer Rechte in Europe, in: Zeitschrift für Sozialreform, Heft 42,1995, S. 108-122.

Rainer Fuchs, Ausländerbeschäftigung. Dargestellt unter besonderer Berücksichtigung ausländischer Subunternehmen in der Bauwirtschaft, Stuttgart 1995.

Gesamtverband der metallindustriellen Arbeitgeberverbände e.V., Stellungnahme zum Entwurf eines Gesetzes über zwingende Arbeitsbedingungen bei grenzüberschreitenden Dienstleistungen (Arbeitnehmer-Entsendegesetz), Köln 1995, unveröffentlichtes Manuskript. Im folgenden zitiert als Gesamtmetall 1995.

Gesamtverband der Textilindustrie in der Bundesrepublik Deutschland e.V., Stellungnahme zum Entwurf eines Gesetzes über zwingende Arbeitsbedingungen bei grenzüberschreitenden Dienstleistungen (Arbeitnehmer-Entsendegesetz), Köln 1995, unveröffentlichtes Manuskript.

Gesellschaft für Versicherungswissenschaft und -gestaltung e.V. (Hg.), Soziale Sicherung in West-, Mittel- und Osteuropa, Baden-Baden 1994.

Andreas Hänlein, Die rechtliche Stellung der in Deutschland tätigen Werkvertragsarbeitnehmer aus der Türkei, in: Zeitschrift für ausländisches und internationales Arbeits- und Sozialrecht, Heft 1, 1996, S. 21-47.

Wolfgang Hamann, Erkennungsmerkmale der illegalen Arbeitnehmerüberlassung in Form von Scheindienst- und Scheinwerkverträgen, Berlin 1995.

Peter Hanau/ Jörg Heyer, Rechtliche Regelungen bei grenzüberschreitender Arbeitnehmerentsendung in der EG, in: Die Mitbestimmung, Nr. 10, 1993, S. 16-20.

Ulrich Herbert, Geschichte der Ausländerbeschäftigung in Deutschland 1880 bis 1980. Saisonarbeiter, Zwangsarbeiter, Gastarbeiter, Berlin/Bonn 1986.

Dieter Hold, Arbeitnehmer-Entsendegesetz gegen Lohndumping und illegale Beschäftigung im Baugewerbe, in: Arbeit und Arbeitsrecht, Heft 4, 1996, S. 113-117.

Institut der Deutschen Wirtschaft Institut der deutschen Wirtschaft Köln, Zahlen zur wirtschaftlichen Entwicklung der Bundesrepublik Deutschland 1996, Köln 1996.

Thomas Kaligin, Tätigkeit von Bauunternehmen aus Polen und der CSFR in Deutschland, in: Neue Zeitschrift für Arbeitsrecht, Heft 24, 1992, S. 1111-1116.

Ralf Klöppner, Werkvertragsarbeiten von Arbeitnehmern aus Osteuropa im Rahmen von Regierungsabkommen. Am Beispiel Polen, in: Arbeitsrecht im Betrieb, Heft 11, 1993, S. 682-694.

Bruno Köbele, Eröffnung der Europäischen Arbeitsmarktkonferenz unter dem Motto „Europäischer Arbeitsmarkt. Grenzenlos mobil?" 06. bis 08. März 1995 in Bonn, in: Bruno Köbele/ Gerhard Leuschner (Hg.), Dokumentation der Konferenz „Europäischer Arbeitsmarkt. Grenzenlos mobil?", 6. bis 8. März 1995, Bonn, Baden-Baden 1995, S. 11-16.

Bruno Köbele, Europäischer Arbeitsmarkt - Grenzenlos mobil?, in: Bruno Köbele/ Jan Cremers (Hg.), Europäische Union: Arbeitnehmerentsendung im Baugewerbe, Witterschlick/ Bonn 1994, S. 7-8.

Bruno Köbele/ Karl-Heinz Sahl (Hg.), Die Zukunft der Sozialkassensysteme der Bauwirtschaft im Europäischen Binnenmarkt, Köln 1993.

Kommission der Europäischen Gemeinschaften, Bericht über die Soziale Sicherheit in Europa, Brüssel 1995.

Kommission der Europäischen Gemeinschaften, Panorama der EU-Industrie 95-96, Luxemburg 1995.

Ernst-Ludwig Laux, Explosives Gemisch, in: Die Mitbestimmung, Heft 11, 1996, S. 40-42.

Friedrich Leffler, Das Heuerverhältnis auf ausgeflaggten deutschen Schiffen, Berlin 1978.

Reinhard Lohrmann/ Klaus Manfrass (Hrsg.): Ausländerbeschäftigung und internationale Politik. Zur Analyse transnationaler Sozialprozesse, München/Wien 1974, S. 321-323.

Udo R. Mayer, Werkvertragsarbeitnehmer aus Osteuropa, in: Betriebs-Berater, Heft 20, 1993, S. 1428-1431.

Erich Menting, Probleme und Perspektiven der Arbeitnehmerüberlassung, Diss. Köln 1993, S. 168.

Willem Molle/ Aad van Mourik, International Movements of Labour under Conditions of Economic Integration. The Case of Western Europe, in: Journal of Common Market Studies, Heft 3, 1988, S. 317-342.

N.N., Bauminister befürchtet Facharbeitermangel, in: Bundesbaublatt, Heft 5, 1988, S. 241. Oder N.N., Bau befürchtet Personalkrise, in: Bundesbaublatt, Heft 12, 1988, S. 678.

Lourdes Picareta, Interview mit zwei portugiesischen Bauarbeitern, in: Bruno Köbele/ Gerhard Leuschner (Hg.), Dokumentation der Konferenz „Europäischer Arbeitsmarkt. Grenzenlos mobil?", 6. bis 8. März 1995, Bonn, Baden-Baden 1995, S. 25-27.

Walter Ritmeijer, Die Entsendung im Baugewerbe, in: Bruno Köbele/ Jan Cremers (Hg.), Europäische Union: Arbeitnehmerentsendung im Baugewerbe, Witterschlick/ Bonn 1994, S. 31-97.

Peter Robson, The Economics of International Integration, 3. Aufl., London 1987; Thomas Straubhaar, Freizügigkeit der Arbeitskräfte in einem gemeinsamen Markt, in: EFTA-Bulletin, Heft 4, 1987, S. 9-12.

Christian Roth, Der Strukturwandel ist Gemeinschaftsaufgabe, in: Arbeitgeber, Heft 6, 1996, S. 164-165.

Hedwig Rudolph, The new Gastarbeiter system in Germany, in: New Community, Heft 2, 1996, S. 287-299.

Sachverständigenrat zur Begutachtung der gesamtwirtschaftlichen Entwicklung, Weichenstellung für die neunziger Jahre, Jahresgutachten 1989/90, Stuttgart 1989.

Sachverständigenrat zur Begutachtung der gesamtwirtschaftlichen Entwicklung, Im Standortwettbewerb, Jahresgutachten 1995/96, Stuttgart 1995.

Karl-Heinz Sahl/ Michael Bachner, Die Neuregelung der Arbeitnehmerüberlassung im Baugewerbe, in: Neue Zeitschrift für Arbeitsrecht, Heft 23, 1994, S. 1063-1069.

Bernhard Santel, Migration in und nach Europa. Erfahrungen, Strukturen, Politik, Opladen 1995.

Bernhard Santel/ James F. Hollifield, Erfolgreiche Integrationsmodelle? Zur wirtschaftlichen Situation von Einwanderern in Deutschland und den USA, in: Bommes, Michael/Halfmann, Jost (Hrsg.): Migration in nationalen Wohlfahrtsstaaten. Theoretische und vergleichende Untersuchungen, Osnabrück 1998 (im Erscheinen).

Heinz-Dietrich Steinmeyer, Die Einstrahlung im internationalen Sozialversicherungsrecht. Kollisionsnormen für ins Inland entsandte Arbeitnehmer und vergleichbare Selbständige, Berlin 1981.

Heinz-Dietrich Steinmeyer, Sozialdumping in Europa, in: Deutsches Verwaltungsblatt, Heft, 18, 1995, S 962-968.

Dietrich Thränhardt Deutschland. Ein unerklärtes Einwanderungsland, in: Aus Politik und Zeitgeschichte, Heft 24, 1988, S.3-13 / Klaus J. Bade, Auswanderer - Wanderarbeiter - Gastarbeiter: Bevölkerung, Arbeitsmarkt und Wanderung in Deutschland seit der Mitte des 19. Jahrhunderts, Ostfildern 1986.

Dietrich Thränhardt, Die Lebenslage der ausländischen Bevölkerung in der Bundesrepublik Deutschland, in: Aus Politik und Zeitgeschichte, Heft 35, 1995, S. 1-13.

Dietrich Thränhardt, Ein Zuwanderungskonzept für Deutschland am Ende des Jahrhunderts, in: Friedrich-Ebert-Stiftung (Hg.), Einwanderungsland Deutschland. Bisherige Ausländer- und Asylpolitik. Vergleich mit anderen europäischen Ländern, Gesprächskreis Arbeit und Soziales Nr. 14, Bonn 1992, S. 127-153.

Rolf Wank, Franchisenehmer und Scheinselbständigkeit, in: Zeitschrift für Sozialreform, Heft 6, 1996, S. 387-400.

Gerhard Webers, Auswirkungen des Entsendegesetzes auf die Beschäftigung von handwerklichen Arbeitskräften aus Mittel- und Osteuropa, in: Wolfgang König/ Gustav Kucera (Hg.), Kontaktstudium Wirtschaftswissenschaft 1995, Göttingen 1995, S. 174-179.

Wolfgang Weipert, Kontrollverlust und Chaos auf den deutschen Baustellen, in: Bruno Köbele/ Jan Cremers (Hg.), Europäische Union: Arbeitnehmerentsendung im Baugewerbe, Witterschlick/ Bonn 1994, S. 229-233.

Paul Harris

Jewish Immigration to the New Germany:
The Policy Making Process Leading
to the Adoption of the 1991 Quota Refugee Law

Introduction

The purpose of this chapter is to follow the policy making process leading to the adoption of the 1991 Quota Refugee Law which has allowed for the migration and permanent resettlement of post-Soviet Jews to Germany. So great is the policy's impact that seven years after its adoption an estimated 76,000 Soviet (and post-Soviet) Jews have resettled in Germany. The focus of this paper is to illustrate the singular policy making approach which led to the law's adoption. According to Anderson, Brady, and Bullock (1984) the policy making process encompasses the following stages: 1) Agenda Setting; 2) Policy Formation; 3) Policy Adoption; 4) Policy Implementation; and 5) Policy Evaluation. Here I will address the first three stages of the policy process and the groups who were involved in this process.

First, a word about the policy making process in the Federal Republic. In examining the consensual style of policy making particular to German politics, Dyson (1982) writes:

> The West German policy process is extremely diversified and complex. Policy is made in different ways not only between sectors, but also in the same sector. . . West Germany is characterized by a high-minded and didactic style of thought about policy that focuses on *Sachlichkeit* - objectivity and on public-regarding attitudes and that has its cultural roots in a tradition of distaste for the materialism of politicking (1982:17)

Gabriel (1989) adds:

> The national administration must promote a consensus-oriented policy style because of factors that exist also in centralized political systems, such as the need for coalition formation in multiparty systems, the requirement of winning the support of various pressure groups, and the political power of the national bureaucracy (1989:76-77).

Policy making in the FRG, then, can be characterized by party and/or ideological consideration coupled with a high degree of administrative specialization. The objectivity (*Sachlichkeit*) of policy making notwithstanding, the 1991 Quota Refugee Law came to fruition in a most peculiar, atypical way.

Dyson identifies two prominent policy styles in the FRG, the reactive and the anticipatory (see Table 1.1). Yet the process surrounding the adoption of the 1991 Quota Refugee Law was more anticipatory than reactive, and more conciliatory than hostile.

Table 1.1:   Policy Styles

Reactive	Anticipatory
Deductivist	Information gathering
Impartial role of government	The state as public service organization
Passive	Pre-emptive, innovative
Source: Dyson, Kenneth (1982) West Germany: The Search for a Rationalist Consensus.	

This singular response can be explained in large part to the particular nature of the policy in question coupled with the government's desire to keep the debate about Soviet Jewish resettlement out of the public eye. Certainly, the Kohl government could not act impartially in this instance. Germany's historical past could not permit this. However, because the government wanted to keep this policy hidden, a pre-emptive approach was adopted. Opposition parties (Alliance 90/ The Greens, Social Party Democrats, Party of Democratic Socialism) and policy advocates (the Central Council of Jews, and the Jewish Cultural Association of Berlin) were able to take full advantage of the situation by being in a position to negotiate directly with the governing coalition while holding the trump card of going public with the issue should the pace or direction of deliberation not be to their liking.

In his seminal work on policy and politics in West Germany Katzenstein (1987) notes that "one of the peculiarities of German language is that, like other continental languages, it fails to differentiate between the two concepts of policy and politics" (p. 5). In German *politik* means both politics and policy. Therefore, policy making not only includes legislative acts but it also requires the cooperation of the civil service and advocacy groups close to the policy process.

The relationship between policy makers, public administrators and "peak associations" (extra-governmental advocates) is symbiotic, then, requiring cooperation among all participants that can be best defined as a corportist arrangement (Cameron, 1984; Katzenstein, 1985; Katzenstein, 1987; Hancock, 1989), or as a policy community (Polsby, 1984; Kingdon, 1984).

In the case of Germany's guest-worker programs of the 1950's and 1960's, this corporatist arrangement could be seen in the close alliance between German industry, trade unions, and the Federal Employment Office. The widespread recruitment of foreign labor was coordinated and conducted through the close cooperation of these groups largely outside the public eye (Mehrländer, 1978; Rist, 1978; Castles & Kosack, 1985). Likewise, the decision to allow for the immigration of post-Soviet Jews was made largely behind closed doors through close cooperation of extra governmental policy advocates, Germany's Jewish community, and the government and opposition party members of parliament. Furthermore, this corporatist style of policy making was readily embraced by the governing coalition who was desperate to keep the issue of Soviet Jewish immigration hidden from the public. Consensus was forged between opposition MP's and the government which enabled decisive action to be taken. Commenting on the common ground reached by policy makers over a contentious political issue, Scharpf (1995), writes:

> As in a grand coalition, policy choices then depend on the agreement of all major parties. But while in a grand coalition agreement is facilitated by a temporary commitment to avoid open conflict . .. competition between the government and the opposition continues unabated (1995:36).

The policy community involved in brokering the 1991 Law consisted of citizen lobbies (*Bürgerinitiativen*), public service specialists and elected officials. Because the groups involved shared a similar outlook and orientation they were able to settle on an approach to reach the 1991 accord. According to Nelson (1984) "determining what is legitimately public is precisely the question posed by agenda-setting" (p. 21). In their ground breaking research in this area, Cobb and Elder (1971) note that the process flows from the systemic agenda to the formal one. The systemic agenda is that which is discussed informally or in the media, whereas the formal agenda is debates or discussion within the legislature or at some level of government. Cobb, Ross, and Ross (1976) distinguish the public agendas from formal ones. The public agenda consists of issues which have achieved a high level of public interest and visibility, whereas the latter is the list of items which decision makers have formally accepted for serious consideration. In the process leading up to the adoption of the 1991 Quota Refugee Law, the issue entered the formal agenda and began receiving serious attention from policy makers only after interest groups advocating the immigration of Soviet Jews began a public campaign calling for the government to take action.

In order to better illustrate the policy making process driving the establishment of the 1991 Quota Refugee Law, it is helpful to place it in an analytical framework. Most appropriate is what Walker (1969), Polsby (1971), Cobb, et. al. (1978) call the outside initiative model. The outside initiative model traces the policy process first through extra-governmental groups who expand the issue sufficiently enough to reach the public agenda and finally the formal agenda as detailed in Table 1.2.

Table 1.2:   Outside Initiative Model of Agenda Building

1) Initiation - articulation of problem by a group outside the governmental structure
2) Specification - solution to problems should be translated into specific demands.
3) Expansion - creation of sufficient pressure or interest to attract the attention of policy makers.
4) Entrance - the movement of the issue from the public to the formal agenda.

Utilizing the outside initiative model as a framework for analysis will enable examining the policy making process, tracing its formulation, development, and eventual adoption. Certainly, other factors need to be considered if we are to come to a better understanding of the dynamic leading to the 1991 Law. Germany's singular relationship with Jews, or what is officially deemed it's national responsibility for the Holocaust committed by the Third Reich is one such factor. Likewise, the reunification period, the time and context in which the new policy was being formulated, also must be investigated.

Kingdon's (1984) "policy windows" and Cook's (1981) "ripe issue climate" perspectives are useful concepts to explain the issue evolution of the 1991 Act. The two concepts are synonymous. Cook argues that the "ripe issue climate" comes about when an issue is both salient and engenders a single, fairly uniform emotional response. The issue of Soviet Jewish immigration to Germany evoked such a response throughout the policy community.

Indeed, two revolutionary changes, or triggering events (see Cobb and Elder, 1972) occurred on the international scene which contributed to the saliency of Soviet Jewish immigration to Germany:

1) The collapse of communism throughout eastern Europe and the Soviet Union and the subsequent opening of the Berlin Wall in the fall of 1989.

2) The simultaneous decision of the Bush administration to rescind the refugee status of Soviet Jews and close the overseas processing facility in Rome.

As a result of these events, citizen lobbies in the GDR who advocated the immigration of Soviet Jews were able to effectively mobilize their support for immigration and resettlement which eventually won the full approval of the transition East German government. Once the policy was established in the East, the subsequent reunification of Germany presented a window of opportunity for policy advocates and opposition party MP's in the FRG to pressure the Kohl government during the fall of 1990 to adopt legislation allowing for the legal resettlement of Soviet Jews to a newly unified Germany.

According to Downs (1972), all policy areas "peak" that is, receive the highest level of attention by policy makers for only a brief period. Therefore, for a policy to successfully reach the formal agenda, policy advocates and policy entrepreneurs must act quickly and decisively in order to maximize public attention and ensure that the issue reaches the formal agenda. The revolutionary changes occurring throughout Europe and Germany during this time frame, coupled with Germany's historical relationship toward Jews produced a zeitgeist which led to the adoption of the 1991 Quota Refugee Law. Edelman (1964) notes that an important strategy in issue expansion is to associate a particular issue with emotionally laden symbols which have wide acceptance in society. Advocates for Soviet Jewish immigration were able to successfully utilize the symbolism of German unification coupled with the Holocaust in order to secure issue acceptance on the formal legislative agenda and eventual policy adoption.

An analysis of U.S.- Soviet Refugee Policy will serve as a benchmark in an effort to illustrate its significance as an international refugee regime. One result of the new policy was an increase in the flow of Soviet Jews to Germany, primarily to East Germany. Secondly, revolutionary changes occurred in East Germany during the fall and winter of 1989 - 1990. As a result of this political upheaval and the subsequent participation of active citizen lobbies (*Bürgerinitiativen*) within the country, the first wave of Soviet Jews arrived in the spring of 1990. The coming to light in the FRG of the East German government's policy initiative coupled with the growing number of Jews resettling in the East, prompted several West German state and local governments to begin their own efforts in support of Soviet Jewish immigration. The most widely discussed, the Frankfurt Initiative, will be examined to show how it led ultimately to legitimize Soviet Jewish immigration to the FRG. This will be followed by an analysis of the parliamentary debates and resolutions which occurred in the fall of 1990. At this level of inquiry the efforts of the Left of center political parties (Alliance 90/ The Greens, Social Democratic Party, and Party of Democratic Socialism) to secure a legitimate immigration policy for Soviet Jews is contrasted with that of the Kohl government with its insistence for a highly regulated and managed immigration approach for Soviet Jews. The goal here is to answer the following questions: How did Germany come to adopt such a liberal immigration policy during a time of major infrastructure redesign and growing domestic discord against further immigration? Who were the actors involved? What role did Germany's historical, domestic and foreign policy concerns play in the policy's adoption?

It will be necessary to undertake a historical analysis of the political transformations occurring throughout East Germany during the fall and winter of 1990. Starting with the fast paced events at work in East Germany in the fall of 1989, leading up to the collapse of the Berlin Wall, the dynamic nature of a newly emerging democratic regime in the GDR concluded with reunification. Special attention will be given to those groups and citizen lobbies which initially called for the East German government to establish a policy allowing for Soviet Jews to immigrate to the GDR.

The mass exodus of Jews leaving the Soviet Union began in 1989, when the Soviet Union began lifting most restrictions on Jewish emigration. As Collins (1991) notes, deteriorating economic and social conditions in the Soviet Union, which were feared to present a special threat to Jews, gave impetus to the newly permitted emigration. The relaxation of restrictions enabled thousands to emigrate. To this point Gitelman (1992) notes:

[b]etween 1971 and the end of 1991 about 740,000 Jews emigrated from the USSR. Of these, about

490,000 or two-thirds, migrated to Israel. Most of the rest went to the United States (200,000) and about 47,000 went to other countries (1992:142).

Indeed, of the 490,000 who migrated to Israel between 1971-1991, only 176,400 came in the 18 year period 1971-1989. Yet, in 1990, the year after the U.S. rescinded its policy of granting virtually automatic approval of Soviet refugee applications, 181,000 emigrated, followed by another 145,000 in 1991. Until the change in U.S. policy, the total number of Soviet Jews "dropping out" was roughly 155,000 between 1971-1989. Over this period the "drop-out" rate to the U.S. nearly equaled the rate of immigration to Israel.

U.S. - Soviet Refugee Policy

The emigration movement to the United States began in earnest in the mid- 1970's. Until then the majority of emigrants were inspired to leave by Zionist and religious motives (Alexander, 1981; Freedman, 1989; Salatin, 1991; Brym & Ryvkina, 1994). Subsequently, more than half chose to resettle in the United States and other Western countries rather than in Israel:

> . . . most Jews left for less ideological and more pragmatic reasons - to enjoy political and cultural freedom, to escape the burden of being a Jew in the Soviet Union, to join family members, to ensure a secure future for their children and, especially from the end of the 1980's, to flee political instability and economic ruin (Brym & Ryvinka, 1994:15).

A growing number of these emigres now came from the Russian heartland, eastern Ukraine, and Belarus. These Jews were relatively assimilated as a result of their living under communist rule since 1917, passing through the Soviet education system, and retaining Russian culture as their own. As Alexander (1981) notes, "there are considerable differences in regard to 'dropping out' among Jewish emigrants coming from various areas" (p.17). Table 1.3 illustrates regional differences in the years 1968 - 1980.

Table 1.3: Percentage of 'drop-outs' among emigrants from 10 cities, 1968-1980

City	Number of Emigrants	Dropped-out %
Kharkov	3,873	85.2
Odessa	24,385	82.7
Kiev	22,773	79.4
Leningrad	13,872	74.1
Minsk	6,574	65.5
Moscow	14,494	62.9
Riga	11,935	32.7
Vilnius	8,691	8.0
Dushanbe	2,789	8.0
Source: Alexander, Zvi (1981) Jewish Emigration from the USSR in 1980. *Soviet Jewish Affairs*, 11:2:17		

For decades, Soviet emigration controls were a target of U.S. human rights policy, especially regarding Soviet Jews (Aleinikoff, Martin, and Motomura, 1995). By the late 1950's the U.S. Congress joined the protest. Ro'i (1995) notes that in 1956, for example, the *Congressional Record* had only three references to Soviet Jews, but by 1958 the issue gained a much higher profile. In that year, freshman Senator Jacob Javits (R-NY) argued that the only solution to the human rights abuses inflicted upon Soviet Jews was to allow for the right to emigrate:

> . . . the Jews being still spurned by the Soviet Government as foreign and suspect . . . [are] neither permitted to assimilate nor to maintain themselves as a national group. . . [as such the Jews] are a people in limbo" (U.S. Congress. Senate. 1958:23).

Between 1948 - 1967, only 7,000 Jews emigrated from the Soviet Union primarily to Israel (Ro'i, 1991). The fight for Soviet Jewish emigration continued throughout the 1960's. During the period of detente with the Soviets, the Nixon administration agreed on an inclusive trade agreement with the Soviet government. A central element of that agreement was the extension of the most-favored nation (MFN) import-tariff approach with the Soviets (see, Salitan, 1991; Brym and Ryvinka, 1994). However, with the passage of the 1974 Jackson-Vanik amendment to the Trade Reform Act of 1974, the United States extension of several trading benefits to Communist countries depended on the formal presidential determination that the country honored rights of emigration (Salitan, 1991; Zucker & Zucker, 1996). The Jackson-Vanik amendment, it was believed, would pressure the Soviet Union to permit freer emigration. Yet, it did not produce the desired effect as the Soviets objected to linking MFN to emigration, and furthermore argued that it was unwarranted interference in the domestic affairs of another state (Zucker & Zucker, 1987; Salitan, 1991). Consequently, the trade agreement was not implemented, and the Soviets restricted emigration. However, by the late 1970's, the Soviets were seeking a favorable resolution to the Strategic Arms Limitation Treaty and allowed a more liberalized emigration.

This was not to last as the U.S. condemned the Soviet Union for invading Afghanistan in 1979. With the ascent of the Reagan presidency the numbers being allowed to emigrate plummeted. This trend was to continue until 1987, when Moscow began to relax its emigration policies for Jews as well as ethnic Germans. Table 1.4 shows this sharp drop in emigration between 1979 - 1987.

Table 1.4:   Soviet Jewish Emigration Rates, 1979 - 1987

Year	Total Number of Emigrants
1979	46,408
1980	23,031
1981	8,747
1982	2,058
1983	1,274
1984	829
1985	918
1986	847
1987	5,883

Source: Tress, Madeleine (1995a) Soviet Jews in the Federal Republic of Germany: The Rebuilding of a Community. *The Jewish Journal of Sociology*, 37:1.

Beginning in the fall of 1989, the United States ended its hitherto liberal asylum provisions accorded to Soviet Jews. Up until then an estimated 155,000 entered the United States between 1971-1989 under these auspices. The closure of the Overseas Refugee Processing facility in Ladispoli, Italy in 1989 came about because of the growing number of refugee applicants from the Soviet Union who still benefited from virtually automatic approval of their refugee claims. The U.S. government now no longer accorded near-automatic approval of Soviet refugee applications. As early as August 1988, Attorney General Edwin Meese wrote to National Security Advisor Colin Powell and asked that changes be made in the Soviet refugee admissions program. Furthermore, Meese directed a transition to "the proper statutory processing of Soviets," meaning a careful case-by-case evaluation of the persecution claims of each individual applicant. This memorandum marked the beginning of a systematic INS effort to apply the worldwide refugee definition consistently in all settings involving asylum or overseas processing (Aleinikoff, Martin and Motomura, 1995). Under the State Department plan, Soviet Jews who have no relatives in or other ties to the United States would be ineligible for admission as refugees. At the same time, Israeli officials welcomed the prospect that the United States would tighten restrictions on the admission of Soviet Jews, because that should have meant more would emigrate to Israel.

Until the fall of 1989, emigrating Soviet Jews were permitted to leave only with Israeli visas. Israeli officials believed that an influx of thousands of Soviet Jews would strengthen Israel (Pear, 1989a; Tress, 1995a). Furthermore, the Israeli government insisted that Soviet Jews who carried Israeli visas should not be regarded as refugees. According to Pear (1989a) "Israeli officials say the United States insults Israel when it grants refugee status to Soviet Jews holding Israeli visas." Yet, former Illinois Congressman Paul Findley (1991) writes:

> The simple but little-known truth is that many if not most Soviet Jews do not want to emigrate to Israel. They prefer to go to the United States, or to Germany or other European countries. Behind the scenes, Israel's government is striving mightily to keep Soviet Jews from going anywhere but Israel. Instead of trying to save the Jews from life in the Soviet Union, they are trying to get the United States, Germany and other countries to intensify, institute or retain strict limits on immigration of Soviet Jews (1991:21).

When the Bush administration decision came in 1989 there were approximately 14,000 Soviet Jews awaiting approval of their applications in Ladispoli (Pear, 1989a). With the closure of the processing facility an immediate increase in the number of emigrants to Israel as well as other Western countries ensued, reversing a twelve year trend. The U.S. decision to suspend near automatic approval coupled with the easing of emigration restrictions, multiplied by a factor of 15 the number Soviet Jews emigrating to Israel from 12,000 to 180,000 one year later. The U.S. resettled 37,000 Soviet Jews in 1989, and 39,000 in 1990, a number that has continued.

The abrupt change in U.S. policy, contributed to the growing number of Soviet Jews seeking refuge in the GDR and FRG during the spring and summer of 1990 who did not wish to resettle in Israel. In Spring 1995 I interviewed a number of Soviet Jewish immigrants who arrived in the first contingent, and they indicated that their decision to resettle in Germany came about "because the door to the U.S. was closed" (in German, *die tür war zu*) and they did not wish to immigrate to Israel. A more systematic survey by Jasper, Schoeps, and Vogt (1995) found that 25.7 % would have first chosen to emigrate to the U.S. had there not been an end to the overseas processing.

The decision to impose limits on the admission of Soviet Jewish refugees came because the U.S. needed to control the flow of emigres seeking admittance. In addition, the cost of maintaining the overseas facility was about $34 million annually. The Bush administration wanted to move the decision making on refugee applications in-country (to Moscow). Speaking before the Senate Foreign Relations Committee one year after the policy change, Deputy Secretary of State Lawrence Eagleburger stated that all of this happened expeditiously. Indeed, in the new processing system files were shuttled quickly between Washington and Moscow. The State Department noted that this was a successful improvement over the old method and was considering using it as a model for other types of visa processing (U.S. Congress. Senate Foreign Relations Committee. 10/3/90).

By October 1989, U.S. consular personnel began alerting potential applicants in Moscow not to give up employment or take other actions related to resettlement until their processing was concluded (Refugee Reports, 9/22/89; Aleinikoff, et. al., 1995) Eagleburger's testimony notwithstanding, the initial transition did not go smoothly. Voluntary organizations such as the Hebrew Immigrant Aid Society protested vehemently, underscoring the hardships brought about as a result of the U.S. decision to suspend resettlement (Pear, 1989b). As a result of an effective lobbying effort in Congress, the Bush administration introduced legislation which would create a "special immigrant" category allowing up to 30,000 entries per year for five years. This "special immigrant" category was finally codified in the Morrison-Lautenberg Amendment to the Federal Fiscal Year 1990 Foreign Operations Appropriation Bill directing the INS to take into consideration the historical experience of Jews from the former Soviet Union when determining refugee status. As a result of the amendment an annual quota of 48,000 was set.

The admission of Soviet Jews as refugees came about only after consultation between the President and the Judiciary Committees of Congress on the executive branch's plan for refugee admissions. By agreement, the President determines the numerical ceiling applicable for the coming fiscal year and decides which refugees are of special humanitarian concern and in the national interest (Aleinikoff, et. al., 1995). Of the 112,000 refugee slots allocated under the 1995 Presidential Determination, 48,000 (43%) went to Eastern Europe and the former Soviet Union. Only, 7,000, by contrast, were allotted to Africa and 8,000 to Latin America and the Caribbean respectively.

Emigration to West Germany, 1988-1989

Before the Quota Refugee Law of 1991 went into effect, Jews from throughout Eastern Europe and the Soviet Union who wished to take up legal and permanent residence in West Germany could do so if the following preconditions were met: the applicant could prove s/he was Jewish; and the applicant had to produce documentation that s/he was registered with the local residency bureau (*Einwohnermeldeamt*). If approved, the immigrant would receive a special "tolerated" (*Duldung*) status which allowed for their legal residency in the Federal Republic. After three months, an "unlimited" residency permit could be obtained along with eligibility for a work permit. In addition, some social assistance would be provided in the form of German language training, temporary housing, and a small monthly allowance (Amt für Multikulturelle Angelegenheit, Frankfurt, 3/18/91). However, after the 1991 Act went into effect this procedure ended. Henceforth, only Jews living in the former Soviet Union were eligible for admission. Furthermore, the application to immigrate had to be submitted while the applicant was still living in the Soviet Union, and approval had to be granted by German authorities before legal resettlement in Germany could ensue.

Between April 1988 and October 1989 West Germany began issuing special invitations to Soviet Jews who had dropped out in Vienna and wished to resettle in the Federal Republic. This policy came about as a result of Germany's National Socialist past and because West German policy makers deemed it necessary to provide residency to "stateless" Soviet Jews (Burchard and Duwidowitsch, 1994). An estimated 300 resettled in Germany. In February 1987 the prime minister of Israel asked U.S. and Western European officials to deny granting refugee status to Soviet Jews seeking to resettle in Western Europe and the United States:

> The aim of our struggle is not just to get them out of Soviet Russia, but to bring them to their homeland, Israel. Our struggle is not to change for our brethren one place of dispersion for another (Shamir, cited in Goldman, 1987).

This request was based on the understanding that emigrating Soviet Jews were traveling on exit visas for Israel and they should therefore resettle in Israel. As a result of increasing immigration pressures and requests for asylum throughout Western Europe during this time period, most members of the European Community were willing to comply with this request (Tress, 1995a). However, the FRG explained that "in view of her historical past, Germany does not want to close her borders just for Jews from the Soviet Union" (Collins, 1991:8).

Between 1987 - 1989, approximately 500 resettled in Germany annually (ZWST, 1995). By 1990 that figure topped 8,500. During that same year Israel recorded its single largest intake ever numbering over 180,000. Given the easing of travel restrictions, thousands of Jews took advantage of this new found freedom and decided to leave the Soviet Union. This growing demand to emigrate led not only to the U.S. policy reversal in 1989, it also presented German policy makers with a new immigration challenge: the resettlement of Soviet Jews.

Made in East Germany: The Role of Citizen Lobbies (Bürgerinitiative) and the decision to admit Soviet Jews, Winter and Spring 1990.

With the fall of the Berlin Wall in November 1989, a dramatic rise in the number of Jews from the Soviet Union entering Germany occurred. Although for many Israel or the United

States were the preferred destination countries, there nevertheless began an exodus of several thousand who sought refuge on German territory. These swelling numbers can be explained, in part, by growing anti-Semitism and an uncertain future in the former Soviet Union. In addition, the U.S. government's new immigration restriction on Soviet Jews and the length of time it took to legally immigrate to Israel were also contributing factors. However, a further explanation lies with the events taking place in East Germany in the fall and winter of 1989 - 1990. These revolutionary events culminated in the overthrow of the political order which resulted in the new interim government's public distancing of its hitherto anti-Zionist practices. With the collapse of the Berlin Wall and the ouster of the Honecker regime, a new form of government came about in the form of *extra-governmental* citizen lobbies governing alongside the transition East German leadership in a spirit of co-determination.

As mentioned, Cobb and Elder (1972) note that in setting an agenda there first must be a "triggering event" for public interest in a new issue. When this occurs, policy entrepreneurs or groups can then initiate the agenda-setting process. The collapse of the Berlin Wall in November 1989, and the subsequent social, political, and economic upheaval which immediately followed became such a triggering event. It was in this climate of universal change that several grass-roots citizen lobbies were able to enter the formal policy making arena in East Germany and initiate policies which they deemed important to East Germany. Immediately following the collapse of the Berlin Wall a "Round Table" (*Runde Tisch*) or "side government" (Goertemaker, 1990) composed of several citizen lobbies acting as extra-parliamentary opposition was formed to provide the political leadership in this period of revolutionary change. The East German government led by Honecker's successor Egon Krenz abdicated, and a new one led by Hans Modrow assumed leadership. The first meeting of the Round Table was held on December 7, 1989, in Berlin, and was composed of the following eleven groups: Democratic Farmer's Party, Democracy Now, Democratic Awakening, Green Party, Initiative for Peace and Human Rights, Liberal Democratic Party, National Democratic Party, New Forum, Social Democratic Party, Social Unity Party, United Left and the Independent Women's Association (Zimmerling and Zimmerling, 1990).

Although acting as an extra-parliamentary body, the Round Table clearly recognized that it could not exercise any parliamentary or governmental function. Rather, it served as an institution of public monitoring until free, democratic, and secret elections could be held (Thaysen, 1990; Zimmerling and Zimmerling, 1990). Throughout the fall and winter of 1989-1990, the Round Table, along with the Modrow government, worked assiduously toward drafting a new constitution, establishing a date for East Germany's first free and open elections, and dismantling the secret state police apparatus (*Stasi*). The Round Table's involvement in the day to day affairs of the East German government and dealings with among other myriad complaints over price increases, the economy, German unity and the *Stasi*, led to the Modrow government offering it a part in government, and so on January 28, 1990, a formation of a non-party "Government of National Responsibility" was established.

The new coalition would be non-partisan and would represent a wide and diverse range of viewpoints when acting in the national interest (Osmond, 1992). One of its first initiatives was the call to issue residency permits to Soviet Jews who wished to resettle in East Germany. Subsequently, the East German government began granting five-year residency permits to Soviet Jews entering the GDR with tourist visas. Of particular interest is the role of the Initiative for Peace and Human Rights (*Initiative Frieden und Menschenrechte* - henceforth the IFM) within the Round Table. The IFM was founded in 1986 as an early opposition group from the 1980's peace movement. According to Joppke (1995):

> The IFM became the Stasi's major target . . . comprised of the incorrigible hard core of East German regime opposition. Moreover, its deliberate abandonment of church protection and claim to be a political opposition group made the IFM a thorny provocation to the party state. But most importantly, IFM's tackling of the human rights issue touched the Achilles' heel of Leninist rule (1995:114-115).

The IFM was the first independent GDR opposition group to promote disarmament and support political dissent (Goertemaker, 1990). It formed and maintained close ties with comparable movements in the West, such as the Alternative List in West Berlin and the Green Party in West Germany. The IFM's cadre of 30 people were involved in founding similar citizen lobbies throughout the GDR along with IFM regional and project groups throughout the GDR (Osmond, 1992). Shortly after Modrow's January announcement, one of the group's founders, Gerd Poppe, was named a minister without portfolio in the Modrow government. The IFM then made one of the most far reaching proclamations of the fledgling Government of National Responsibility over East German television:

> We ask that the East German government independently adopt a policy which will allow for any Jew in the Soviet Union who is encountering discrimination to be permitted to settle in East Germany (cited in Runge, 1995a:77).

In the words of Irene Runge, an ardent supporter of Soviet Jewish immigration and former director of the Jewish Cultural Association of Berlin, "we saw an occasion to effect change. . . we were a part of the government and as such we had the opportunity to take advantage of the changing political climate" (Runge, 1995b).

> The issue seemed to be lost to the government. The initiative to allow for Soviet Jews to resettle in East Germany made no headlines due in large part to the fast changing events occurring in East Germany at that time. Nevertheless, the state bureaucratic order began to take on the task of implementing the policy. In an effort to do so the Federation of Jewish Communities within the GDR were consulted who in turn sought the advice of the West German Jewish Community for direction (Runge, 1995a:77).

To this last point, Bodemann (1992) finds:

> While the small community of Jews in East Germany not only welcomed, but even actively promoted this flow, and while welcoming Soviet refugees was considered a form of restitution by the GDR government, the West German Jewish leadership vacillated between rejection and acceptance. Early in the year, Heinz Galinski, chairman of the Central Council of Jews in Germany, opposed a larger immigration, arguing that Berlin had already absorbed many Soviet Jews and that neither Berlin nor other communities were able to absorb any more.

> Due to the pressure of refugees arriving in the East, and critical voices in the Jewish community itself, Galinski subsequently changed his mind and advocated opening the doors to greater number of refugees (1992:367).

Adopting a policy allowing for the immigration and resettlement of Soviet Jews to the GDR was an alien concept for the East German government. East Germany, unlike the FRG, was not a signatory to the 1951 Geneva Convention Relating to the Status of Refugees and therefore did not have an established asylum law. Consequently, the implementation process was shrouded in an atmosphere of confusion and disarray. As the elections of 1990 approached, competition between the parties within the Round Table grew and the latter was eventually disbanded. On March 18, 1990 the first (and last) free national election was held in East Germany, and on April 8 the government of Lothar de Maziere assumed leadership of the GDR. The Conservative Coalition parties garnered 48% of the vote (192 seats), the Social Democratic Party, 22% (88 seats), the Party of Democratic Socialism (former SED), 16% (66 seats), the Liberal Coalition, 5% (21 seats), the Alliance 90, 3% (12 seats), the Farmer's Party, 2% (9 seats), the Women's

Association, 2% (8 seats) and all others the remaining 2% (4 seats). In total some 11.5 million votes were cast with an electoral turnout of over 93%. As a result of special election provisions smaller parties who failed to make the 5% threshold were still allocated seats parliamentary seats. This, in turn, allowed the IFM and other parties within the Round Table to gain access to the formal institutional levers of government. In the March 1990, elections the IFM, Democracy Now, and the New Forum ran on a joint party ticket as the "Alliance 90" party.[1] The newly elected East German parliament (*Volkskammer*) issued a declaration on the responsibility of Germans for the actions of the Nazi era:

We, the first freely-elected representatives of the GDR, acknowledge the responsibility of Germans in the GDR for their history and their future, and unanimously declare to the world:

During the period of Nazi rule, Germans inflicted immeasurable suffering upon the peoples of the world. Nationalism and racial chauvinism led to genocide, particularly of the Jewry throughout Europe, of the peoples of the Soviet Union, the Polish People, and the Roma and Sinti peoples.

We must not permit this guilt to be forgotten. From it we derive our responsibility for the future.

1. The first freely elected parliament of the GDR acknowledges, in the name of the citizens of this country, that it shares responsibility for the humiliation, persecution, and murder of Jewish women, men, and children. We feel grief and shame in accepting responsibility for this historical burden on Germany.

We ask the world Jewry for forgiveness. We ask the people of Israel for forgiveness for the hypocrisy and animosity of official GDR policy toward the State of Israel and for the persecution and degradation of Jewish citizens in our country, which continued after 1945.

We declare we will do everything possible to contribute to healing the physical and emotional suffering of survivors, and to speak out for just compensation of material losses (Federal Republic of Germany. *Volkskammer* Declaration on German History, April 12, 1990; Jarusch and Grasnow, 1994:138-139).

Later the government issued a public apology acknowledging responsibility for the actions of the Nazi regime:

But our history is not confined to the past five years. As a freely elected government and a freely elected parliament we bow to the victims of fascism. We pay homage to the victims of the concentration camps and the war (Federal Republic of Germany. Regierungserklärung des Ministerpräsidenten Lothar de Maziere, April 19, 1990: 4-5).

---

[1] In 1992, the Alliance 90 joined with the West German Green Party to form the Alliance 90/Green Party. In the last federal elections held on October 16, 1994, the Alliance 90/Green Party garnered 7.3% of the second ballot vote thereby giving them 49 seats in the Federal Parliament.

de Maziere further stated that with the certain unification of both East and West Germany:

> We bring our sensibility for social justice, for solidarity and tolerance. In the GDR we are taught to oppose racism and hatred for foreigners, even when in practice it is very little used. We may not and will not give hatred for foreigners any room to grow (Federal Republic of Germany. Regierungserklärung des Ministerpräsidenten Lothar de Maziere, April 19, 1990: 9-10).

The immigration and resettlement of Soviet Jews entering East Germany began in earnest during the Spring of 1990. With the destination point for most being Berlin. Small numbers of Soviet Jews began arriving in East Germany where they were issued five year residency permits and enjoyed a wide array of public benefits. Those arriving in West Germany enjoyed a more restricted status and dubious status as they were recognized as "tolerated refugees." Although this group did receive the full support of the Berlin Senate it was not possible for them to receive the full range of social assistance provisions provided to recognized asylum seekers. Instead, many forms of social assistance came from relatives, sponsors, and the organized Jewish community.

On July 11, 1990, the German Democratic Republic adopted an Executive Order to the Law concerning the Granting of Residency for Foreigners in the German Democratic Republic. This edict granted asylum to foreigners who left their country based on fear of persecution because of race, religion, nationality, affiliation to certain social group or political conviction. (German Democratic Republic. Article 1., Gesetzblatt der Deutschen Demokratischen Republik, August 8, 1990). Furthermore, Article 6., of the new law, guaranteed that upon approval of the asylum application the foreigner would receive a residency permit valid for five years. In addition, travel documents to East Germany also would be issued by GDR consular personnel. Responding to the new measures, the emigration of Jews from the Soviet Union to the GDR dramatically increased.

In order to administer the necessary resettlement documents the East German government established the "Contact and Counseling Office for Foreign Jewish Citizens" (*Kontakt- und Beratungstelle für ausländische jüdische Bürger*) in East Berlin. Ironically, located in the former Nazi propaganda ministry the agency was charged with easing and assisting in the immigrant's entry into East German society. The office was tasked to ensure that each immigrant had an East German travel visa, a precondition to legally resettle in East Germany, and to arrange short term housing. Meanwhile, the FRG secretly ordered the East German consular personnel to stop issuing East German travel visas. The intent was to put an end to East Germany's policy of granting residency to Soviet Jews. The order did not have the desired effect as the number of Soviet Jews entering East Germany increased. Yet, hundreds of newly arriving Soviet Jews now found themselves without the required travel permits and so living in Germany illegally. On October 1, 1990 the Berlin daily *Die Tageszeitung,* noted that the order by the West German government to stop the immigration stream had not worked. Rather it had erected new hurdles which would only be resolved with the adoption of the 1991 Act. (see, Antrags freiheit bald Vorbei? *Die Tageszeitung,* 10/1/90).

The Frankfurt Initiative

The events occurring in East Germany did not go unnoticed in the West. In Frankfurt the Office for Multi-cultural Affairs (*Amt für Multikulturelle Angelegenheit*) directed by Daniel Cohn-Bendit also sought to secure a legal status for Soviet Jews who wished to resettle in Germany. Realizing that Bonn's reaction to the growing demand for entry by Soviet Jews was not being adequately addressed, this office, along with the Office of Social Affairs and the Mayor's office, introduced an initiative which would legally permit a number of Soviet Jews to resettle in Frankfurt based on current immigration law. To this end, the Frankfurt city council argued that since many Soviet and East European Jews wishing to resettle in Frankfurt were actually ethnic German Jews who had fled the country during the Third Reich, they should therefore be allowed to resettle under the provisions of Federal Expellee and Refugee Law of 1953.[2] On April 28, 1990, Cohn-Bendit called for a streamlined admissions process for those who fell into this category and who wished to take up residence in the Federal Republic of Germany. Cohn-Bendit noted the growing anti-Semitism throughout Russia and called for

---

[2] See Federal Republic of Germany. Deutscher Bundestag - 8 Wahlperiod - 119 Sitzung, Bonn, 11/29/78, pp. 9252-9253; Deutscher Bundestag - 8. Wahlperiod - 144. Sitzung, Bonn, 3/15/79, p. 11516 for earlier discussion related to Jews being recognized as ethnic Germans.

Germany to provide refuge to Soviet Jews suffering persecution (Bonn soll Juden Zuflucht bieten, *Frankfurter Rundschau*, 4/28/90).

Ideally, the city would have wished for a federal directive to address the immediate needs of Soviet Jews fleeing anti-Semitism and the fear of reprisal in the Soviet Union, but that was not to happen. The city decided instead to pursue its own course basing its decision upon the extant law. However, the solution to the problem was not so simple. German Jews who fled the Nazis and resettled in the Soviet Union were not recognized as Germans by Soviet authorities, rather as Jews. On March 29, 1939 the Nazi Government decreed:

> A German is someone who is themselves a member of the German Volk, in so far as this can be acknowledge through specific facts such as language, education, culture, etc. and can be proven. Persons of foreign blood, and especially Jews, are never to be considered Germans even if they consider themselves so. (Erlass des RMdI vom 3/29/39)

As such, those Jews and their descendants who wished to take up residence in Germany faced the added obstacle of proving and substantiating their German citizenship and/or origin. Yet, proof in the form of birth certificates and other documentation typically was not at hand as it either had been confiscated, lost or destroyed.

In addition, many returning Jews were descendants of the post-War generation who had never had contact with German speaking persons as their parents and family members had perished under the hands of the Nazis. This problem was further compounded by the 1953 Law which stated that membership in Pan-Germanist and Nationalist Political Parties, being on the German Peoples List (*Volkslist*), or having membership in the *Waffen SS* or other similar groups was sufficient proof of belonging to the ethnic German community. Thus, for many, neither subjective attributes of being ethnic German - in the form of German language competency or maintaining cultural and traditional customs - nor objective appraisals - in the form of birth certificates or other documentation could be provided as the law required.

The city of Frankfurt commissioned a study to make the case for Soviet Jews being recognized as ethnic Germans. The report concluded that both subjective and objective assessments of German ethnicity could not possibly be applied to Jews because in addition to the three mentioned above the other were experiences that German Jews did not have:

> 1. Forced deportation, resettlement and hard labor directed against the German population living in

the Eastern Territories (*Ostgebiete*) in retaliation for German aggression.

2. Participant in the Baltic and Romanian "resettlement action" of the Third Reich in the years 1939-1940.

3. Being subjegated to special discriminatory practices in the fields of education and employment as a result of one's German ethnicity.

4. Membership in a particular Christian denomination.

Since such measures could not be used as a basis for determining Soviet Jewish legal status as ethnic German, the study concluded that the 1953 Law should be revised to take into account the special circumstances of German Jews who fled the Nazi regime, resettled in the Soviet Union, and who now wished to return to their homeland. Thus, the study illustrated the complexity of administering an immigration policy based upon both subjective and objective assessments of ethnicity (Azzola, 1990).

Indeed, Commenting on this facet of contemporary German political culture, Dr. Shimon Samuels, European Director of the Simon Wiesenthal Center in a letter to Cohn-Bendit wrote:

> Your efforts to seek recognition for the status of Soviet Jews arriving in Germany have come to our attention.
>
> In this connection, we understand that there exists a German law of return permitting settlement according to certain definitions of German ethnicity. . . these definitions include registration on German population lists [*Volklisten*] membership in the *SS*, victims of discrimination against German ethnicity since the end of World War II, or belonging to a Christian denomination.
>
> Furthermore, the article notes that Judaism or registration as a Jew in files or papers, as was usual for Soviet Jews during the Holocaust are considered as conflicting with German ethnicity.
>
> We would appreciate your checking the veracity of these definitions under German law and taking whatever measures necessary to change what is clearly a racist and anti-Semitically based definition (Samuels, Shimon. October 24,1990. Letter to Daniel Cohn-Bendit).

To further illustrate the problem the Application for Ethnic German Acceptance (*Antrages auf Aufnahme in die Bundesrepublik Deutschland*) asks the applicant to state past membership in the German Army, *Waffen SS*, German Police Battalions, the Organization Todt (Hitler's para-military engineering force), or one of the Reich Labor Camps also can be used as proof of determining ethnic German status. With the adoption of the 1993 KfbG, reference to the *Waffen SS* has been dropped. The Frankfurt City Council and Mayor recognizing holdover citizenship measures from the old political order found support from other local governments who wanted to adopt more applicable standards (see Vogel, 8/31/90, Anerkennung von jüdischen Emigranten als Vertriebene; Kukatzki, 9/17/90, Regelung der Stadt Frankfurt für osteuropäische jüdische Emigranten).

In May 1990 Frankfurt Mayor Dr. Volker Hauff proclaimed that the city would issue ethnic German expellee permits to Soviet Jews who belong to the German Jewish community of descent (*Deutsche Abstammung*) and who wished to resettle there. Hauff's rationale for this was that under Soviet nationality law a German speaking Jew was not accorded German nationality, rather, Jewish nationality. As such, there are many thousands who belong to the German community of descent and who should, therefore, be legally eligible to resettle in the Federal Republic as ethnic Germans:

> I have, therefore, instructed the Chief of Social Affairs (*Sozialdezernentin*) [Christine Homann-Denhardt] to apply the refugee recognition procedures (as outlined in the 1953 BVFG) to those expelled Jews from the Soviet Union who have the word "Jew" stamped in their passport as nationality. . . The Chief of Social Affairs along with councilman Cohn-Bendit and the local Jewish community will work together to ensure the program's success. I believe that this is the least that we can do to help the persecuted Soviet Jewry. They [Soviet Jews] are most welcome in Frankfurt (Hauff, 5/9/90:31-32).

According to the Culture Affairs Officer of the Frankfurt Jewish community, Michael Friedman, "the intention of this statute is to project a symbol of human solidarity and historical awareness" (Evangelische Kirchenzeitung für Hessen und Nassau, 9/9/90). By late summer the Frankfurt initiative began to take on greater momentum as the number of Jews emigrating to Germany grew. On August 7, 1990, Dr. Christine Homann-Dennhardt, Chief of Social Affairs for Frankfurt, presented councilman Cohn-Bendit a "Municipal Resolution" which provided guidelines for the recognition of Soviet Jews as ethnic Germans:

> Article 3. Membership in a religious congregation is "citizen neutral." As such, acknowledgment of the Jewish faith should not permit exclusion from the ethnic German community.

> Article 4. The declaration of Jewish nationality as found in census documents or in personnel documents [passports, birth certificates] is therefore not sufficient evidence to disallow that person from being a member of the ethnic German community.

Article 10. Emigration from the settled territories in the East to Israel shall not be grounds for exclusion from the ethnic German community.

Article 22. The administrative authority responsible for carrying out this policy will be the Ethnic German Compensation Department (*Ausgleichsamt*). As such, the Ethnic German Compensation Department will work in concert with the Office for Multi-cultural Affairs andthe Jewish community in an effort to achieve administrative harmony. (Homann-Dennhardt, 1990)

The special committee - as outlined in Article 22 above - was to make its determination on a case by case basis allowing for exceptions in emergency cases. This excepting clause was included to override, if necessary, the provisions of the 1953 Federal Expellee and Refugee Law (as amended in 1990[3]), requiring applicants to submit an application to emigrate and wait for its approval before legal resettlement could begin. In certain cases, it was determined, exceptions should be made whenever immediate danger and the threat of persecution was at hand (Amt für Multikulturelle Angelegenheiten - Frankfurt. Neues Aufnahmeverfahren zur Anerkennung als Vertriebene, 6/28/90). This special consideration was especially important to Jews who claimed ethnic German status yet could not wait for application processing because of growing anti-Semitism in the former Soviet Union.

Although the Frankfurt initiative was not codified it proved to have widespread appeal and contributed to the growing push for adopting a national immigration policy for Soviet Jews. It also served to illustrate the power that local governments can exercise *vis-a-vis* the federal government.

Other State and Local Government Initiatives in Support of Soviet Jewish Immigration

In addition to the Frankfurt Initiative in the West, there were several other initiatives throughout West Germany which sought to establish a Soviet Jewish immigration policy. Like the East German government, these initiatives pressed for an open immigration policy:

Directly as a result of our history and our wretched past we should allow those German Jewsentrance and resettlement to Germany in the most streamlined process. Furthermore, we welcome all Soviet Jews who wish to resettle in Germany the opportunity to do so without having to undergo a lengthy

---

[3] Law to Regulate the Reception of Ethnic Germans, June 28, 1990 .

bureaucratic process.(Antrag auf der BDK der Grünen in Bayreuth am 9/23/90.
Keine Beschränkung der Einreise für Sowjetische Juden nach Deutschland:1)

There also was a call for a direct "airlift" of Soviet Jews to Germany (see Anträge der Grünen, 9/23/90; and Die Grünen im Landtag 9/27/90). This never did materialize. In April 1990, the Interior Minister of Lower Saxony, responding to a request by the Central Council of Jews, gave his support toward adopting special procedures to accommodate the immigration of Soviet Jews[4]. According to the Ministerial letter, Jewish emigrants from the Soviet Union should be allowed to legally resettle in the Federal Republic based upon the principle of family reunification. In order to qualify as such they would be required to resettle in designated Jewish communities throughout the FRG. The Ministerial circular - which was issued to local government officials throughout Lower Saxony - contemplated the real prospect of advancing this effort through official channels. Like the subsequent Quota Refugee Law, this policy would be based upon humanitarian grounds and independent of economic concerns (Der Niedersächsische Minister des Innern. Ausländerrecht: Zuwanderung jüdischer Emigranten aus der Sowjetunion, 4/26/90).

On May 15, 1990 the Hesse State Government announced that in cooperation with its Council of Jewish Affairs it would adopt a policy in which a limited number of Soviet Jews would be permitted to resettle in communities throughout the state. The quota agreed upon would be no more than one-hundred per year. Furthermore, the administrative and legal procedures allowing for this limited immigration would fall within official channels thereby allowing special provisions to be made in this regard upon humanitarian principles (Regierungspräsidium - Hessen. Ausländerrecht: Einreise jüdischer Emigranten in die Bundesrepublik Deutschland zum dauernden Aufenthalt, 5/15/90). In North Rhein Westphalia a similar measure was undertaken by the Interior Minister Herbert Schnoor in cooperation with the State Council of Jewish Affairs which would permit approximately the same number to resettle each year (Juden warten auf die Einreise, 10/10/90. *Westdeutsche Allgemeine).*

On September 27, 1990 the Green Party Faction within the Land Parliament of Hesse took up

---

[4] Article 85 of the 1953 BVFG allows for the Laender to make individual determination of ethnic German status in certain cases.

the cause for Soviet Jewish immigration and issued a formal resolution entitled "No limits regarding the entry of Soviet Jews to Germany." Calling attention to Germany's National Socialist past, the party said that the Federal Republic was obliged to to offer refuge to Soviet Jews seeking resettlement. In addition, the resolution included an account of the chaotic situation in the East German consulate in Kiev during the summer of 1990, which came about from the government's decision to stop issuing travel permits to Soviet Jews.

On Wednesday August 15, 1990 we called the German embassy in Kiev and asked for permission to make a personal visit so that we might deliver the travel requests. A woman speaking in German said that was possible. We then proceeded to travel to the embassy. Upon arrival, we met a translator who informed us that he instructed the people who were waiting in the street outside the embassy that they could no longer process their request for travel as they were instructed by Bonn [Ministry of the Interior] to stop the process. We were told that the FRG is not ready to take in so many people of Jewish ancestry. (Die Grünen im Landtag - Hessen. Keine Beschränkung der Einreise Sowjetischer Juden nach Deutschland, 9/27/90:1)

In late September and early October 1990, several newspapers reported that during the summer of 1990, an estimated 10,000 visa applications flooded the East German consulate in Kiev (*Süddeutsche Zeitung*, 9/22/90; *Allgemeine Wochenzeitung der Juden, Düsseldorf*, 10/18/90). When these reports surfaced, the Green Party faction within the Bundestag formally petitioned the government to confirm their validity. When questioned on the actual numbers of travel requests *(Ausreiseanträge)* to Germany the government finally responded that, "many requests and applications were received from Soviet Jews to travel to Germany" (Antwort der Bundesregierung, 14 November 1990. Bundestag Drucksache 11/8439:2). It was at this point that the the Greens along with the opposition Social Democratic Party began their parliamentary campaign for a lenient immigration policy for Soviet Jews.

Although exact figures cannot be given, rough estimates as to the number of Soviet Jews traveling to East Germany between April 1990 and October 3, 1990 (the day of German unification) range between 2,500 and 5,000. In the month of December 1990, alone some 1,500 entered Berlin. By February 15, 1991, the day the Quota Refugee Law went into effect, approximately 8,500 had resettled.

The increasing press of refugees arriving in the East, coupled with the voices in the Jewish community critical of the government's lack of response caused policy makers at all levels of government to begin to take notice of this monumental situation an address the situation (see, *Die Tageszeitung,* Aufnahmepraxis für Sowjetische Juden in der DDR weiter unklar, 6/7/90; *International Herald Tribune,* Soviet Jews Seek Haven in East Germany, 6/26/90; *Frankfurter Allgemeine Zeitung,* Das neue Deutschland und die Sorgen der Juden, 7/5/90) As Irene Runge (1995b) noted:

> . . . we were determined to keep up the public relations pressure on the West Germans. We had close contact with the media and we were prepared to tell our story if that meant our efforts to secure a legal immigration would be advanced.

The efforts to secure a legal immigration status for Soviet Jews were finally addressed at the federal level in the fall of 1990. However, we should keep in mind that had it not been for the various initiatives calling for such a policy, federal parliamentary discussions concerning the matter would not have been conducted. The possibility of having Jews immigrate and permanently resettle in Germany was perceived by many policy makers as a singular opportunity in post-War German history. Yet, Policy makers at all levels of government who supported this campaign were quick to note that permitting such immigration alone would not atone for the horror of the Holocaust. Indeed, throughout the debates, policy makers were well aware that reconciliation could not be achieved by adopting a liberal immigration policy. Rather, Soviet Jewish immigration to Germany should be seen more as a sincere desire by the German people to provide, in some small way, reparation (*Wiedergutmachung*) toward Soviet Jewry. It should also be kept in mind the historic time frame in which these events were occurring.

In November 1989, the Berlin Wall had fallen as did communism throughout Eastern Europe. Less than one year later Germany became re-united and with this came a new position in European affairs. German policy makers rightly perceived the importance of such a decision in allowing for the migration of Soviet Jews. As the parliamentary debates detail, the immigration of Soviet Jews to Germany came to symbolize trust and faith in the new political order. It also marked a turning point in immigration policy as German policy makers set out, for the first time, to adopt an immigration policy which was directed to a non-German ethnic group. More importantly, it also presented the singular opportunity to reestablish a Jewish community on German soil:

The German government can provide technical help in the form of transportation to the thousands of Soviet Jews who wish to leave the Soviet Union. And what is more important, Germany should encourage all West European nations to adopt quotas for those Soviet Jews wishing to resettle.

Naturally, the reception of immigrants is a problem not only for Germany but for all other European states. Yet, for the leading European powers, economic hegemony is not a sufficient measure of strength.

Germany should in its new role be recognized as not looking at short term [economic] interests, rather long term interests through the resolution of humanitarian problems.

Viewed in this way, the travails of Soviet Jewry provides the German people a welcome opportunity to make good its past. (Das neue Deutschland und die Sorgen der Juden, 7/5/90. *Frankfurter Allgemeine Zeitung*)

The (Bundestag) Parliamentary Debates

In wake of the growing numbers of Jews from the Soviet Union seeking to resettle in Germany, policy makers in Bonn began to search for solutions. By August 1990 the Federal Government was not only advising its Soviet consulates to refuse to process new visa applications by Jews, but was calling on the East Germans to act similarly (Bodemann, 1992). By mid-September Bonn effectively ended the issuance of travel visas to Soviet Jews wishing to travel to Germany (Antwort der Bundesregierung, 14 November 1990. Bundestag Drucksache 11/8439).

During the fall of 1990, two parliamentary debates concerning the issue ensued. A parliamentary resolution was brought forward on October 24th by the Allaince 90/Green Party introducing legislation which would institutionalize the migration of Soviet Jews along the lines usde for ethnic Germans. The proposal mentioned the threat of nationalism and anti-Semitism in the Soviet Union as well as Germany's historical responsibility toward Soviet Jews:

The revolutionary changes occurring within the Soviet Union as a result of Glasnost and Perestroika have not only allowed for the growth of democratic forces, it has unleashed nationalistic as well as antisemitic forces as well.

As a result, Soviet Jews are being targeted as "scape goats" for the economic, ecological, and spiritual decay of the Soviet Union. The dramatic restriction of their way of life and the immediate threat of persecution cannot be denied.

If there are Soviet Jews who wish to flee this persecution - despite the war crimes committed against them by the German people - and, who nevertheless, wish to immigrate to Germany, then they are welcome to do so.

To guarantee Soviet Jewish immigration to Germany - if they so choose - should be regarded as a reassuring signal for the democratic future of the new German republic. (Antrag des Abgeordneten Wetzel und der Fraktion Die Grünen/Bündnis 90. Einwanderung sowjetischer Juden in die Bundesrepublik Deutschland. Bundestag Drucksache 11/8212. October 24, 1990:1-2)

The resolution called on the Federal Republic to take the following measures:

1. To provide immediate protection to Soviet Jews who feel threatened by allowing them to immigrate to Germany and, upon arrival, provide for their naturalization.

2. Create a special fund should be created which should help in the resettlement of Soviet Jews. The funds should be made available to the Laender, local governments, and Jewish communities for use in supporting integration/incorporation programs.

3. The federal government should cooperate directly and closely with the Laender in order to ensure the success of Soviet Jewish immigration.

4. In the framework of the European Political Cooperation (the common foreign and security policy of European Community member states) other West European countries should also open their borders to Soviet Jews. (Antrag des Abgeordneten Wetzel und der Fraktion Die Grünen/Bündnis 90. Einwanderung sowjetischer Juden in die Bundesrepublik Deutschland. Bundestag Drucksache 11/8212. October 24, 1990:1)

The first parliamentary debate occurred one day later on Thursday October 25, 1990 (Deutscher Bundestag. Plenar Protokoll 11/231). Under the appellation "Entry Permits for East European Jews", the Alliance 90/Green Party launched the debate. The Green's argued for a liberal policy of quota free migration and resettlement rights to Germany:

. . . every Soviet Jew who wishes to come should be allowed to come. Not only that they [Soviet Jews] should be taken with little bureaucratic trouble; they

should receive every help and assistance available; and, they should enjoy full citizenship rights, as they so wish. (Wetzel, die Grünen/Bündnis 90. Deutscher Bundestag. Plenar Protokoll. October 25, 1990:18360)

In short, the Greens were adamantly opposed to the government's decision to rescind the East German policy of granting residency permits to Soviet Jews a point they reiterated throughout the fall debates. The Alliance 90/Green Party, along with the support of the Social Democratic Party, sought to find a legal solution which would allow for an institutionalized and liberal immigration policy for Soviet Jews which would also take into consideration Germany's historical obligations toward them:

> The German people have so much to reconcile with the Jewish people. I believe that the least we can do is to allow those Jews who wish to immigrate to Germany - the land of the Holocaust - an opportunity to do so. We should not tarry about. We should find a swift, and un-bureaucratic solution to this problem (Glotz, SPD. Deutscher Bundestag. Plenar Protokoll. October 25, 1990:18361).

During the first round of parliamentary inquiry, the Parliament's State Secretary to the Interior Ministry, Horst Waffenschmidt[5] was questioned about the government's secret decision to stop the issuance of travel permits to Soviet Jews during the summer of 1990. Waffenschmidt testified that it was done so "in order to ensure a managed and orderly immigration procedure" (Waffenschmidt, CDU. Deutscher Bundestag. Plenar Protokoll. October 25, 1990:18363). He further stated that the "Bundesrepublik is not a land of immigration" (p.18363).

During the debate all the political parties, the Social Democrats, Christian Democrats/Christian Socialists, Free Democrats, Greens and the Democratic Socialists, agreed that this issue should not involve the public. In other words, debates and discussions should be handled with subtlety and discretion and kept out of scrutiny. In the words of Peter Glotz (SPD) "the policy of accepting Soviet Jews who wish to immigrate to Germany should be swiftly addressed with clear decision and firm resolve" (p. 18361). Shoring up Glotz's viewpoint, Johannes Gerster (CDU) stated:

> I believe this theme (the migration of Soviet Jews to Germany) neither suitable for an election campaign nor is it suitable for public showboating. We [the Bundestag] are of the opinion that in the framework of the 'quota refugee' law and on the basis of other basic rights - as well as our historical responsibility and obligation - should provide help where help is needed. (Gerster, CDU. Deutscher Bundestag. Plenar Protokoll. October 25, 1990:18363).

Sensitivity to Israel's position regarding Soviet Jewish resettlement to Germany was also addressed. To this point Wetzel (the Greens) noted, "should [the Federal Republic] adopt a liberal immigration policy for Soviet Jews this should in no way be perceived as an unfriendly act against the State of Israel" (p. 18360). He went on to add that despite Israel's insistence that Jews resettle only in Israel, Germany would continue to respect an individual right to emigrate and resettle in the country of their own choosing. During his opening remarks, Wetzel

---

[5] Waffenschmidt (CDU) currently serves as Commissioner for Ethnic German.

announced that he had contacted officials at the Israeli embassy in Bonn and he stated that there was "no official desire by the Israelis to stop or even prevent the immigration of Soviet Jews to Germany" (p. 18360). Furthermore, Wetzel admonished the governing coalition for using Germany's special relationship with Israel as an excuse for not addressing the immigration issue.

Immediately following this discussion, the Greens officially questioned the government's position in this regard. (Kleine Anfrage der Abgeordneten Frau Trenz und der Fraktion Die Grünen/ Bündnis 90. Einwanderungsoption für sowjetische Jüdinnen and Juden. Bundestag Drucksache. October 25, 1990). The Greens centered their concern around the legal status of Soviet Jews who had resettled to Germany during the spring and summer of 1990. As noted earlier, Soviet Jews entering East Germany were accorded a five year residency permit (*Aufenthaltserlaubnis*). However, those seeking refuge in West Germany were given only tolerated refugee status (*Duldung*). This brought to the forefront the precarious legal standing of Soviet Jews in a newly reunited Germany. Those who settled in the East before the Kohl government rescinded the policy had legal residency permits, whereas those who migrated afterward did not. In effect, they were in legal limbo. Their status as "tolerated" refugees allowed for very little in the form of social assistance, whereas, their co-ethnic contingent in the East enjoyed a wide array of government sponsored social provisions. More importantly, however, their tolerated status meant that they could be forced back to the Soviet Union should the German government decide to undertake repatriation.

In an interview with a representative from the Office of Foreigner Concerns of the Berliner Senate, I was told "This was unacceptable. Considering Germany's history, no Jews who find themselves on German soil should ever be forced to repatriate" (Berlin Senate. Interview with office staff, April 6, 1995). The Greens then, brought forward the following questions for the Kohl government:

1. What residency status will Soviet Jews in Germany enjoy?

2. What instructions did German consulates and embassies receive regarding the processing of Soviet Jewish travel documents?

3. How many requests for travel have actually been submitted?

4. How does the Federal Republic of Germany feel about the current wave of discrimination directed against the Jewish minority within the Soviet Union? Has the Federal Republic undertaken foreign

policy measures in an effort to improve the lives of Jewish men and women living in the Soviet Union?

5. During the Third Reich there were approximately 6 million Jews murdered by the National Socialist regime. Does the government perceive a relationship between these atrocities and the historical responsibility we have towards the Jewish people especially as it pertains to immigration to the Federal Republic of Germany? (Kleine Anfrage der Abgeordneten Frau Trenz und der Fraktion die Grünen/Bündnis 90. Einwanderungsoption fuer sowjetische Jüdinnen und Juden. Bundestag Drucksache 11/8315. October 25, 1990:1-2)

The government subsequently provided a written response to the inquiry (Antwort der Bundesregierung. Bundestag Drucksache11/8439. November 14, 1990) stating that residency status of Soviet Jews who migrated to East Germany from spring 1990 to October 3rd were legally permitted to stay in Germany as long as they registered with their respective Laender and local government Office of Foreigner Affairs. This position was based upon the East German law of July 11, 1990, which permitted the legal entry of Soviet Jews to East Germany. However, the edict excluded those who had migrated to West Germany during the same time period. In addition, the government publicly acknowledged that it had ordered East German consulates to discontinue processing travel visas for Soviet Jews in mid-September 1990. The order was issued temporarily until "clarification between the federal government and the Laender governments in regard to administrative procedures and processing could be reached" (Antwort der Bundesregierung. Bundestag. Drucksache 11/8439. November 14, 1990:1). Most importantly, it publicly voiced its support for a Soviet Jewish immigration policy:

The federal government is keenly aware of the National Socialist atrocities against the Jewish people and Germany's historical responsibility for such actions. You note the wish for Soviet Jews to immigrate and begin a new life in the Federal Republic of Germany. If, in the future, a continued demand to immigrate from East Europe develops we must then consider the following:

- an orderly immigration of Jews will strengthen the [German] Jewish communities that have survived since the War.

- a strengthened Jewish community will both in the short run and in the long run revitalize the meaningful contributions that Jews bring to the cultural and spiritual life of Germany.

Yet, despite of this we must underscore the point that the Federal Republic of Germany is not a land of immigration.

Hereby it follows that an uncontrolled entrance of Soviet Jews is not possible [under the present laws]. Rather, only in the framework of a orderly process should it be considered. Given the fact that within the Soviet Union there is approximately 2 million Jews - of which an estimated 500,000 who wish to immigrate - coupled with [Germany's] stretched receptive capacity should provide sufficient evidence that a quota limit and reception procedure must be established in order to regulate the inflow and provide adequate accommodations. Concurrently, we must also discourage an ill prepared unregulated influx of persons because housing accommodations should first be adequately provided for. The purpose and goal of the government's position in this regard is to strengthen our receptive capacity thereby ensuring [the migrant's] integration. (Antwort der Bundesregierung. Bundestag Drucksache 11/8439. November 14, 1990:3-4)

The second parliamentary debate concerning the migration of Soviet Jews was held the following Wednesday, October 31, 1990 under the appellation "Deliberation on the proposal of MP Wetzel and the Green Fraction." As this was the last regular sitting of the Bundestag during the legislative period, the opposition parties who supported Soviet Jewish immigration legislation (the Greens, Social Democrats, and Party of Democratic Socialism) asserted that the issue must be resolved before adjournment. The Greens were infuriated by the Kohl government's attempt to stop the debate. The stalling tactics were led by MP Gerster (CDU), who referred the resolution to committee knowing that with little more than a month before the general election no action would be taken.

The legislative maneuver by the Kohl government failing, debate continued. It was heated and, at times, involved name calling. Waffenschmidt and MP Burkhard Hirsch (FDP), for example, pointed out the hypocrisy of the Party of Democratic Socialism (PDS) call for a non-racist and pro-Jewish immigration policy:

... the inheritor of the Social Unity Party [Party of Democratic Socialism] is now demanding that the ruling party [CDU] address the issue of human rights. Yet, if my memory serves me right, is not this the same party who for years 'stepped' on the human rights of their own people?!" (Waffenschmidt, CDU. Beratung des Antrags des Abgeordnten Wetzel und der Fraktion die Grünen. Deutscher Bundestag. Plenar Protokoll. October 31, 1990:18746).

Throughout the debate there was constant mention of Germany's historical obligation towards Jews. In this regard, the government's position as forwarded by MP Gerster (CDU) was to construct a policy which would allow for a managed and controlled immigration. To this end, Gerster announced that the government was stepping up its efforts in working with the Laender to come up with a credible policy. Gerster stressed that current German law did not allow for "uncontrolled special provisions which do not conform to current law or special provisions based upon membership in a particular religion or faith" (p. 18741).

> ... the Rechtsstaats Principle and the Equal Treatment Principle demand that we strive for an ordered immigration policy which guarantees the same rights to all wishing to immigrate. We must view things clearly. Soviet Jews are neither ethnic Germans nor are they asylum seekers. Therefore, their legal status should be considered as Quota Refugees (Gerster, CDU. Beratung des Antrags des Abgeordnten Wetzel und der Fraktion die Grünen. Deutscher Bundestag. Plenar Protokoll. October 31, 1990:18741-18742).

After spirited discussion it was decided that the government, along with the respective Laender and with the full cooperation of the Jewish Community in Germany, would work together to develop a managed and orderly migration procedure:

> We [the government] are involved in intensive discussions with the Laender. . . We would not like - and I wish to make this perfectly clear - to have a mismanaged migration procedure and have those who migrate sleep in basketball gymnasiums or campers. Rather we would prefer to have an ordered migration [of Soviet Jews]. (Waffenschmidt, CDU. Deutscher Bundestag. Plenar Protokoll. October 31, 1990:18745)

One additional point should be mentioned. Concern was voiced by both MP Hirsch (FDP) and Waffenschmidt (CDU) that Soviet Jews entering Germany use the country as a way station, and eventually migrate to the United States or Canada. With the benefit of hindsight we can see that these concerns were unfounded. In the six years since the 1991 Quota Refugee Law has been in effect no appreciable outward migration to any third country has occurred[6].

Finally, on 20 November, the Green Party Parliamentary Group submitted a resolution (Entschließungsantrag des Abgeordneten Wetzel und der Fraktion die Grünen/Bündnis 90. Bundestag Drucksache 11/8467. November 20, 1990) as a codicil to Chancellor Kohl's governmental declaration regarding the CSCE (now, the Organization for Security and Cooperation in Europe) summit on the end of the East-West confrontation. In the codicil the Greens insisted that the four point proposal of October 24th entitled "Einwanderung sowjetischer Juden in die BRD" stand as a permanent addendum. This resolution was to be the

---

[6] This assertion was based on several interviews with both government and extra governmental agencies.

last piece of federal legislation enacted before the first all German elections on December 1, 1990 and the precursor to the 1991 Quota Refugee Law.

The government and opposition parties were relatively successful in keeping the debate out of the public eye. An intensive review of German as well as international press during the time period revealed little media coverage (see, however, Reymann, 11/10/90; Ehre den Juden - jedem einzelnen, *Die Tageszeitung*, 11/10/90; Benjamin, 11/19/90). At the debate's conclusion, it was unanimously decided that specific aspects of the policy would be handled by a joint federal and state task force, as Laender government approval was necessary for any action to be taken. To this end, the resolution was referred to the parliament's Interior Committee on November 22nd, and from there it was referred to the individual Laender for consideration. Subsequently, the Interior Ministers of all 16 Laender gathered in Dresden on December 14th, to discuss various aspects of the policy and decide how it should be implemented. Their recommendations were forwarded to Chancellor Kohl, Federal Minister of the Interior Schäuble, German Foreign Minister Hans Dietrich Genscher, and Director of the Central Council of Jews in Germany Galinski.

As was evident in the Parliamentary Record (Plenum Protokoll) and documents (Bundestags Drucksache) the opposition parties were the principal advocates in the debate. They held the position held that Soviet Jews should be permitted to immigrate to Germany without regard to number. Furthermore, they brought this issue to the forefront, insisting that the Kohl government take action. On the other hand, the government, while acknowledging Germany's historical responsibility to Soviet Jewry, wanted to adopt a more conservative approach, arguing that a more managed and orderly strategy should be pursued rather than a hurried one. The government initially suggested adopting a quota of 3,000 Soviet-Jews to be admitted over a five year time frame (see, Die Schutzflehenden, 10/5/90, *Die Tageszeitung*; Vertrauensbeweis und Chance, 11/11/90. *Volksblatt Berlin*). Wishing to avoid an embarrassing situation, the Kohl government acquiesced and instead chose to adopt an expansive policy. All parties to the debate were of the opinion that Germany's historical relationship toward Soviet Jewry demanded that a common policy be found and an extended public discourse avoided. This "shroud of secrecy" also extended into the policy implementation process. Thus, the disagreement between the opposition parties and the Kohl government centered primarily around the swiftness of response and to the actual number who would be permitted to resettle.

Discussion and Summary

The debate centering around the immigration of Soviet Jews placed Germany in an awkward situation. Still haunted by its National Socialist past, it wanted to tighten immigration controls but did not want to be perceived as anti-Semitic. Furthermore, it also needed the full support of the Laender as they are responsible for administering most of the integration measures. The Laender, for their part, wanted assurances that a numerical quota be established. This was especially true of those goverened by the conservative parties, namely Bavaria and Baden Württemberg (Baumann, 7/17/95). In contrast, the Laender of North Rhine Westphalia and Hesse, controlled by the SPD, were fully prepared to take in a larger number of Soviet Jewish refugees than proposed by the Kohl government. North Rhine Westphalia Interior Minister Schnoor, for example, declared that the state was prepared to take in an annual quota of 10,000 (Schnoor: 10,000 Juden pro Jahr aufnehmen, 12/31/90. *Süddeutsche Zeitung*). At the first All German Conference of State Interior Ministers, Hesse Interior Minister Dr. Walter Wallman urged his colleagues to adopt a more liberal quota than the one proposed by the government (see, Juden aus der Sowjetunion. Heutige erst gesamtdeutsche Konferenz der Innenminister in Dresden, 12/14/90).

Foreign policy considerations, especially the relationship with Israel, influenced the legislative process. Throughout the debate, sensitivity to the position of Israel was never far from the minds of the legislators. The governing coalition maintained that both the Central Council of Jews in Germany and the state of Israel should be consulted. In 1987, Israeli Prime Minister Yitzhak Shamir, sought assurances from North American and Western European officials that Soviet Jews having exit visas for Israel not be accorded refugee status so that they would have to be resettled in Israel. The Federal Republic of Germany explained that because of its historic past it simply could not close its borders to Soviet Jews. Thus, Germany became the only Western European country to grant a special refugee status to Jews from the former Soviet Union (see, Goldman, 1987; Collins, 1991; Tress, 1995a).

After two parliamentary debates and limited public discussion the issue of Jewish migration from the Soviet Union was taken up by the government and formalized during the Conference of Minister-Presidents in early January 1991. An agreement was struck between Chancellor Kohl, Federal Interior Minister Schäuble, Foreign Minister Genscher, and the 16 Laender Minister Presidents of the newly unified Germany on January 9th. The accord permitted Jewish persons living in the territory of the former Soviet Union to enter legally and settle in the Federal Republic of Germany. This decision, based upon humanitarian grounds, came as a result of the increasing pressure on the FRG to "legalize" an estimated 8,500 who had already arrived in Germany. The new policy was based upon the legal provisions outlined in the Quota Refugee Law of 1980. This Law was established as part of the UNHCR Orderly Departure Program (ODP) for Vietnamese seeking to resettle abroad (see, Geschäftsbereich des Bundesministers des Auswärtigen. Bundestag Drucksache 8/3144. 7/21/79; Beratung des Antrags der Abgeordneten Dr. Todenhoefer, et. al. und der Fraktion der CDU/CSU. Deutscher Bundestag. Plenar Protokoll. 9/21/79; Gesetzentwurf der Fraktion der SPD und FDP. Entwurf eines Gesetzes über Maßnahmen für im Rahmen humanitärer Hilfsaktionen aufgenommene Flüchtlinge. Bundestag Drucksache 8/3752. 3/5/80). By the time the law was officially adopted an estimated 14,300 Vietnamese refugees already had resettled in West Germany (Geschäfts-bereich des Bundesministers des Innern. Bundestag Drucksache 8/4429. 7/23/80). The federal government subsequently raised the quota levels allotted to each particular state. By 1989, the year the program ended an estimated 33,680 Vietnamese had resettled legally within the Federal Republic. To a much lesser extent, the Law also was applied to political prisoners from Chile and Argentina - under which auspices 5,000 slots were set aside for Argentinean political refugees, and 400 slots for Chilean political refugees. These quotas were never filled. (Geschäftsbereich des Bundesministers des Innern. Bundestag Drucksache 8/4487. 9/3/80). In contrast, the 1991 Quota Refugee Law has already provided for the resettlement of some 76,000 Soviet Jews. According to government officials and policy advocates this number will continue to grow as there are no plans to stop the policy.

The initial effects of reestablishing the policy immediately "normalized" the status of some 8,535 Soviet Jews already in Germany (Schmitz, 8/8/95). Of these almost half (4,000) were in Berlin. Table 1.5 shows the initial distribution by Laender.

Table 1.5:   Distribution of Soviet Jews by State

Baden Württemberg	192	Lower Saxony	598
Bavaria	258	North Rhine Westphalia	1,810
Berlin	4,006	Rhineland Palatinate	27
Brandenburg	437	Saarland	7
Bremen	124	Saxony	177
Hamburg	83	Saxon-Anhalt	368
Hesse	245	Schleswig-Holstein	22
West Pommerania	105	Thuringa	41
Source: Federal Administrative Office, Quota Statistics, April 1995.			

As of January 1, 1998 over 148,000 permits to resettle have been allocated. Seen against Germany's pre-1990, Jewish population of approximately 30,000, the quota refugee policy has produced a three fold increase of the Jewish population in Germany since its adoption. Indeed, when we recall that in 1989 the Jewish population of East Germany was estimated at 4,000 persons before 1989 these figures are astounding. When asked about the policy's impact upon the German Jewish community, Ignatz Bubis, President of the Central Council of Jews in Germany stated that the revival *(belebung)* of Jewish culture in Germany was largely dependent upon the continued migration of Soviet Jews (Bubis, 8/28/95). Benjamin Bloch, Director of the Central Welfare Board of Jews in Germany (Zentralwohlfahrtsstelle der Juden in Deutschland, e.V. also known under its German acronym ZWST) notes that in the wake of 75 years of communist ideology forbidding religious practice, an immediate challenge for Germany's Jewish communities is to re-introduce Soviet Jews to Jewish traditions and customs (Bloch, 4/12/95). To this end, the Central Welfare Board of Jews, and the respective local Jewish communities are working in concert in order to provide the necessary religious instruction.

Bibliography

Aleinikoff, Thomas A., David A. Martin, and Hiroshi Motomura (1995): *Immigration Process and Policy*, 3rd edition. St. Paul: West Publishing.

Alexander, Zvi (1981): Jewish Emigration from the USSR in 1980. *Soviet Jewish Affairs*, 11:2:3-21.

Amt für multikulturelle Angelegenheiten - Frankfurt (1990): Neues Aufnahmeverfahren zur Anerkennung als Vertriebener. Frankfurt, June 28, 1990.

Amt für multikulturelle Angelegenheiten (1991): *Kurze Merknotiz zur Situation osteuropäischer Juden in der BRD und Osteuropa*. Frankfurt, March 18, 1991.

Anderson, James, David W. Brady, and Charles Bullock, III (1984): *Public Policy in the United States, 2nd ed.* Monterey: Brooks/Cole.

Antrag auf der Bundesdelegiertenkonferenz der Grünen am 23.09.1990 in Bayreuth. Keine Beschränkung der Einreise für sowjetische Juden nach Deutschland.

Antragsfreiheit bald vorbei? October 1, 1990. *Die Tageszeitung*. Berlin.

Aufnahmepraxis für sowjetische Juden in der DDR weiter unklar. June 7, 1990. *Die Tageszeitung*. Berlin.

Azzola, Axel (1990): Die Zugehörigkeit deutscher Juden zum "deutschen Volkstum" im Sinne von Artikel 6 BVFG und die Anwendbarkeit des BVFG auf jüdische Antragsteller. Darmstadt.

Baumann, Johannes (1995): Ministerial Director, ethnic German and Soviet Jewish Immigration. Interview with the author. July 17, 1997. Ministry of Labor, Health and Social Welfare - North Rhein Westphalia. Düsseldorf.

Benjamin, Daniel. November 19, 1990. Destination Haunted Ground. *Time*.

Berlin Senate (1995): Interview with office staff of Barbara John (CDU) Deputy for Foreigner Concerns. Berlin Senate. April 6, 1995.

Bloch, Benjamin (1995): Director, Central Welfare Board of Jews in Germany. Interview with the author, April 12, 1995. Frankfurt.

Bodemann, Y. Michal (1992): Federal Republic of Germany. In, David Singer and Ruth R. Seldin, eds., *American Jewish Year Book 1992*. Philadelphia: The Jewish Publication Society.

Bonn soll Juden Zuflucht bieten: Appell an deutsche Verantwortung für Verfolgte aus UdSSR. April 28, 1990. *Frankfurter Rundschau*. Frankfurt am Main.

Brym, Robert J. and Rozalina Ryvkina (1994): *The Jews of Moscow, Kiev and Minsk: Identity, Antisemitism, Emigration*. New York: New York University Press.

Bubis, Ignatz (1995): Jews in Germany Fifty Years After the War. Public Lecture and discussion. August 28, 1995. Münster.

Burchard, Amory and Ljudmila Duwidowitsch (1994): *Das russische Berlin*. Die Ausländerbeauftragte des Senats. Berlin.

Cameron, David (1984): Social democracy, corporatism, labor quiescence, and the representation of economic interests in advanced capitalist society. In, John H. Goldthorpe, ed., *Order and conflict in in contemporary capitalism.* Oxford: Oxford University Press.

Castles, Stephen and Godula Kosack (1985): *Immigrant Workers and Class Structure in Western Europe.* London: Oxford University Press.

Cobb, Roger W. and Charles W. Elder (1972): *Participation in American Politics: The Dynamics of Agenda-Building.* Boston: Allyn & Bacon.

Cobb, Roger W. , Jennie-Keith Ross, and Marc Howard Ross (1976): Agenda Building as a Comparative Political Process. *American Political Science Review,* 70:1:126-138.

Collins, Frank (1991): As Soviet Jews Seek Other Destinations, Israel Blocks the Exits. *The Washington Report on Middle East Affairs,* August/September 1991.

Cook, Fay Lomax (1981): Crime and the Elderly: The Emergence of a Policy Issue. In, Dan A. Lewis, ed. *Reactions to Crime.* Beverly Hills: Sage.

Das neue Deutschland und die Sorgen der Juden. July 5, 1990. *Frankfurter Allgemeine Zeitung.* Frankfurt am Main.

Der Niedersächsische Minister des Innern (1990): Ausländerrecht: Zuwanderung jüdischer Emigranten aus der Sowjetunion, April 26, 1990. Hannover.

Die Grünen im Landtag - Hessen (1990): Keine Beschränkung der Einreise sowjetischer Juden nach Deutschland. September 27, 1990. Wiesbaden.

Die Schutzflehenden: Künstler für freie Einreise für sowjetische Juden. October 5, 1990. *Die Tageszeitung.* Berlin.

Downs, Anthony (1972): Up and Down with Ecology: The Issue Attention Cycle. *Public Interest,* 28:38-50.

Dyson, Kenneth (1982): West Germany: The Search for a Rationalist Consensus. In, Jeremy Richardson, ed., *Policy Styles in Western Europe.* London: George Allen & Unwin.

Edelman, Murray (1964): *The Symbolic Uses of Politics.* Urbana: University of Illinois Press.

"Ehren den Juden - jedem einzelnen." November 10, 1990. *Die Tageszeitung.* Berlin.

Ergebnisprotokoll der Dienstbesprechung über jüdische Kontigentflüchtlinge am 12.03.96. Ministerium für Arbeit, Gesundheit, und Soziales Nordrhein Westfalen. March 12, 1996. Düsseldorf.

Federal Republic of Germany (1978): Deutscher Bundestag - 8. Wahlperiode - 119. Sitzung. Plenarprotokoll. November 29, 1978. Bonn.

Federal Republic of Germany (1979): Deutscher Bundestag - 8. Wahlperiode - 144. Sitzung. Plenarprotokoll. March 15, 1979. Bonn.

Federal Republic of Germany (1979): Geschäftsbereich des Bundesministers des Auswärtigen. Bundestagsdrucksache 8/3144. July 20, 1979. Bonn.

Federal Republic of Germany (1979): Beratung des Antrags der Abgerodneten Dr. Todenhöfer, et.al., und der Fraktion der CDU/CSU Vietnamflüchtlinge. Deutscher Bundestag - 8. Wahlperiode - 173. Sitzung. Plenarprotokoll. September 21, 1979. Bonn.

Federal Republic of Germany (1980): Gesetzentwurf der Fraktionen der SPD und FDP. Entwurf eines Gesetzes über Maßnahmen für im Rahmen humanitärer Hilfsaktionen aufgenommene Flüchtlinge. Bundestagsdrucksache 8/3752. March 5, 1980. Bonn.

Federal Republic of Germany (1980): Geschäftsbereich des Bundesministers des Innern. Antwort des Parlamentarischen Staatssekretärs von Schoeler vom 3. September. Bundestagsdrucksache 8/4487. September 3, 1980. Bonn.

Federal Republic of Germany (1990): *Deutschland Archiv, 23*. Volkskammer Declaration on German History, April 12, 1990, Berlin.

Federal Republic of Germany (1990). *CDU Texte 3/90: Politik für unser Volk: demokratisch, entschlossen, umsichtig*. Regierungserklärung des Ministerpräsidenten Lothar de Maziere, abgegeben am 19. April 1990 vor der Volkskammer der Deutschen Demokratischen Republik. Berlin.

Federal Republic of Germany (1990): Antrag auf Aufnahme in die Bundesrepublik Deutschland. Bundesverwaltungsamt, Cologne.

Federal Republic of Germany (1990): Antrag des Abgeordneten Wetzel und der Fraktion Bündnis 90/ Die Grünen. Einwanderung sowjetischer Juden in die Bundesrepublik Deutschland. Bundestagsdrucksache 11/8212. October 24, 1990. Bonn.

Federal Republic of Germany (1990): Aktuelle Stunde. Einreise für Juden aus Osteuropa. Deutscher Bundestag - 11. Wahlperiode - 231 Sitzung. Plenarprotokoll. October 25, 1990. Bonn.

Federal Republic of Germany (1990): Kleine Anfrage der Abgeordneten Frau Trenz und der Fraktion. Bündnis 90/ Die Grünen. Einwanderungsoption für sowjetische Jüdinnen und Juden. Bundestagsdrucksache 11/8315. October 25, 1990. Bonn.

Federal Republic of Germany (1990): Beratung des Antrags des Abgeordneten Wetzel und der Fraktion die Grünen. Deutscher Bundestag - 11. Wahlperiode - 234 Sitzung. Plenar Protokoll. October 31, 1990. Bonn.

Federal Republic of Germany (1990): Antwort der Bundesregierung. Deutscher Bundestag - 11. Wahlperiode. Drucksache 11/8439. November 14, 1990. Bonn.

Federal Republic of Germany (1990) Bundesgesetzblatt I - Law Concerning Measures in the Framework of Humanitarian Help for Refugees of 1980 as amended in the New Foreigner Law of 1990. Bonn.

Federal Republic of Germany (1995): Verteilung jüdischer Emigranten aus der ehemaligen Sowjetunion. Quotenstatistik. April 1, 1995. Cologne.

Federal Republic of Germany (1996): Verteilung jüdischer Emigranten aus der ehemaligen Sowjetunion. Quotenstatistik. October 1, 1996. Cologne.

Findley, Paul (1991): Israel's Campaign for $10 Billion More: Far-Out Fantasy or Attainable Dream? *The Washington Report on Middle East Affairs*, August/September 1991.

Freedman, Robert O. (1989): Soviet Jewry as a Factor in Soviet-Israeli Relations. In Robert O. Freedman, ed., *Soviet Jewry in the 1980's*. Durhan, NC: Duke University Press.

Gabriel, Oscar W. (1989): Federalism and Party Democracy in West Germany. *Publius*, Fall 1989.

Galinski will freie Einreise für Juden aus der UdSSR. September 22, 1990. *Süddeutsche Zeitung, München.*

German Democratic Republic (1990): *Gesetzblatt der Deutschen Demokratischen Republik*, Teil 1, Nr. 48. Durchführungsverordnung zum Gesetz über die Gewährung des Aufenthaltes für Ausländer in der Deutschen Demokratischen Republik - Ausländergesetz - über die Gewährung von Asyl (Asylverordnung) vom 11. Juli 1990. Berlin, den 8. August 1990.

Gitelman, Zvi (1992): Recent Demographic and Migratory Trends Among Soviet Jews: Implications for Policy. *Post-Soviet Geography,* 33:3:139-145.

Goldman, Ari L. March 1, 1987: Israel Asking U.S. to Bar Soviet Jews. *New York Times.*

Hancock, M. Donald (1989): *West Germany: The Politics of Democratic Corporatism.* Chatam, NJ: Chatham House Publishers, Inc.

Hauff, Volker (1990): Rede anläßlich des Empfangs für die ehemaligen jüdischen Mitbürger, May 9, 1990. Frankfurt.

Homann-Dennhardt, Christine (1990): Magistrats-Beschluss über die Verfahrungsweise bei der Bearbeitung von Aufträgen jüdischer Emigranten aus der Sowjetunion bzw. Osteuropa." August 7, 1990. Frankfurt am Main.

Jarausch, Konrad H. and Volker Gransow, eds. (1994): *Uniting Germany: Documents and Debates, 1944-1993.* Providence, RI: Berghahn Books.

Jasper, Willi, Julius H. Schoeps, and Bernhard Vogt (1995): Antisemitismus in Rußland und Deutschland: Alte und neue Feinbilder. *Telaviver Jahrbuch für Deutsche Geschichte.* Herausgegeben vom Institut für Deutsche Geschichte Universität Tel Aviv. Bleicher Verlag.

Joppke, Christian (1995): *East German Dissidents and the Revolution of 1989: Social Movement in a Leninist Regime.* New York: New York University Press.

Juden aus der Sowjetunion. Heutige erste gesamtdeutsche Konferenz der Innenminister in Dresden, December 14, 1990. Dresden.

Katzenstein, Peter J. (1984): *Corporatism and Change: Austria, Switzerland and the Politics of Industry.* Ithaca: Cornell University Press.

Katzenstein, Peter J. (1987): *Policy and Politics in West Germany: The Growth of a Semisovereign State.* Philadelphia: Temple University Press.

Kessler, Edith (1995): Social Worker. Jewish Community of West Berlin. Interview with the author, April 6, 1995.

Kingdon, John W. (1984): *Agendas, Alternatives, and Public Policies.* Harper Collins.

Kukatzki, Bernhard (1990): Regelung der Stadt Frankfurt für osteuropäischer jüdische Emigranten. Die Grünen Fraktion Bezirkstag der Pfalz. Schifferstadt.

Mehrländer, Ursula (1978): Bundesrepublik Deutschland. In, Ernst Gehmacher, Daniel Kubat, and Ursula Mehrländer, eds., *Ausländerpolitik im Konflikt: Arbeitskräfte oder Einwanderer?* Bonn: Neue Gesellschaft.

Nelson, Barbara J. (1984): *Making an Issue of Child Abuse: Political Agenda Setting for Social Problems*. Chicago: University of Chicago Press.

Osmond, Jonathan (1992): *German Reunification: A Reference Guide and Commentary*. New York: Longman Current Affairs.

Passeintrag "Jude" gilt immer noch als "nicht deutsch." September 9, 1990. *Evangelische Kirchenzeitung für Hessen und Nassau*. Frankfurt am Main.

Pear, Robert. December 12, 1988. U.S. Bars Some Soviet Jews and Armenians as Refugees. *New York Times*.

Pear, Robert. September 3, 1989a. U.S. Drafts Plans to Curb Admission of Soviet Jews. *New York Times*

Pear, Robert. September 14, 1989b. Emigres' Stooped Ceiling. Soviets Ease Exits, but U.S. Curbs Entries and Would-Be Refugees Are Caught in Gap. *New York Times*.

Pear, Robert. September 24, 1989c. Why U.S. Closed the Door Halfway on Soviet Jews. *New York Times*.

Polsby, Nelson (1971): Policy Initiation in the American Political System. In, Irving L. Horowitz, ed. *The Use and Abuse of Social Science*. New Brunswick, NJ: Transaction Books.

Refugee Reports. September 22, 1989. Soviet Jews no longer accorded automatic approval.

Regierungspräsidium - Hessen. Ausländerrecht: Einreise jüdischer Emigranten in die Bundesrepublik Deutschland zum dauernden Aufenthalt, May 15, 1990. Wiesbaden.

Reymann, Christiane. November 10, 1990. Das "deutsche Volkstum" und der gelbe Stern. *Neues Deutschland*.

Rist, Ray (1978): *Guestworkers in Germany: The Prospects for Pluralism*. New York: Präger.

Ro'i, Yaacov (1991): *The Struggle for Soviet Jewish Emigration: 1948-1967*. New York: Cambridge University Press.

Runge, Irene (1995a): *Ich bin kein Russe: Jüdische Zuwanderung zwischen 1989 und 1994*. Berlin: Dietz Verlag.

Runge, Irene (1995b): Personal interview with the author. August 21, 1995.

Satalin, Laurie P. (1991): *Politics and Nationality in Contemporary Soviet-Jewish Emigration, 1968-89*. New York: St. Martin's Press.

Samuels, Shimon (1990): European Director, Simon Wiesenthal Center. Letter to Daniel Cohn- Bendit, October 24, 1990. Frankfurt am Main.

Scharpf, Fritz W. (1995): Federal Arrangements and Multi-Party Systems. *Australian Journal of Political Science*, 30:27-39.

Schmitz, Christel (1995): Director, Abteilung IV - Soviet Jewish Immigration, Bundesverwaltungsamt. Interview with the author. August, 8, 1995. Cologne.

Schnoor: 10.000 Juden pro Jahr aufnehmen. December 31, 1990. *Süddeutsche Zeitung*. München.

Soviet Jews Seek Haven in East Germany. June 26, 1990. *International Herald Tribune*.

Thaysen, Uwe (1990): *Der Runde Tisch. Oder: Wo blieb das Volk?* Opladen: Leske und Budrich.

Tress, Madeleine (1995a): Soviet Jews in the Federal Republic of Germany: the Rebuilding of a Community. *The Jewish Journal of Sociology,* 35:1:39-54.

Tress, Madeleine (1995b): How Welfare States Make a Difference: The Integration of Soviet Jewish Refugees in the United States and the Federal Republic of Germany. Presented at the annual meeting of the American Sociological Association, Washington, D.C. August 19 -23, 1995.

Tress, Madeleine (1996): Interview with the author, December 16, 1996.

U.S. Congress, Senate. (1958): *The Soviet Empire: Prison House of Nations and Races, A Study of Genocide, Discrimination, and Abuse of Power.* 85th Cong., 2nd sess. pp. 23-25, 58-60 and 69-70. Washington: Government Printing Office.

U.S. Congress, Senate. (1990): Deputy Secretary of State Lawrence Eagleburger. Statement before the Senate Foreign Relations Committee. *Soviet Refugee Admission.* October 3, 1990.

Vertrauensbeweis und Chance: Deutschland ist den Juden als nur Wiedergutmachungszahlung schuldig. November 11, 1990. *Volksblatt Berlin.*

Vogel, Hans-Josef (1990): Anerkennung von jüdischen Emigranten als Vertriebene. August 31, 1990. Der Oberstadtdirektor - Stadt Münster.

Zentralwohlfahrtsstelle der Juden in Deutschland, e.V. (1995): *Mitgliederstatistik der einzelnen Jüdischen Gemeinden und Landesverbände in Deutschland per 1. Januar 1995.* Frankfurt.

Zimmerling and Zimmerling, eds., (1990): *Neue Chronik DDR*, Vol. 2. Berlin.

Zucker, Norman L. & Naomi Fink Zucker (1987): *The Guarded Gate: The Reality of American Refugee Policy.* San Diego: Harcourt Brace Jovanovich).

Zucker, Norman L. & Naomi Fink Zucker (1996): *Desperate Crossings: Seeking Refuge in America.* Amornak, NY: M.E. Sharpe Publishing Company.

Markus Schaefer/ Dietrich Thränhardt

Inklusion und Exklusion: Die Italiener in Deutschland

1.   Inklusion und Exklusion

"Vergleichsweise unauffällig sind EU-Inländer, d. h. die Staatsangehörigen aus den 14 weiteren Mitgliedstaaten der Europäischen Union, die in ihrer sozialen Zusammensetzung und kulturell den Deutschen besonders nahe stehen."[1] So faßte die Bundesregierung 1996 die Lage in bezug auf die Kriminalitätsentwicklung zusammen, sie gab dabei gleichzeitig eine allgemein verbreitete Einschätzung wieder. Während Italiener in den fünfziger Jahren für die Deutschen noch das Andere und das Fremde repräsentierten und in positiver wie in negativer Hinsicht als Kontrastgruppe für die Eigendefinitionen der Deutschen dienten, gelten sie heute als nahestehende Europäer. Die Rolle des "Anderen" wird nun Türken und vor allem Nichteuropäern zugewiesen, sie stehen im Rampenlicht der öffentlichen Meinung.

Für die sechshunderttausend Italiener in Deutschland ist dies einerseits entlastend. Sie werden weithin als zugehörig empfunden und aggressive Anschläge - wie im März 1997 in Detmold - gelten als grob kriminelles Außenseitertum. Italiener in Deutschland repräsentieren auch viele Erfolgkarrieren, sowohl im Lande wie nach der Rückkehr nach Italien. Man erinnere sich an den Mailänder Untersuchungsrichter und späteren Minister di Pietro, lange Zeit die populärste Figur Italiens. Er hatte in Baden-Württemberg gearbeitet und dort das Geld verdient, mit dem er Jura studierte. Im gleichen Sinne sind italienische Eisdielen, Pizzerias, Spaghetti und Opernsänger aus dem deutschen Leben nicht wegzudenken. Andererseits können diese Erfolgs- und Integrationsgeschichten die Probleme nicht verdecken, die weiterhin bestehen. Dies gilt für neu

---

[1] Die Kriminalität in der Bundesrepublik Deutschland, in: Presse- und Informationsamt der Bundesregierung, Bulletin Nr. 37, 10.5.1996, S. 386. In dieser Statistik tauchen Spanier und Portugiesen überhaupt nicht auf, im Gegensatz zu Briten, Amerikanern, Österreichern und Bulgaren. Die polizeilichen Kriminalitätsziffern sind bei den Italienern sind von 8,0 % im Jahre 1987 auf 4,5 % im Jahre 1995 gesunken, bei den Griechen von 3,1 % auf 1,9 %.

einreisende Italiener, die ein Chance auf dem Arbeitsmarkt suchen und ebenso für ältere Alteingesessene. Ein dramatisches Bild zeigen auch die Schulstatistiken Baden-Württembergs und Bayerns, nach denen mehr als jedes zehnte Kind italienischer Staatsangehörigkeit auf eine Sonderschule geht, eine Prozentzahl, die einmalig hoch ist. Und auch von in Deutschland alt gewordenen ehemaligen Gastarbeitern hört man immer wieder, sie hätten eine *vita spezzata* gehabt. Schließlich sollte die eingangs zitierte Kriminalstatistik, in der ja nur gemeldete Delikte erfaßt werden, nicht zu Selbstzufriedenheit verleiten. Man wird nachdenklich, wenn man hört, wie viele Pizzerien in einer westfälischen Provinzstadt abbrennen, ohne daß die Polizei einen Ansatzpunkt zum Eingreifen findet. Nicht umsonst werden die deutschen Behörden in dieser Hinsicht zuweilen von den italienischen kritisiert.

Im folgenden soll versucht werden, die soziale Lage der Italiener in Deutschland zu beschreiben. Dabei geht es nicht um die Schilderung von Einzelschicksalen, dies können die Betroffenen selbst und die Sozialberater besser. Es geht um eine Gesamteinschätzung, die positive Entwicklungen ebenso wie Problematisches schildert und abschließend zu erläutern versucht, wo die Punkte liegen, in den Verbesserungen nötig und erfolgversprechend sind. Die Datenlage ist insgesamt befriedigend, da die deutsche Nichteinbürgerungspolitik zu guten Abgrenzungsmöglichkeiten anhand der Staatsangehörigkeit führt. Im folgenden stützen wir uns im wesentlichen auf Daten des Statistischen Bundesamtes und auf Ergebnisse einer systematischen Untersuchung im Auftrag des Ministeriums für Arbeit, Gesundheit und Soziales des Landes Nordrhein-Westfalen.[2]

2. Die Rahmenbedingungen

Die deutsch-italienischen Beziehungen sind von großer Dichte und Vielfältigkeit. Deutschland ist der größte Handelspartner Italiens, Italien der drittgrößte Deutschlands. Besonders zwischen

---

[2] Dietrich Thränhardt/ Renate Dieregsweiler/ Martin Funke/ Bernhard Santel, Ausländerinnen und Ausländer in Nordrhein-Westfalen. Die Lebenslage der Menschen aus den ehemaligen Anwerbeländern und die Handlungsmöglichkeiten der Politik, Düsseldorf 1994.

Norditalien und Süddeutschland sind und waren die Kontakte immer sehr intensiv. Die politischen Beziehungen sind eng und verhältnismäßig unkompliziert, da beide Länder stabile Befürworter der europäischen Einigung, der westlichen Integration und einer Friedenspolitik sind. Irritationen wie die Befürwortung der Teilung Deutschlands durch Andreotti oder arrogante deutsche Aussagen zur italienischen Währung bleiben vordergründig und vorübergehend. Der deutsch-italienische Vertrag von 1955, auf dem die neuere Zuwanderung von Italienern beruht, gehört in den Kontext konstruktiver Neustrukturierung der Beziehungen nach dem zweiten Weltkrieg. Er diente ebenso wie die Ankurbelung des deutschen Tourismus nach Italien dem Ausgleich der einseitigen Exportbilanz.[3]

Die Stereotypen, die sich in diesem Rahmen in den fünfziger Jahren wieder entfalteten, beruhen auf alten Traditionen, die sich zum Teil bis auf die Antike zurückführen lassen. Den Italienern wird in diesem Zusammenhang Emotion, Temperament, dolce far niente, Eleganz, Traditionalität und Menschlichkeit zugeschrieben, den Deutschen Effizienz, Organisationstalent, Modernität und Ordnung. Schon Tacitus hatte in seiner Germania den Römern eine Art Erziehungsbuch geschrieben, in dem die Germanen den Platz der einfachen, sittenreinen und unzivilisierten Barbaren einnahmen. Seit der Renaissance wurden diese antiken Stereotypen wiederentdeckt und weiterentwickelt. Die Zugehörigkeit zum Sacrum Imperium im Mittelalter, in dem Italien das Sacerdotium und Deutschland das Imperium zugeschrieben wurde, die Reformation in Deutschland und die Kriege im 19. und 20. Jahrhundert, besonders aber die Endphase des zweiten Weltkriegs schufen weitere Stereotypen, die wiederum unterschiedlich verarbeitet wurden - man denke an neorealistische Filme wie *Roma città aperta* oder *La lunga notte del 43*. Auch der moderne Tourismus baut auf diesen kulturellen Zuschreibungen auf und macht das *Land, wo die Zitronen blühn*, zu einem Massenerlebnis. Italien hat also in der deutschen Vorstellung einen bestimmten Platz, noch der ironische Ausdruck *Toscana-Fraktion* macht das deutlich. Ohne Italien ist die Entwicklung der deutschen Kultur nicht vorstellbar.

---

[3] Johannes-Dieter Steinert, Westdeutsche Wanderungspolitik, internationale Wanderungskooperation und europäische Integration 1945-1961, Univ., Diss., Osnabrück 1994.

Schaubild 1: **Ausländer aus den ehemaligen Anwerbeländern in Deutschland 1974-1996 (in Tausend)**

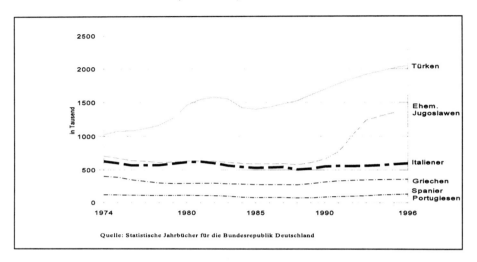

Quelle: Statistische Jahrbücher für die Bundesrepublik Deutschland

Schaubild 2: **Italiener in Deutschland 1974-1996 (in Tausend)**

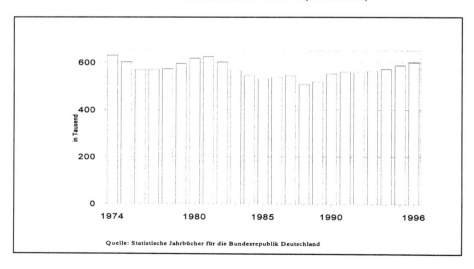

Quelle: Statistische Jahrbücher für die Bundesrepublik Deutschland

Schaubild 3:   **Ausländische sozialversicherungspflichtig Beschäftigte 1975-1996 nach Staatsangehörigkeit (früheres Bundesgebiet)**

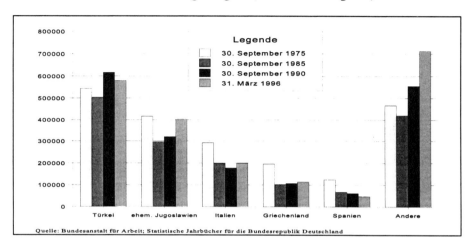

Quelle: Bundesanstalt für Arbeit; Statistische Jahrbücher für die Bundesrepublik Deutschland

Schaubild 4:   **Ausländische Bevölkerung, ausländische Beschäftigte und ausländische Arbeitslose 1961-1996 in Deutschland (in Tausend)**

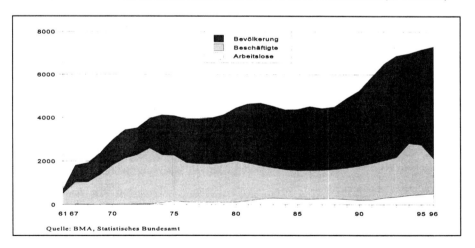

Quelle: BMA, Statistisches Bundesamt

Italiener waren seit 1955 und in relevanten Zahlen seit 1961 die erste und zunächst weitaus größte Gruppe ausländischer Arbeitskräfte. Wie auch die Caritas-Tradition der Beratung zeigt, sind zudem schon seit dem Kaiserreich italienische Arbeitskräfte angeworben worden, u. a. für den Bahnbau. Seit dem Ende der Anwerbungen 1973 blieb die Zahl der Italiener in Deutschland ziemlich konstant und schwankte um den Wert von 600.000, mit kleineren Zu- und Abnahmen je nach Wirtschaftslage. Dieser gleichbleibende Saldo verdeckt allerdings mehrere langfristige Entwicklungen:

- Einmal eine gewisse Rückwanderung von Arbeitskräften seit dem Anwerbestopp von 1973, die sowohl in den sinkenden Beschäftigungszahlen wie auch beim hohen Anteil italienischer Bezieher deutscher Renten deutlich wird (Schaubilder 3 und 5). Die Rückwanderung überwog die Zuwanderung von Arbeitskräften aus Italien, die wegen der EWG-Mitgliedschaft in größerer Freiheit möglich war als bei anderen Gruppen, was wiederum eine gewisse Instabilität des Aufenthalts begünstigte. Italiener wanderten hin und her, sowohl individuell als auch intergenerational. Statistisch läßt sich diese Entwicklung bis heute daran demonstrieren, daß es bei den Italienern in Deutschland eine stärkere Ungleichverteilung zwischen Männern und Frauen gibt als bei allen anderen Einwanderergruppen (Schaubild 7). Italiener haben auch eine kürzere Zugehörigkeit zu ihrem jeweiligen Betrieb als Spanier und sogar als Türken.[4]

- Zweitens die Geburt von Kindern italienischer Staatsangehörigkeit in Deutschland, vor allem in der Zeit der Niederlassung der Familien in den Jahren nach dem Anwerbestopp. Allein in den zehn Jahren von 1975 bis 1984 wurden 92.825 Kinder geboren, die nur die italienische Nationalität besaßen. Seit 1984 sanken die Geburtenzahlen auf etwas über 6.000 pro Jahr ab. Es ist nicht möglich, genau anzugeben, wie viele der heute in Deutschland lebenden Menschen italienischer Nationalität auch in Deutschland geboren sind, da es vielfältige Hin- und Herbewegungen gegeben hat. Nach einer vorsichtigen Schätzung anhand der vorliegenden Zahlen dürfte

---

[4] Thränhardt u. a., Ausländerinnen, S. 89.

immerhin ein Drittel sein. Hätte Deutschland ein ius soli wie die USA, so wären diese Einwohner deutsche Staatsangehörige und unsere Statistik würde nur 400.000 Italiener zählen.

- Drittens die tendenzielle Normalisierung der Bevölkerungsstruktur, die sich mit dem Älterwerden der ursprünglich angeworbenen Menschen ergibt. Nur zum Teil sind diese Menschen nach Italien zurückgekehrt, ein Teil lebt auch als Rentner in Deutschland oder hat sich selbständig gemacht. Wichtig in dieser Beziehung sind auch die Familienbindungen einschließlich der Ehen mit Deutschen. Vergleicht man die verschiedenen Gruppen, so haben die Spanier im Durchschnitt das höchste Alter, während sich bei den türkischen Staatsangehörigen[5] deutlich eine Drei-Generationen-Entwicklung abzeichnet. Bei den Italienern ergibt sich eine stärkere Gleichmäßigkeit der Entwicklung und die jüngste Erwerbsgeneration stellt deutlich die stärkste Gruppe dar, insbesondere bei den Männern.

- Qualitativ und quantitativ relevant sind auch die Geburten aus deutsch-italienischen Verbindungen. In Deutschland waren dies zwischen 1974 und 1994 insgesamt etwa 78.000.[6] Es ist anzunehmen, daß sie in ihrer großen Mehrzahl noch in Deutschland leben bzw. eine gewisse Auswanderung durch Zuwanderung von Deutsch-Italienern ausgeglichen wird, die in Italien geboren worden sind. 1993 machten die Geburten aus deutsch-italienischen Verbindungen schon 43 Prozent aller italienischen Geburten in Deutschland aus, und zwar mit deutlich steigender Tendenz (Tabelle 1). Dies ist deutlich weniger als bei den Spaniern, deren statistische Zahl in Deutschland sich dementsprechend ständig verringert. Es bedeutet aber gleichzeitig, daß es eine immer höhere Zahl von Doppelstaatlern gibt, die aus gemischten Ehen stammen. Die Deutsch-Italiener sind dabei zahlenmäßig eindeutig die größte Gruppe. Während der deutsche Staat wenig für die Einbürgerung von Italienern tut, trägt das Heiratsverhalten junger Italiener(innen) und Deutscher viel dazu bei. Aus den gemischten Ehen gehen seit der Einführung der Gleichberechtigung bei der Weitergabe der Staatsangehörigkeit immer mehr Doppelstaatler hervor. Die

---

[5] Alle statistischen Angaben beziehen sich auf die Staatsangehörigkeit. Diese kann bei großen Gruppen - wie bei vielen Kurden mit türkischer Staatsangehörigkeit - nicht mit der ethnischen Zugehörigkeit bzw. der eigenen Identifikation übereinstimmen.

[6] Die Zahlen werden erst ab dem Jahr 1974 im Statistischen Jahrbuch angegeben.

Einbürgerungsraten von Italienern in Deutschland sind äußerst niedrig, da die meisten Italiener sich die Perspektive der Rückkehr offen halten. Auch bei Umfragen geben relativ wenige Italiener den Wunsch nach Einbürgerung an, da sie einerseits keine Chance dazu haben, ohne ihre alte Staatsangehörigkeit aufzugeben, andererseits aber in einem relativ gefestigten Rechtsstatus leben. Obwohl die Einwanderung nun schon 42 Jahre alt ist, bleiben die italienischen Einwanderer damit immer noch in einem Provisorium, das ihre soziale Integration nicht vollständig werden läßt. Diese Tatsache steht im Gegensatz zu den Entwicklungen in Frankreich, Schweden, Belgien und den Niederlanden und findet nur in der Schweiz und in Luxemburg Parallelen.

- Deutschland und Italien sind heute gleichermaßen mit massiven demographischen Defiziten konfrontiert, beide Länder reproduzieren weniger als zwei Drittel ihrer Bevölkerung und gehören damit weltweit zu den Ländern mit den geringsten Geburtenzahlen. Für unseren Zusammenhang führt dies zu dem Faktum, daß es seit etwa 1980 keinen demographischen Druck aus Italien nach Deutschland mehr gibt, sondern einen gewissen Wanderungsüberschuß in Richtung Italien, vor allem wenn man die Deutschen mitzählt, die sich in Italien niederlassen. Dabei schwanken die Zahlen von Jahr zu Jahr in geringem Umfang hin und her.

Schaubild 5:   **Vertragsrenten an Ausländer (Gesetzliche Rentenversicherung) Rentenbestand am 31.12.1996 (Bundesrepublik Deutschland)**

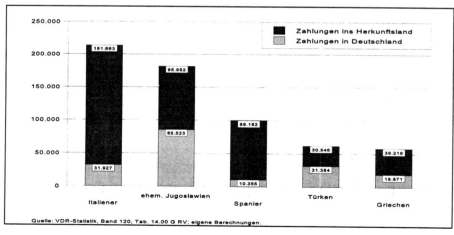

Quelle: VDR-Statistik, Band 120, Tab. 14.00 G RV; eigene Berechnungen.

Schaubild 6:   **Überweisungen in die Herkunftsländer im Jahr 1991**

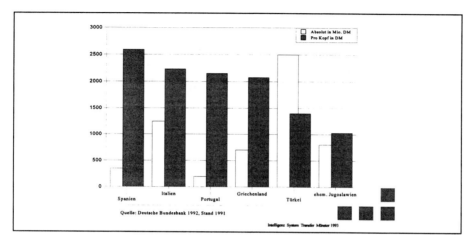

Quelle: Deutsche Bundesbank 1992, Stand 1991

Intelligenz System Transfer Münster 1993

Tabelle 1:   **Geburten aus deutsch-ausländischen und aus ausländischen Ehen**

	Geburten aus ausländischen Ehen				Geburten aus deutsch-ausländischen Ehen				*Anteil in %*
	1980	1986	1990	1995	1980	1986	1990	1995	*1995*
Türken	39.658	28.153	43.921	41.733	1.336	2.035	2.572	4.275	9,3
ehem. Jugosl.	9.287	3.937	4.870	7.121	2.454	1.969	2.505	1.789	20,1
Italiener	*9.871*	*5.715*	*6.096*	*4.776*	*3.819*	*3.875*	*4.258*	*3.728*	*43,8*
Griechen	3.904	2.217	3.124	3.578	834	844	1.022	1.071	23,0
Spanier	1.723	670	495	305	1.068	1.054	1.238	1.201	79,7
Quelle: Statistische Jahrbücher für die Bundesrepublik Deutschland; eigene Berechnungen									

Schaubild 7: Verhältnis Frauen-Männer bei den in Deutschland lebenden Ausländergruppen aus den ehemaligen Anwerbeländern am 31.12.1996

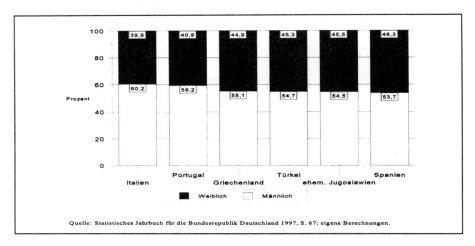

Quelle: Statistisches Jahrbuch für die Bundesrepublik Deutschland 1997, S. 67; eigene Berechnungen.

Schaubild 8: Altersstruktur der in Deutschland lebenden Spanier* am 31.12.1994

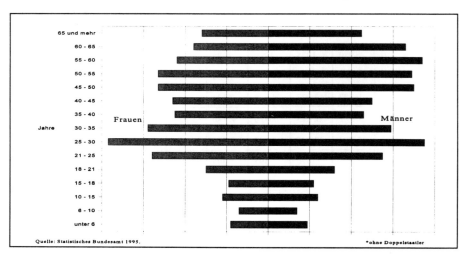

Quelle: Statistisches Bundesamt 1995. *ohne Doppelstaatler

Schaubild 9: **Altersstruktur der in Deutschland lebenden Türken* am 31.12.1994**

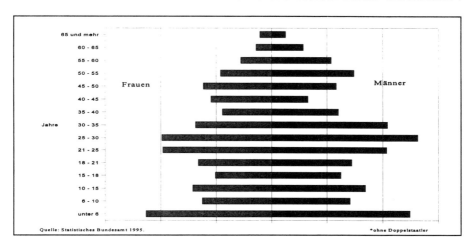

Schaubild 10: **Altersstruktur der in Deutschland lebenden Italiener* am 31.12.1994**

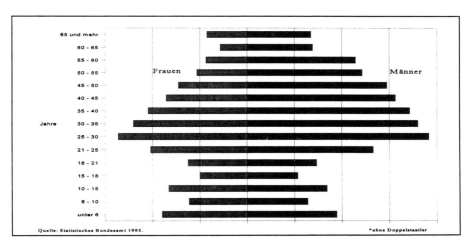

159

Schaubild 11:   **Altersstruktur der in Deutschland lebenden Griechen***
                    am 31.12.1994

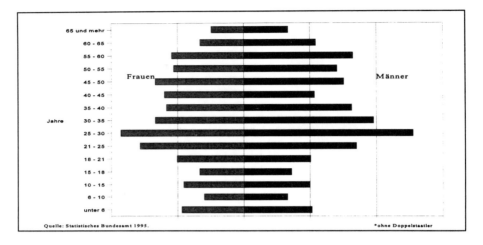

Quelle: Statistisches Bundesamt 1995.   *ohne Doppelstaatler

3.   Soziale Lage

Betrachtet man die deutschen Städte, so ist es keine Überraschung, daß der Selbständigenanteil bei den Italienern größer ist als bei anderen Ausländergruppen. Nur die Griechen liegen prozentual noch etwas höher, doch war die Gesamtzahl der italienischen Selbständigen mit 39.000 im Jahr 1995 immer noch die größte. Die relativ hohen Werte beim Wohneigentum von Italienern und Griechen dürften ebenfalls mit dem Anteil der Selbständigen zusammenhängen. Besonders niedrig ist andererseits der Anteil von Italienern in Gemeinschaftsunterkünften. Die Wohnflächen pro Familie haben sich in den letzten Jahren an die der Deutschen angenähert. Sie liegen noch etwas unterhalb der Werte für die Westdeutschen, aber im gesamtdeutschen Durchschnitt.

Die große Mehrzahl der Italiener in Deutschland ist aber als Arbeitnehmer beschäftigt und lebt in Mieteigentum. Der Schwerpunkt der Beschäftigung ist immer noch in der produzierenden Industrie und im Baugewerbe zu finden, außerdem in diversen Dienstleistungen und im Handel.

Den Trend zu gehobenen Dienstleistungen und zum Staatsdienst, der sich in den letzten Jahrzehnten bei der Beschäftigung insgesamt zeigt, haben die Ausländer nicht mitvollziehen können. Im Gegenteil: der Aufstieg vieler Deutscher in solche Bereiche, ob individuell oder intergenerational, hat sich gerade im Kontext der Einwanderung vollziehen können. In bezug auf den Staatsdienst ist nach wie vor die fehlende Einbürgerung ein wesentliches Hemmnis, die neuen Möglichkeiten im Kontext der Gleichstellung in der Europäischen Union haben sich erst in wenigen Fällen ausgewirkt. Auch in qualifizierten Berufen im Kirchendienst gibt es kaum Ausländer, obwohl dies gerade für Italiener naheläge. Der Prozentanteil bei den Erzieherinnen in den Kindergärten ähnelt dem bei den Bankangestellten.

Innerhalb der Betriebe ist es aber durchaus zu einem Aufstieg gekommen. Die Mehrzahl der Beschäftigten italienischer Nationalität arbeitete 1993 als Facharbeiter oder als Angestellte, ebenso war es bei den Einwanderern aus Spanien, Griechenland und dem ehemaligen Jugoslawien. Nicht erheblich ist aber der intergenerationale Aufstieg. Die meisten Angehörigen der "zweiten Generation" arbeiten in den gleichen Bereichen wie die der ersten, wobei dies die Rekrutierung oft beeinflußt.[7] Italiener schneiden aber bei der Arbeitslosigkeit im Vergleich der Ausländergruppen relativ schlecht ab.

Der große Arbeitsplatzabbau in den letzten Jahren trifft gerade die Arbeitskräfte in der Industrie hart und führt in die Frühverrentung oder die Arbeitslosigkeit, die bei Italienern hoch ist. Für die Ausländer insgesamt entspricht sie der der Arbeitnehmer insgesamt - eine Folge nicht von Ausländerdiskriminierung, sondern der spezifischen Berufsstruktur, die mit und seit der Anwerbung entstanden ist.

Ausländer wohnen in ihrer großen Mehrheit in modern ausgestatteten Wohnungen - mit einem Schwerpunkt in den großen Wohnsiedlungen aus den letzten Jahrzehnten. Die Zeit der Gemeinschaftsunterkünfte und des Wohnens in Altbauten ist also vorbei. Die heutige Situation erklärt

---

[7] Vgl. Michael Bommes, Ausbildung in Großbetrieben. Einige Gründe, warum ausländische Jugendliche weniger Berücksichtigung finden, in: Ralph Kersten/ Doron Kiesel/ Sener Sargut (Hrsg.), Ausbilden statt Ausgrenzen. Jugendliche ausländischer Herkunft in Schule, Ausbildung und Beruf, Frankfurt 1996, S. 31-44.

sich aus den Leerständen der achtziger Jahre gerade in diesen Wohnbauten und aus den bedarfs-bezogenen Kriterien bei der Vergabe von Sozialwohnungen.

Wie weit die soziale Integration gelungen ist, macht auch ein Umfrageergebnis in bezug auf Schüler deutlich. Danach berichten 95 % der ausländischen Kinder, deutsche Freunde zu haben. Entsprechend ist es bei der Hälfte der deutschen Schüler.[8]

Tabelle 2: Arbeitnehmer und Selbständige nach Nationalität 1995

	Bevölkerung	Beschäftigte		Selbständige	
		N	*%*	*N*	*%*
Griechenland	359.000	203.000	56,55	27.000	7,52
Italien	*586.000*	*324.000*	*55,29*	*39.000*	*6,66*
Portugal	125.000	61.000	48,80	*	*
Spanien	132.000	80.000	60,61	*	*
Türkei	2.014.000	1.030.000	51,14	38.000	1,89
ehem. Jugo-slawien	1.350.000	605.000	44,81	20.000	1,48

* kein Nachweis, da die Zahlen nach dem Mikrozensus zu gering sind
Quelle: Statistisches Bundesamt

---

[8] Ausländische Mitschüler werden voll akzeptiert. Institut für Schulentwicklungsforschung Dortmund, Umfrage Frühjahr 1995. Eine Veröffentlichung der vollständigen Ergebnisse der Umfrage ist geplant.

Tabelle 3: **Beschäftigungssektoren in der Wirtschaft am 31.3.1996**
(früheres Bundesgebiet)

Wirtschaftsabteilungen	Gesamtzahl		Ausländer	
	N	%	N	%
Wirtschaftsabteilungen mit überdurchschnittlichem Ausländeranteil				
Land- und Forstwirtschaft	184.400	0,8	23.600	1,3
Verarbeitendes Gewerbe	*7.327.400*	*32,9*	*834.200*	*40,6*
Baugewerbe	*1.433.700*	*6,4*	*181.900*	*8,8*
Dienstleistungen, soweit nicht anderweitig genannt	5.653.500	25,4	572.900	27,9
Wirtschaftsabteilungen mit unterdurchschnittlichem Ausländeranteil				
Energiewirtschaft, Wasserversorgung, Bergbau	379.600	1,7	22.600	1,1
Handel	*3.217.600*	*14,4*	*215.700*	*10,5*
Verkehr, Nachrichtenübermittlung	1.110.800	5,0	101.300	4,9
Kreditinstitute und Versicherungsgewerbe	*956.300*	*4,3*	*22.300*	*1,1*
Nichterwerbs-Organisationen und private Haushalte	615.500	2,8	34.400	1,7
Gebietskörperschaften, Sozialversicherung	*1.407.100*	*6,3*	*48.100*	*2,3*
GESAMT	22.285.800	100	2.057.000	100

Quelle: Statistisches Jahrbuch für die Bundesrepublik Deutschland 1997; eigene Berechnungen.

Tabelle 4:   **Berufsstatus nach Herkunftsländern 1993**

Berufsstatus *Angaben in %*	*Türkei*	*ehem. Jugosla-wien*	*Italien*	*Spanien*	*Grie-chenland*
UNGEL. ARBEITER	15	13	*15*	16	14
ANGEL. ARBEITER	35	29	*26*	25	25
ANGESTELLTE	17	23	*24*	23	23
FACHARBEITER UND (UNSELBST.) HANDWERKER	25	32	*26*	30	24
SELBSTÄNDIGE	6	3	*9*	7	14
Quelle: MARPLAN 1993. EIGENE BERECHNUNGEN. Raumbezug Bundesgebiet (West)			INTELLIGENZ SYSTEM TRANSFER MÜNSTER		

Schaubild 12:   **Arbeitslosenquote der Ausländer nach Herkunftsländern im Bundesgebiet West am 31.12.1995 (in %)**

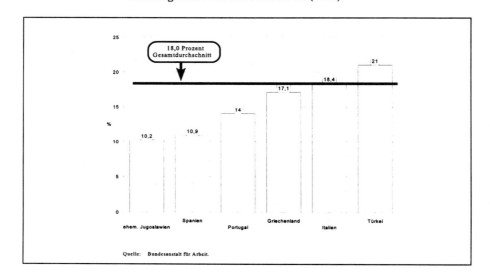

Tabelle 5: **Wohnstruktur von Ausländern in der Bundesrepublik Deutschland**

	Total	*Spanier*	*Italiener*	*ehem. Jugo-slawen*	*Griechen*	*Türken*
Gemeinschaftsunterkunft	2,3	3,7	*1,6*	4,6	0,5	1,8
Untermiete privat	7,4	7,9	*8,0*	12,3	10,1	4,4
Wohnung/Haus privat ge-mietet	84,0	83,7	*82,5*	76,5	82,3	88,0
Wohnung/Haus als Eigen-tum	6,4	4,8	*7,8*	6,6	7,1	5,8
Quelle: Marplan 1993.						

Schaubild 13: **Durchschnittliche Wohnfläche**
Quadratmeter pro Haushalt

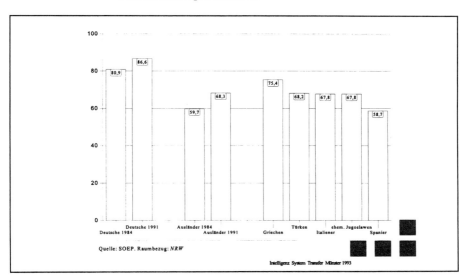

165

Schaubild 14:   **Kontakte zu Deutschen**

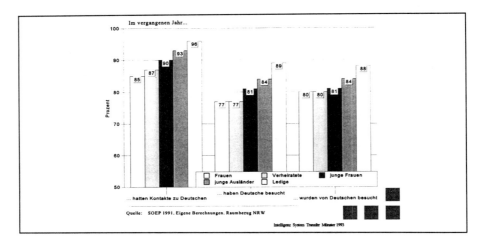

Schaubild 15:   **Zukunft in Deutschland**
Es beabsichtigen, so lange wie möglich hier zu bleiben

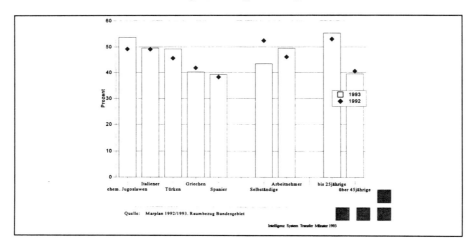

Schaubild 16:   **Interesse an deutscher Staatsbürgerschaft**
Es interessieren sich sehr oder etwas für die Staatsbürgerschaft

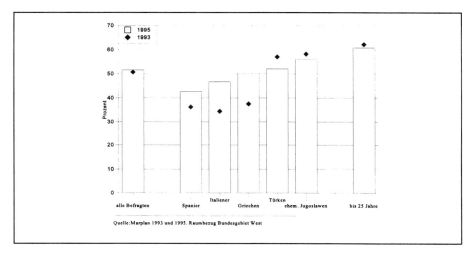

Quelle:Marplan 1993 und 1995. Raumbezug Bundesgebiet West

4.   Schulische und universitäre Bildung

Der deutlichste Rückstand der Einwanderer italienischer Nationalität in Deutschland zeigt sich im Bereich der schulischen Abschlüsse. Während die oben angemerkten Defizite gegenüber anderen Einwanderergruppen bei den Einkommen und der Arbeitslosigkeit relativ gering sind und datenmäßig auf einer nicht sehr gefestigten Grundlage stehen[9], haben wir es bei der Bildung mit harten und gravierenden Daten zu tun.

Wie weitgehend der Rückstand der italienischen gegenüber anderen Jugendlichen ist, wird in einer Gegenüberstellung zwischen den Gymnasiasten und den Sonderschülern in den verschiedenen Nationalitäten deutlich (Schaubild 17).

---

[9] Die Angaben über die Einkommen beruhen auf Selbsteinschätzungen, die von kulturellen Konventionen abhängen. Die Angaben über die Arbeitslosigkeit sind unterschiedlich interpretierbar.

Während bei den Schülern deutscher und kroatischer Nationalität auf einen Sonderschüler mehr als fünf Gymnasiasten kommen und bei den Spaniern noch vier Gymnasiasten auf einen Sonderschüler, gehen mehr italienische Jugendliche in Deutschland auf Sonderschulen als auf Gymnasien. Die Italiener liegen in dieser Gegenüberstellung auch noch etwas hinter den türkischen Staatsangehörigen zurück, obwohl sie in vielen Hinsichten bessere Voraussetzungen haben: Italien ist eine wohlhabende Gesellschaft mit einem entwickelten Bildungssystem, es gibt im Gegensatz zur Türkei keinen Bürgerkrieg und dementsprechend keinen Zustrom von Asylbewerbern und verelendeten Kriegsopfern, es gibt keine Gruppe wie die Kurden, deren Sprache vom Staat unterdrückt wird. Entsprechendes gilt für eine Vergleich der Italiener in Deutschland mit den Zuwanderern aus dem heutigen Jugoslawien und aus Bosnien-Herzogowina. Man würde auch erwarten, daß Italiener als die älteste Gruppe der Einwanderer wegen ihrer allgemein besseren Integration bessere Schulerfolge hätten als alle anderen Gruppen.

Schaubild 17:   **Gegenüberstellung der Schüler an Gymnasien und Sonderschulen im Schuljahr 1996/97 nach Nationalität**

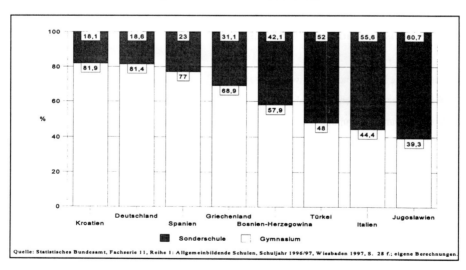

Quelle: Statistisches Bundesamt, Fachserie 11, Reihe 1: Allgemeinbildende Schulen, Schuljahr 1996/97, Wiesbaden 1997, S. 28 f.; eigene Berechnungen.

Auch wenn wir von der Sonderschule absehen und die Verhältniszahlen für die anderen Schulen der Sekundarstufe betrachten, so ergibt sich ein ähnliches Bild (Schaubild 18). Die italienischen Jugendlichen liegen deutlich hinter den anderen Gruppen zurück. Der Hauptschüler-Anteil ist nur bei den neuzugewanderten Flüchtlingsgruppen höher, die aus den durch Bürgerkriege, Repression oder Unterentwicklung charakterisierten Ländern Bosnien, Mazedonien und Jugoslawien kommen und deren Kinder anfangs meist pauschal in die Hauptschule eingewiesen werden. Bei Türken, Griechen, Kroaten, Portugiesen, Slowenen und Spaniern sind die Relationen weit günstiger. Bei den spanischen Jugendlichen zeigt sich schon in etwa die Drittel-Aufteilung zwischen Hauptschule, Realschule und Gymnasium, die für die deutschen Schüler charakteristisch ist.

Ein ganz ähnliches Bild ergibt sich schließlich auch für die Werte bei den Studierenden (Schaubild 19). Vergleicht man die inländische Bevölkerung, so studieren 1,3 bzw. 1,2 % aller Spanier bzw. Griechen in Deutschland, eine weitgehende Annäherung an die Werte bei den Deutschen selbst (und weit mehr als bei deutschen Arbeiterkindern). Bei Portugiesen und Türken ist der Wert halb so hoch wie bei den zuerst genannten Gruppen, aber bei den Italienern beträgt er nur ein Drittel dieses Wertes. Nur das ehemalige Jugoslawien schneidet hier noch schlechter ab, dabei besteht aber die Hälfte der Bezugsbevölkerung aus Flüchtlingen.

Wie sind diese extremen Werte zu erklären? Sicherlich nicht mit kulturellen Defiziten, denn Italien und auch weiter Teile Süditaliens produzieren durchaus gute Schulergebnisse. Auch nicht mit dem verbreiteten Hin- und Herwandern, das schulische Abschlüsse behindert, denn dazu sind die Defizite zu groß. Interessant ist auch, daß die Ausbildung der Italiener selbst, also der Elterngeneration, keineswegs hinter der der anderen Einwanderergruppen zurückbleibt (Tabelle 6). Es gibt keine zureichende Erklärung, die im Wesen der italienischen Bevölkerung selbst liegt.

Schaubild 18:   **Ausländische Schüler an allgemeinbildenden Schulen 1996/97 (in %)**

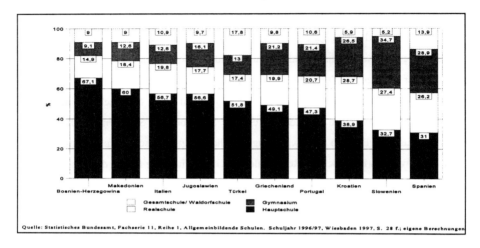

Schaubild 19:   **Studenten in den Bevölkerungsgruppen (in%)**
Nur Inländer (WS 1992)

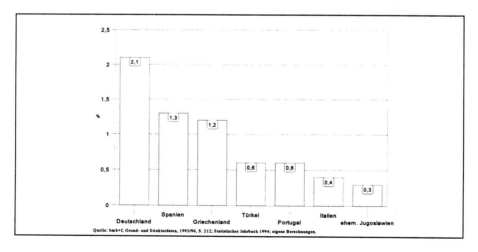

Schaubild 20: **Anteil weiterführender Schulabschlüsse bei den ausländischen Schulabgängern in den alten Bundesländern 1996**

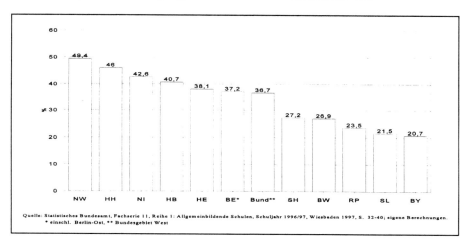

Quelle: Statistisches Bundesamt, Fachserie 11, Reihe 1: Allgemeinbildende Schulen, Schuljahr 1996/97, Wiesbaden 1997, S. 32-40; eigene Berechnungen.
* einschl. Berlin-Ost, ** Bundesgebiet West

Tabelle 6: **Dauer der Berufausbildung nach Nationalität**

Angaben in %	ehem. Jugosla- wien	*Italien*	*Spanien*	*Griechen- land*	*Türkei*
Keine Berufsausbildung	54	*58*	56	62	67
Jahr	2	*1*	1	1	2
2 Jahre	9	*8*	10	11	8
3 Jahre und länger	35	*33*	33	26	22
Quelle: Marplan 1993. Eigene Berechnungen. Raumbezug Bundesgebiet (West)		INTELLIGENZ SYSTEM TRANSFER MÜNSTER			

171

Eine Erklärung bietet vielmehr die unterschiedliche Schulintegrationspolitik der Bundesländer (Schaubild 20). Sie hat dazu geführt, daß in Nordrhein-Westfalen etwa die Hälfte aller Jugendlichen ausländischer Nationalität einen qualifizierten Abschluß macht (Mittlere Reife oder Abitur), während es in Bayern nur ein Fünftel ist. (Abschlußzahlen nur für Italiener liegen nicht vor). Noch deutlicher wird das Bild, wenn wir den Schulbesuch der italienischen Kinder nach Bundesländern vergleichen (Tabelle 7). Wir finden in Bayern und in Baden-Württemberg mehr italienische Kinder in den Sonderschulen als in den Gymnasien oder Realschulen, während es in Nordrhein-Westfalen und Hessen anders ist. Die negativen Zahlen für das gesamte Bundesgebiet ergeben sich dadurch, daß die knappe Hälfte der Italiener in den beiden süddeutschen Bundesländern lebt und die extrem schlechten Werte dort deshalb stark auf das ganze Bundesgebiet durchschlagen, wenn man den Durchschnitt berechnet.

Tabelle 7:   Schulbesuch italienischer Kinder nach Bundesländern 1996/97 (in Prozent)

Bundesland	Sonder-schule	Haupt-schule	Real-schule	Gym-nasium	Gesamt-schule*	Orient.-stufe	Zahl der Schüler/innen	Schüler/innen in % **
Baden-W.	9,9	35,0	9,1	4,2	0,4	0,0	25.469	35,9
Bayern	10,5	35,2	5,8	5,7	0,3	0,1	7.500	10,6
Hessen	5,6	12,8	12,7	9,3	10,2	7,6	8.939	12,6
NRW	6,2	25,8	10,5	7,0	10,9	-	19.005	26,8
Deutschland	7,7	27,7	9,7	6,2	5,2	1,8	70.957	100,0

Nur Bundesländer mit mehr als 5000 Schülern italienischer Nationalität. In der Gesamtzahl sind auch die Grundschüler (41,7%) enthalten. * Gesamtschule einschließlich Waldorfschule. ** Anteil des Landes an der Gesamtschülerzahl in den alten Ländern. Quelle: KMK, Dokumentation Nr. 143, 1997; eigene Berechnungen.

Wie diese extremen Ergebnisse zustandekommen, müßte in detaillierten Untersuchungen geklärt werden. Für Bayern spielt das Modell der separierten Nationalklassen eine Rolle, das die Kinder ausländischer Nationalität in besonderen Zweigen isoliert (Neuerdings wird dieses früher vielgepriesene Modell allerdings abgebaut). Ein ausländischer Jugendlicher, der in Bayern Abitur machen will, müßte zunächst den Übergang aus der "Nationalklasse" in die Normalklasse der Hauptschule bewältigen, anschließend den ebenfalls schwierigen Schritt in die Realschule und schließlich den Übergang in das Gymnasium. In Nordrhein-Westfalen dagegen sind die Übergänge deutlich erleichtert. Jeder Hauptschüler hat die Chance, die Mittlere Reife zu absolvieren, und dies berechtigt dann auch zum Übergang auf das Gymnasium, wenn ein bestimmter Notendurchschnitt gegeben ist. Zudem scheinen in der bayerischen Schulverwaltung und Teilen der Lehrerschaft stark stereotypisierende Einstellungen vorzuherrschen. Italienische Sozialberater berichten etwa aus dem Augsburger Raum, daß Lehrer vielfach den Ausdruck "Sprachblindheit" verwenden, wenn Kinder Schwierigkeiten mit der deutschen Sprache haben und auf diese Weise eine Art Behinderung konstruieren, die dann die Überweisung in die Sonderschule rechtfertigt.

Was die Verantwortlichkeit der Italiener selbst betrifft, so scheint es strukturelle Schwierigkeiten in der Interessendurchsetzung zu geben. Während die spanische Gemeinschaft sehr früh ihre schulischen Interessen klar artikuliert und zum Teil auch gegen deutsche Stellen durchgesetzt hat, scheint die Konsensbildung und Artikulation in der italienischen Gemeinschaft schwieriger zu sein. Dazu trägt anscheinend die Förderung der Regierung für Parteien und Verbände bei, deren besoldete Exponenten in bezug auf ihre Karriere rückkehrorientiert sind. Auch die italienische Regierung müßte angesichts einer derart gravierenden strukturellen Diskriminierung tätig werden, die in den Proportionen an die Zustände in den amerikanischen Südstaaten vor der Bürgerrechtsbewegung erinnert.

5. Ausbildung im dualen System

Die Ausbildungsbeteiligung ausländischer Jugendlicher, die lange Zeit extrem niedrig lag, ist in den letzten Jahren angestiegen, und zwar von 25,4 % im Jahr 1986 auf 43,5 % im Jahr 1994. In absoluten Zahlen ist sie allerdings 1994 wieder etwas zurückgegangen (Tabelle 9), was aber mit den sinkenden Jahrgangszahlen zusammenhängt. Die Zahlen bei den italienischen Jugendlichen sind besonders stark angestiegen, sie waren 1994 mehrheitlich in Ausbildungsverhältnissen. Im deutschen Berufsbildungs- und Beschäftigungssystem eröffnet dies gleichzeitig die besten

Chancen für eine berufliche Zukunft. Wie sich die gegenwärtige Beschäftigungs- und Ausbildungskrise auf die ausländischen Jugendlichen auswirkt, muß abgewartet werden.

Vergleicht man die Bundesländer, so zeigen sich hier keine so ausgeprägten Diskrepanzen wie bei der schulischen Qualifikationen (Schaubilder 21 und 22). Die Beteiligung in Bayern und Baden-Württemberg liegt sogar höher, was einerseits mit der günstigeren Arbeitsmarktlage und andererseits mit der geringeren Anteilen bei den Vollzeitschulen erklärt werden kann. Allerdings finden sich nach wie vor gravierende Unterschiede zwischen den Geschlechtern. Die Benachteiligung der Mädchen erinnert an die Relationen, die in Deutschland in den fünfziger Jahren bestanden haben (Tabelle 10). Verstärkt wird die Diskrepanz, weil nach wie vor in den Staats- und auch in den Kirchenberufen wenig ausländische Jugendliche ausgebildet werden und dies die Berufe sind, in denen traditionell viele Mädchen lernen. Chancen für Mädchen sind dagegen bei Ausbildungen in den Freien Berufen entstanden, wobei aber junge Italienerinnen nicht stark vertreten sind. Große Fortschritte sind dagegen vor allem beim Handwerk und bei den freien Berufen zu erkennen. Für die italienischen Jugendlichen ist charakteristisch, daß sie zu 50 Prozent im Handwerk ausgebildet werden, was wohl wiederum auf die problematischen schulischen Verhältnisse zurückweist (Tabelle 11). Dieser Anteil ist höher als bei Griechen, Türken, Spaniern und Portugiesen. Generell muß konstatiert werden, daß ausländische Jugendliche sich eher in Berufen finden, deren Prestige und Bezahlung nicht zur Spitze zählt (Tabelle 12).

Zieht man eine Gesamtbilanz, so wird man eine befriedigende Integration in die Bevölkerung und generell in das Wirtschafts- und Sozialleben konstatieren können, die besonders im Ausmaß der Eheschließungen deutlich wird. Gravierende Defizite bestehen bei der mangelnden Einbürgerung und der aus der fehlenden Staatsangehörigkeit resultierenden Benachteiligung bei den Staatsberufen und anscheinend auch bei Zugang zum Kindergarten und zu den Ausbildungsverhältnissen. Bei der Einbürgerung ist keinerlei Lösung in Sicht, noch weit weniger als bei den Türken und anderen Nicht-EU-Gruppen. Mehr als andere leiden italienische Kinder und Jugendliche unter einer diskriminierenden Bildungspolitik in Bayern und Baden-Württemberg. Es wäre zu wünschen, daß gerade letzterer Aspekt stärker in der Öffentlichkeit artikuliert würde.

Tabelle 8:   Ausländische Auszubildende nach Staatsangehörigkeit 1991-1994

Land der Staatsangehörigkeit	1991	1992	1993	1994
Türkei	48.319	53.720	56.101	54.828
Ehemaliges Jugoslawien	19.571	21.800	22.903	22.778
Italien	*10.970*	*11.421*	*11.493*	*11.288*
Griechenland	5.846	6.472	6.514	6.258
Spanien	3.143	3.043	2.897	2.594
Portugal	2.209	2.254	2.245	2.046
Sonstige Staatsangehörigkeit	19.129	21.514	24.130	26.095
insgesamt	109.187	120.224	126.283	125.887

Quelle: Statistisches Bundesamt, Fachserie 11, Bildung und Kultur, Reihe 3, Berufliche Bildung 1994, Wiesbaden 1996, S. 32.

Tabelle 9:   Ausbildungsbeteiligung nach Staatsangehörigkeit 1986-1994 (in %)[*]

Staatsangehörigkeit	1986	1988	1990	1992	1993	1994
Türken	23,1	29,1	35,5	44,0	47,8	48,3
Ehem. Jugoslawen	32,3	33,6	40,0	38,8	37,8	36,6
Italiener	*30,1*	*36,6*	*42,8*	*50,8*	*53,7*	*54,5*
Griechen	22,0	24,2	27,2	38,8	43,3	45,0
Spanier	43,2	45,3	49,0	57,4	63,0	63,2
Portugiesen	33,9	42,5	43,8	48,0	53,5	53,8
Ausländer	25,4	29,2	35,5	40,4	42,5	**43,5**
Deutsche	76,5	85,3	84,8	78,6	74,0	**70,8**

Quelle: bmb+f, Berufsbildungsbericht 1996, S. 50.
[*]Anteil der Auszubildenden bezogen auf die Zahl der 15-18jährigen Ausländer bzw. Deutschen.
Raumbezug: frühere Bundesrepublik

Schaubild 21:   Ausländische Auszubildende nach Bundesländern 1994

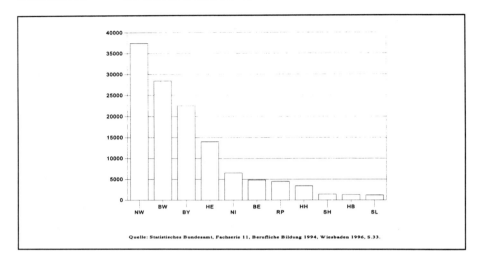

Quelle: Statistisches Bundesamt, Fachserie 11, Berufliche Bildung 1994, Wiesbaden 1996, S.33.

Schaubild 22:   Ausbildungsbeteiligung* ausländischer Jugendlicher in ausgewählten Bundesländern am 31.12.1994 (in %)

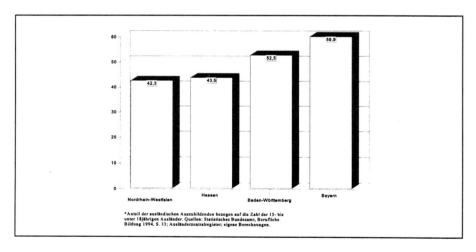

*Anteil der ausländischen Auszubildenden bezogen auf die Zahl der 15- bis unter 18jährigen Ausländer. Quellen: Statistisches Bundesamt, Berufliche Bildung 1994, S. 33; Ausländerzentralregister; eigene Berechnungen.

176

Tabelle 10:   Ausbildungsbeteiligung ausländischer Jugendlicher in ausgewählten Bundesländern am 31.12.1994

	Anzahl der Auszubildenden Männer Frauen insgesamt	Ausbildungsbeteiligung* Männer Frauen insgesamt
Baden-Württemberg	17.740 10.686 28.425	61,6% 42,2% 52,5%
Bayern	14.065 8.462 22.527	*69,7% 48,5% 59,9%*
Hessen	9.242 4.750 13.922	53,2% 32,2% 43,5%
Nordrhein-Westfalen	23.972 13.479 37.451	50,0% 33,2% 42,3%
Deutschland	81.085 44.802 125.887	51,7% 34,0% 43,6%

*Anteil der ausländischen Auszubildenden bezogen auf die Zahl der 15- bis unter 18jährigen Ausländer in Prozent.
Quellen: Statistisches Bundesamt, Fachserie 11, Bildung und Kultur, Reihe 3, Berufliche Bildung 1994, Wiesbaden 1996, S. 33; statistische Auswertung des Ausländerzentralregisters; eigene Berechnungen.

Tabelle 11:   Ausländische Auszubildende nach Ausbildungsbereichen und Staatsangehörigkeit 1994

	insgesamt	Türkei	Ex-Jugo-slawien	Italien	Griechen-land	Spanien	Portugal	Sonstige
Industrie & Handel	52.154	23.714	10.007	*4.573*	2.633	1.329	1.014	8.884
Handwerk	57.323	24.041	9.688	*5.541*	2.961	974	836	13.282
Landwirtschaft	415	40	21	*14*	3	5	2	330
Öffentl. Dienst	2.100	866	472	*229*	109	73	38	313
Freie Berufe	13.527	6.028	2.544	*888*	542	205	148	3.172
Hauswirtschaft	364	137	46	*43*	10	8	8	112
Seeschifffahrt	4	2	-	-	-	-	-	2
insgesamt	125.887	54.828	22.778	*11.288*	6.258	2.594	2.046	26.095

Quelle: bmb+f, Grund- und Strukturdaten 1995/96, S. 123.

Tabelle 12: **Ausbildungsberufe mit hohen Anteilen ausländischer Auszubilden der 1994 und 1995**

Ausbildungsberuf	Ausländische Auszubildende 1995	Anteil an allen Auszubildenden des Berufs 1995	Anteil an allen Auszubildenden des Berufs 1994
Kraftfahrzeugmechaniker/ Kraftfahrzeugmechanikerin	9.279	11,9 %	13,2 %
Friseur/Friseurin Arzthelfer/Arzthelferin	8.258	20,6 %	21,5 %
Elektroinstallateur/ Elektroinstallateurin	5.863	11,3 %	12,1 %
Kaufmann/Kauffrau im Einzelhandel	5.537	9,9 %	11,0 %
Gas- und Wasserinstallateur/ Gas-/Wasserinstallateurin	5.432	8,0 %	8,2 %
Zahnarzthelfer/ Zahnarzthelferin	4.483	11,7 %	12,2 %
Maler und Lackierer/ Malerin und Lackiererin	4.227	10,3 %	8,8 %
Kaufmann/Kauffrau im Groß- und Außenhandel	3.930	9,7 %	9,9 %
Industriemechaniker/in Betriebstechnik	3.100	6,5 %	7,1 %
	2.969	12,2 %	11,9 %
Quelle: bmb+f, Berufsbildungsbericht 1997, S. 56.			

Günter Hinken

Die Rolle der Staatsangehörigkeit bei der Konzeption des Grundgesetzes

Einleitung

„Heute liegt auf dem Gebiet des Staatsangehörigkeitsrechts ein Chaos vor. [...]
Niemand kann zurzeit sagen, was für ein Staatsangehörigkeitsrecht es gibt."[1]

Mit diesen Worten charakterisierte der CSU-Abgeordnete Wilhelm Laforet die rechtliche Lage im Bereich der Staatsangehörigkeit zu Beginn der Beratungen des Parlamentarischen Rates, der von den Ministerpräsidenten der Länder im Juli 1948 den Auftrag erhalten hatte, in Bonn das Grundgesetz für die Bundesrepublik Deutschland zu konzipieren. Laforets Einschätzung rührte daher, daß die vier während des Interregnums von 1945 bis 1949 von den Siegermächten besetzten Zonen sich politisch und rechtlich unterschiedlich entwickelt hatten, nicht zuletzt aufgrund der zunehmenden Funktionsunfähigkeit des Alliierten Kontrollrats, der für die Deutschland als Ganzes betreffenden Fragen verantwortlich war. Erst mit dem Entschluß der westlichen Besatzungsmächte, die Gründung eines deutschen „Weststaates" zu initiieren, konnte im Zuge der Grundgesetzberatungen des Parlamentarischen Rates auch eine Bereinigung des staatsangehörigkeitsrechtlichen „Chaos" in Angriff genommen werden.

---

[1] Der Parlamentarische Rat 1948-1949. Akten und Protokolle, Bd. 3: Ausschuß für Zuständigkeitsabgrenzung, 2. Sitzung am 22.9.1948, Boppard am Rhein 1986, S. 27.

Doch stellte sich die Definition einheitlicher Rechtsgrundlagen im Bereich der Staatsangehörigkeit wie überhaupt die gesamte Konzeption des Staatsaufbaus der neuen Republik als
schwieriges Unterfangen dar. Mit dem Zusammenbruch des staatlichen Gefüges nach dem
Zweiten Weltkrieg und der Besetzung Deutschlands durch die Siegermächte wirkten ver-
schiedenste Einflüsse auf die Verfassungsberatungen in Bonn. Die Interessen der wiedererrichteten Länder, der neu gegründeten Parteien und anderer gesellschaftlicher Gruppen
mußten vom Parlamentarischen Rat ebenso berücksichtigt werden wie die Erfahrungen aus
der deutschen Verfassungsgeschichte, die Lehren aus der nationalsozialistischen Diktatur und
die Gebietsveränderungen infolge des Krieges. Und nicht zuletzt trugen die verfassungspolitischen Vorgaben der Westalliierten zur Komplexität des politischen Prozesses der Rechtsetzung für die neu zu gründende Bundesrepublik Deutschland bei.

Auch die Behandlung der staatsangehörigkeitsrechtlichen Fragen unterlag diesen Wir-
kungsprozessen. Die Diskussionen um die staatsrechtlichen Richtungsentscheidungen für den
neuen deutschen Staat, zum einen die Entscheidung, ob der deutsche Weststaat auf Dauer oder
nur als Provisorium mit dem Ziel der späteren Erreichung der deutschen Einheit eingerichtet
werden sollte, zum anderen, inwieweit das Staatsgebilde einen bundesstaatlichen oder einen
zentralstaatlichen Charakter erhalten sollte, fanden auch in den Problemfeldern der Staatsangehörigkeit ihren Niederschlag. Es wird zu prüfen sein, wie eng die Verbindungen zwischen
den „allgemeinpolitischen" Themen und den Fragen der Staatsangehörigkeit waren und in
welchem Maß die aufgezeigten Einflußfaktoren auf die Problemlösung bei der Bereinigung
des staatsangehörigkeitsrechtlichen „Chaos" wirkten.

Diesen Überlegungen trägt auch der Aufbau der Untersuchung Rechnung, die aus zwei
Teilen besteht. Im ersten Teil werden die wichtigsten Institutionen und Prozesse dargestellt,
die auf die Lösung der im Parlamentarischen Rat diskutierten Staatsangehörigkeitsfragen
Einfluß hatten. Dies betrifft insbesondere die Zeit des Interregnums zwischen 1945 und den
Beginn der Grundgesetzberatungen, da in dieser Phase die staatlichen Rahmenbedingungen
für die Gestaltung der Staatsangehörigkeit im Grundgesetz zum einen in Abhängigkeit von
den Siegermächten des Zweiten Weltkrieges, zum anderen durch die von den Besatzungsmächten eingesetzten Länder geschaffen wurde. In diesem Zusammenhang sind auch die

Staatsangehörigkeitsbestimmungen der Nationalsozialisten von Belang, deren weitere Gültigkeit nach dem Krieg z.T. fraglich war.

Der zweite Teil der Untersuchung umfaßt die verfassungstechnische Bearbeitung von Grundgesetzartikeln, in denen die Staatsangehörigkeit eine grundlegende Rolle spielt. Die Untersuchung der entsprechenden Grundgesetzartikel wird mit Hilfe von allgemeinpolitischen Fragestellungen, wie etwa nach dem nationalstaatlichen Anspruch oder der föderativen Ausgestaltung des zu gründenden deutschen Staates, geleistet. Den Kapiteln des zweiten Teils vorangestellt sind jeweils die zum Ende der Beratungen beschlossenen Staatsangehörigkeits-artikel.

Daß Fragen des Staatsangehörigkeitsrechts in diesem Maße bereits in der Konzeption der Verfassung berücksichtigt werden mußten und nicht, wie es der Verfassungstradition entsprochen hätte, gesetzgeberischer Ausgestaltung überlassen werden konnten, ist auf die außergewöhnlichen Bedingungen der Nachkriegssituation in Deutschland zurückzuführen. Diese verfassungspolitische Aufwertung ist dafür verantwortlich, daß auch die aktuellen Staatsangehörigkeitsprobleme in Deutschland sich an der Verfassung messen lassen müssen. Nicht zuletzt deshalb kann eine Untersuchung dieses Aktes der Rechtsetzung, die die Genese der einschlägigen Artikel des Grundgesetzes im politischen Diskurs beschreibt und den Geist der Beratungen widerspiegelt, möglicherweise auch Denkanstöße zur Lösung dieser Probleme geben.

Die folgende Untersuchung fügt anhand der Beratungsprotokolle des Parlamentarischen Rates den zahlreichen juristischen Abhandlungen zu den Staatsangehörigkeitsbestimmungen des Grundgesetzes eine politische Betrachtungsweise dieses Komplexes hinzu.

Für wertvolle Hinweise möchte ich mich an dieser Stelle bei Ralf Bolhaar, Martin Schröder und besonders bei Marcus Ostermann bedanken!

1. Vorgeschichte

1.1 Die Übernahme der obersten Regierungsgewalt durch die Siegermächte

Durch die bedingungslose Kapitulation der deutschen Wehrmacht am 7./9. Mai 1945 und der Verhaftung der letzten deutschen „Regierung" unter Großadmiral Dönitz am 23. Mai 1945 war die letzte Ausformung staatlicher Autorität in Deutschland weggefallen. Zu Beginn der alliierten Besatzungsherrschaft gab es somit keinerlei deutsche Verantwortlichkeiten mehr.

Mit der Berliner Deklaration vom 5. Juni 1945 übernahmen die Oberbefehlshaber der vier Siegermächte USA, Rußland, Großbritannien und Frankreich auch offiziell die oberste Regierungsgewalt („supreme authority") in Deutschland.

Eine Festlegung der Besatzungspolitik im Nachkriegsdeutschland wurde auf der Potsdamer Konferenz der „Großen Drei" (Truman, Stalin, Churchill bzw. Attlee) vom 17. Juli bis 2. August 1945 getroffen. Dort vereinbarten die Regierungschefs „strukturelle Veränderungen in der deutschen Wirtschaft, Gesellschaft und Politik"[2], die mit Hilfe der „fünf Ds" umgesetzt werden sollten: Demokratisierung, Denazifizierung, Demilitarisierung, Dekartellisierung und Dezentralisierung. Weiter bestätigte man die schon auf der Konferenz von Jalta im Februar 1945 beschlossene Festlegung der vier Besatzungszonen, die von den einzelnen Besatzungsmächten autonom verwaltet werden sollten, ohne jedoch die wirtschaftliche Einheit Deutschlands und die Gleichbehandlung aller Deutschen damit zu gefährden. Für die „Deutschland als Ganzes betreffenden Fragen"[3] wurde der „Alliierte Kontrollrat" eingerichtet, der aus den vier Oberbefehlshabern der alliierten Streitkräfte bestand und nach dem Konsensprinzip arbeitete. Neben diesen Grundsätzen für die Verwaltung des besiegten Deutschlands wurde auch beschlossen, daß eine „endgültige Umgestaltung des deutschen politischen Lebens auf

---

[2] Thränhardt, Dietrich, Geschichte der Bundesrepublik Deutschland, Erweiterte Neuausgabe, Frankfurt/M. 1996, S. 22.

[3] Mitteilung über die Dreimächtekonferenz von Berlin vom 2. August 1945, zitiert nach: Benz, Wolfgang, Potsdam 1945. Besatzungsherrschaft und Neuaufbau im Vier-Zonen-Deutschland, 3. Auflage, München 1994, S. 211.

demokratischer Grundlage"[4] durch den Kontrollrat vorzubereiten sei. Hiermit wurde ange-deutet, daß man von alliierter Seite in absehbarer Zeit wieder einen souveränen deutschen Staat zulassen würde. Voraussetzung hierfür war jedoch die Umsetzung der oben genannten politischen und wirtschaftlichen Grundsätze, zu denen auch eine Dezentralisierung[5] Deutsch-lands gehörte. Dies deutete auf die Restitution einer bundesstaatlichen Struktur hin, wie sie bis zum Beginn der nationalsozialistischen Diktatur existiert hatte.

Schon wenige Wochen nach Kriegsende wurden von den Alliierten in den meisten Besat-zungszonen Ministerpräsidenten als oberste Dienstherrn von Verwaltungseinheiten unter der Kontrolle der Militärregierungen eingesetzt, nachdem man schon vorher auf lokaler Ebene eine deutsche Verwaltung zugelassen hatte. Die Verwaltungseinheiten umfaßten zwar Gebiete, die über die Größe von Kreisen hinausragten, doch unterschieden sie sich von den bis 1934 existierenden selbständigen deutschen Staaten vor allem deshalb, weil die Grenzen der Besatzungszonen ohne Rücksicht auf die alten deutschen Ländergrenzen gezogen worden waren. Lediglich Hamburg, Bremen und Bayern hatten in etwa ihre historische Gestalt bewahrt. Unter diesen Umständen waren Landesidentitäten nur schwach ausgeprägt.

Aber auch zwischen den einzelnen Ländern gab es gravierende Unterschiede, die durch die unterschiedlichen politischen Zielsetzungen der Siegermächte in der Behandlung der Länder entstanden waren. Die deutschlandpolitische Konzeption der Amerikaner sah einen künftigen deutschen Bundesstaat vor. Die Länder sollten die Grundlage des Staates sein, so daß die amerikanische Militärregierung die erste war, die durch ihre Proklamation Nr. 2 vom 19. September 1945 eigenständige Länder schuf und diese im Laufe der Zeit mit weitreichenden legislativen, exekutiven und judikativen Gewalten ausstattete. Traditionell dem Konstitutio-nalismus verbunden, ließen sie Mitte 1946 für die neuen Länder Bayern, Groß-Hessen und Württemberg-Baden Verfassunggebende Versammlungen wählen, die Landesverfassungen erarbeiteten, um anschließend ein parlamentarisch-konstitutionelles System errichten zu

---

[4] Mitteilung über die Dreimächtekonferenz, zitiert nach ebd., S. 212.
[5] Punkt 9 der in der Mitteilung über die Dreimächtekonferenz beschriebenen politischen Grundsätze Nach-kriegsdeutschlands, ebd., S. 213 f.

können. Ende 1946 wurden die drei Landesverfassungen per Volksentscheid angenommen; gleichzeitig wurden die ersten Länderparlamente gewählt.

Die Franzosen förderten in ihrer Besatzungszone ebenfalls die Eigenständigkeit der 1945 gebildeten Länder Baden, Rheinland-Pfalz und Württemberg-Hohenzollern - freilich aus anderen Motiven. Ihre deutschlandpolitische Zielsetzung wirkte einer zentralstaatlichen Entwicklung aus sicherheitspolitischen Gründen entgegen. Daher genehmigten auch die Franzosen ihren Ländern im Jahre 1947 eigene Verfassungen. Doch trotz dieser Entwicklung beschränkte sich die Eigenständigkeit der Länder in der französischen Besatzungszone auf ihre Tätigkeit als Ausführungsorgan der französischen Militärregierung, die ähnlich wie die sowjetische nach größtmöglicher wirtschaftlicher Ausbeutung ihres Einflußgebietes trachtete[6].

In der sowjetischen und in der britischen Besatzungszone wurden Länder erst spät gegründet. Die englische Deutschlandpolitik war von einem einheitsstaatlichen Denken geprägt, so daß die britische Militärregierung ihre in den Jahren 1946/47 gegründeten Länder nur als Administrationskörper ansah. Die Briten ordneten im Gegensatz zu den USA die politische Entwicklung in Deutschland einer Teilkompensation der Kriegsschäden in ihrem Land durch wirtschaftliche Ausbeutung ihrer Zone in den ersten Nachkriegsjahren unter.

Eine ähnliche Einstellung hatte die sowjetische Militärregierung, die an hohen Reparationsleistungen und der Stärkung der kommunistischen Kräfte in ihrem Gebiet interessiert war. In ihrer Besatzungszone bildeten sich die Länder im Jahre 1946 formal aus, ohne daß sie allerdings eine größere Rolle als die reiner Selbstverwaltungskörperschaften innehatten. Beide Mächte verweigerten ihren Ländern die Entwicklung von Landesverfassungen. Die landespolitische Entwicklung in der französischen und der amerikanischen Besatzungszone war indes soweit gediehen, daß auch in den britischen und sowjetischen Zonen bis Mitte 1947 Landtagswahlen abgehalten wurden.

---

[6] Benz, Wolfgang, Die Gründung der Bundesrepublik. Von der Bizone zum souveränen Staat (Deutsche Geschichte der neuesten Zeit vom 19. Jahrhundert bis zur Gegenwart), 3. Auflage, München 1989, S. 44.

1.2 Die Behandlung von Staatsangehörigkeitsfragen durch die Alliierten und die Länder

Mit der skizzierten Entwicklung war der Beginn staatlichen Lebens in deutscher Teilverantwortung durch die Siegermächte eingeleitet worden. Nun stellt sich die Frage, ob und inwieweit die Besatzungsmächte gewillt waren, Einfluß auf Fragen der Staatsangehörigkeit zu nehmen, d.h. die rechtlichen Rahmenbedingungen zu verändern. Da es bis zur Gründung der beiden deutschen Staaten im Jahre 1949 keine deutsche Zentralinstanz gab, hätte nach Maßgabe der Potsdamer Vereinbarungen ausschließlich der Alliierte Kontrollrat die Ermächtigung gehabt, Bestimmungen zur Staatsangehörigkeit zu erlassen, da es sich hierbei um eine ganz Deutschland betreffende Angelegenheit handelte.

Staatsangehörigkeitsrechtliche Relevanz hatte Punkt 4 der Politischen Grundsätze, die in Potsdam vereinbart wurden. Dort heißt es: „Alle nazistischen Gesetze, welche die Grundlagen für das Hitlerregime geliefert haben oder eine Diskriminierung auf Grund der Rasse, Religion oder politischer Überzeugung errichteten, müssen abgeschafft werden."[7]

1.2.1 Die Aufhebung von nationalsozialistischen Staatsangehörigkeitsbestimmungen durch die Siegermächte

Bevor jedoch dargelegt wird, welche Bestimmungen des Nazi-Regimes im Bereich der Staatsangehörigkeit durch die Besatzungsmächte aufgehoben wurden, folgt zunächst eine Darstellung der staatsangehörigkeitsrechtlichen Entwicklung während der Zeit des Nationalsozialismus.

Nachdem Hitler am 30. Januar 1933 die Regierungsgewalt in Deutschland übertragen bekommen hatte, wurde von den Nationalsozialisten innerhalb von fünf Monaten der „totale

---

[7] Punkt 4 der in der Mitteilung über die Dreimächtekonferenz beschriebenen politischen Grundsätze Nachkriegsdeutschlands, zitiert nach Benz, Potsdam, S. 212.

Staat" errichtet. Dieser sollte eine wirksame Opposition von Einzelpersonen, Parteien oder den Ländern gegen das neue Regime verhindern. Mit Hilfe der „Gleichschaltungsgesetze"[8], die auf der Grundlage des Ermächtigungsgesetzes kurz nach der nationalsozialistischen Machtübernahme erlassen wurden, und besonders des Neuaufbaugesetzes vom 30. Januar 1934 wurde dieses Ziel auf Länderebene durchgesetzt. Artikel 5 des zuletzt genannten Gesetzes[9] bedeutete quasi die Abschaffung der Länder, da darin die Übertragung ihrer Hoheitsrechte auf das Reich ausgesprochen wurde. Folgerichtig existierten seitdem auch die Landesstaatsangehörigkeiten der deutschen Länder nicht mehr, die seit der Errichtung des deutschen Kaiserreiches 1871 im bundesstaatlich organisierten Deutschen Reich fortbestanden hatten. Die dem Neuaufbaugesetz nachfolgende 'Verordnung über die deutsche Staatsangehörigkeit' vom 5. Februar 1934 vollzog diese Konsequenz nach. Paragraph 1 der Verordnung lautete: „1. Die Staatsangehörigkeit in den deutschen Ländern fällt fort. 2. Es gibt nur noch eine deutsche Staatsangehörigkeit (Reichsangehörigkeit)."[10] Seitdem existierten die Länder nur noch als Verwaltungsbezirke, so daß durch diese Maßnahmen das Deutsche Reich kein Bundesstaat mehr war, sondern ein Einheitsstaat wurde.

Eine weiteres Ziel der neuen Machthaber war die Anpassung der Staatsangehörigkeitsbestimmungen an die nationalsozialistische Ideologie, die ihren Ausdruck im Reichsbürgergesetz vom 15. September 1935 fand. Dieses unterschied nunmehr zwischen Staatsangehörigkeit und -bürgerschaft. Während für die Staatsangehörigkeit das am 22. Juli 1913 verabschiedete Reichs- und Staatsangehörigkeitsgesetz (RuStAG)[11] maßgeblich blieb, definierte Paragraph 2, Absatz 1 den Reichsbürger wie folgt: „Reichsbürger ist nur der Staatsangehörige deutschen oder artverwandten Blutes, der durch sein Verhalten beweist, daß er gewillt und geeignet ist, in Treue dem deutschen Volk und Reich zu dienen." Für die Reichsbürgerschaft war damit die Erfüllung rassischer und politischer Kriterien entscheidend. Staatsangehörige waren im Sinne

---

[8] Das "Vorläufige Gesetz zur Gleichschaltung der Länder mit dem Reich" vom 31.3.1933 (RGBl. I, S. 153 f.) führte zur Umbildung der Länderparlamente entsprechend den Machtverhältnissen im Reichstag, das „Gesetz zur Gleichschaltung der Länder mit dem Reich" vom 7.4.1933 (RGBl. I, S. 173) zur Einsetzung von Reichsstatthaltern, die die Länderregierungen ernannten.
[9] RGBl. I, S. 75.
[10] RGBl. I, S. 85.
[11] RGBl. I, S. 583.

der Nationalsozialisten nur noch diejenigen, die dem Schutzverband des deutschen Reiches angehörten und ihm daher besonders verpflichtet waren, ohne jedoch noch politische Rechte ausüben zu können[12]. Das Ziel dieses Gesetzes war die Diskriminierung mißliebiger Minderheiten wie Juden und Zigeuner[13]. Für eine Diktatur nicht unüblich[14], war aufgrund der politischen Trennung von Staatsangehörigkeit und Staatsbürgerschaft die Kongruenz zwischen beiden aufgehoben.

Weitere Bestimmungen zur Staatsangehörigkeit bzw. zur Reichsbürgerschaft ergingen im Laufe des Zweiten Weltkrieges im Zuge deutscher Gebietseroberungen. In diesem Zusammenhang ist ein Runderlaß des Reichsinnenministers zum Erwerb der deutschen Staatsangehörigkeit durch Deutschstämmige vom 23.5.1944[15] zu beachten. In diesem wird zum ersten Mal von staatlicher Seite der deutsche Volkszugehörige definiert, im Erlaß als 'Deutschstämmiger' bezeichnet. In Absatz 3 heißt es dazu: „Deutschstämmig sind Personen mit mindestens zwei deutschen Großeltern; Personen mit artfremdem Bluteinschlag sind nicht deutschstämmig." Gleichwohl könne laut dem Erlaß auch bei Nichterfüllung der Voraussetzungen Deutschstämmigkeit angenommen werden, „wenn der Beteiligte von der deutschen Volksgruppe seiner Heimat als Deutscher angesehen wird" (Absatz 5a). Jedoch bezieht der Erlaß Frauen nicht ein (Absatz 4) und erstreckt sich „nicht ohne weiteres auf Ehefrauen und Kinder" (Absatz 5).

Die ideologisch geprägte Änderung des Staatsangehörigkeitsrechts durch die Nationalsozialisten beschränkte sich jedoch nicht auf die Erwerbsgründe, sondern griff zudem massiv in die bisherigen Gründe für den Verlust ein. Entscheidend hierfür war das „Gesetz über den Widerruf von Einbürgerungen und die Aberkennung der deutschen Staatsangehörigkeit" vom 14. Juli 1933[16] und seine Ausführungsbestimmungen vom 26. Juli 1933[17]. Das Gesetz hatte

---

[12] Mayer, Hans-Peter, Die Staatsangehörigkeit in Bayern, Dissertation, Würzburg 1974, S. 73.
[13] Thedieck, Karl, Deutsche Staatsangehörigkeit im Bund und in den Ländern. Genese und Grundlagen der Staatsangehörigkeit in deutschlandrechtlicher Perspektive (Schriften zum Öffentlichen Recht, Bd. 563), Berlin 1989, S. 47.
[14] Grawert, Rolf, Staatsangehörigkeit und Staatsbürgerschaft, in: Der Staat 23 (1984), S. 179-204, S. 199.
[15] RMBliV, S. 551.
[16] RGBl. I, S. 480.
[17] RGBl. I, S. 538.

zwei Stoßrichtungen: einerseits die durch Paragraph 1 ermöglichte Rücknahme von Einbürgerungen, die zwischen dem 9. November 1918 und dem 30. Januar 1933 vorgenommen worden waren. Betroffen waren dadurch in diesem Zeitraum nach Deutschland eingereiste Immigranten, deren Einbürgerung von den neuen Machthabern als nicht erwünscht angesehen wurde. Andererseits richtete sich die in Paragraph 2 beschriebene Ausbürgerungshandhabe gegen im Ausland befindliche Deutsche, die sich einer angeblichen Schädigung deutscher Belange durch eine Verletzung ihrer Treuepflicht gegenüber dem Reich im Sinne des Gesetzgebers schuldig machten. Zielgruppe waren ins Ausland emigrierte Personen, die dem nationalsozialistischen System aus politischen, rassischen oder religiösen Gründen mißliebig wurden. Das Vermögen von Personen, deren Ausbürgerungen mit Paragraph 2 legitimiert wurden, konnte darüber hinaus beschlagnahmt werden.

Das Gesetz zur Änderung des Reichs- und Staatsangehörigkeitsgesetzes vom 15. Mai 1935[18], dessen Doppelname nach der Abschaffung der Landesangehörigkeit gar nicht mehr angebracht war, korrespondierte mit den genannten Ausbürgerungsbestimmungen - es vollzog sie im RuStAG nach[19].

Das politische Ziel beider Gesetze wurde durch die Elfte Verordnung zum Reichsbürgergesetz vom 25. November 1941[20] unterstützt, durch die allen jüdischen Emigranten deutscher Staatsangehörigkeit, die beim Inkrafttreten dieser Verordnung ihren gewöhnlichen Aufenthalt im Ausland hatten oder ihren gewöhnlichen Aufenthalt später im Ausland nahmen, die Staatsangehörigkeit entzogen wurde[21], womit sie kollektiv ausgebürgert werden konnten. Gleichzeitig fiel auch das Vermögen dieser Zwangsausgebürgerten an das Reich. Wer als Jude anzusehen war, bestimmte sich nach Paragraph 5 der Ersten Verordnung zum Reichsbürgergesetz vom 14. November 1935[22].

---

[18] RGBl. I, S. 593.
[19] Makarov, Alexander N., Deutsches Staatsangehörigkeitsrecht, Kommentar, 2. Auflage, Frankfurt 1971, S. 21.
[20] RGBl. I, S. 722.
[21] Makarov, Deutsches Staatsangehörigkeitsrecht, S. 255.
[22] RGBl. I, S. 1333. Vgl. hierzu auch die Darstellung bei Schleser, Walter Fr., Die deutsche Staatsangehörigkeit. Ein Leitfaden, 4. Auflage, Frankfurt/M. 1980, S. 71.

Zusammenfassend läßt sich feststellen, daß die Nationalsozialisten das Staatsangehörigkeitsrecht zur Erfüllung ihrer politischen und ideologischen Ziele einschneidend veränderten. Insbesondere ihre Konzentration auf das völkische Moment ließ die ohnehin seit der Reichsgründung entscheidende Stellung des ius sanguinis im deutschen Staatsangehörigkeitsrecht zum alles überragenden Kriterium für den Erwerb der deutschen Staatsangehörigkeit werden. In diesem Sinne wirkte auch die Abschaffung der Landesstaatsangehörigkeiten, als deren Folge nur die deutsche Staatsangehörigkeit übrigblieb. Diese Ausformung der deutschen Staatsangehörigkeit war Ergebnis einer staatsrechtlichen Entwicklung, an deren Ende der einheitlich organisierte großdeutsche Nationalstaat stand.

In Kenntnis dieser durch die Nationalsozialisten veränderten staatsangehörigkeitsrechtlichen Situation bestimmten die Oberbefehlshaber der alliierten Armeen im „Gesetz des Alliierten Kontrollrats Nr. 1" vom 20. September 1945[23] die Aufhebung einiger nationalsozialistischer Gesetze, darunter das Reichsbürgergesetz vom 15. September 1935 und die dazugehörigen Verordnungen, u.a. die Elfte Verordnung vom 25. November 1941 und die Verordnung über die Staatsangehörigkeit auf Widerruf vom 25. April 1943[24] sowie das Gesetz zum Entzug der Staatsangehörigkeit vom 14. Juli 1933[25]. Hingewiesen sei jedoch auf den Umstand, daß die Aufhebung der nationalsozialistischen Gesetze durch den Alliierten Kontrollrat ex nunc erfolgte, so daß sie keinen rückwirkenden Charakter hatte und die in der Vergangenheit eingetretenen Wirkungen in Kraft blieben[26]. Damit oblag die Frage des Umgangs mit den Opfern der nationalsozialistischen Ausbürgerungspolitik einer neu zu schaffenden Zentralgewalt.

Alle anderen staatsangehörigkeitsrelevanten Bestimmungen aus den Jahren 1933 bis 1945 wurden nicht aufgehoben und wirkten somit weiter, also sowohl die in dieser Zeit vorgenommenen Änderungen des RuStAG als auch die „Gleichschaltungsgesetze" mit deren nachfolgender Abschaffung der Landesstaatsangehörigkeiten.

---

[23] Amtsblatt 1, S. 3.
[24] Lichter, Matthias/Hoffmann, Werner, Staatsangehörigkeitsrecht, 3. Auflage, Köln u.a. 1966, S. 373.
[25] Schleser, Deutsche Staatsangehörigkeit, S. 71.
[26] Lichter/Hoffmann, Staatsangehörigkeitsrecht, S. 373.

1.2.2 Staatsangehörigkeitsbestimmungen in den Länderverfassungen

Doch nicht nur die Besatzungsmächte veränderten die staatsangehörigkeitsrechtliche Situation in der Nachkriegszeit, sondern auch einige der wiedererrichteten Länder. Von den insgesamt sechs Ländern der amerikanischen und der französischen Zone, die sich bis Mitte 1947 eine Verfassung gaben, nahmen vier auch Bestimmungen zur Staatsangehörigkeit in ihre Konstitutionen auf.

Ohne nähere Einzelheiten wurde die Landesangehörigkeit in Artikel 6, Absatz 3 der am 18. Mai 1947 beschlossenen Verfassung des Landes Württemberg-Hohenzollern bestimmt. Dort heißt es einfach: „Die Staatsangehörigkeit wird durch das Gesetz geregelt."[27] Eine ähnliche Bestimmung findet sich in der am 28. November 1946 verabschiedeten Verfassung des Landes Württemberg-Baden, hier in den Artikeln 14 und 15[28].

Für das 1947 gebildete Land Rheinland-Pfalz wurde in Artikel 74, Absatz 2 seiner am 18. Mai 1947 verabschiedeten Konstitution bestimmt: „Staatsbürger sind alle Deutschen, die ihren Wohnsitz in Rheinland-Pfalz haben. Das Nähere regelt ein Gesetz."[29]. Dieses Land gewährte seine Staats'bürgerschaft' somit nicht nur gebürtigen Rheinland-Pfälzern, sondern auch anderen Deutschen, indem es die Landesangehörigkeit vom Wohnsitz im Lande abhängig machte. Auffälligerweise regelt hier das ius soli wieder die Staatsangehörigkeit, das seit dem Staatsangehörigkeitsgesetz von 1870 als Erwerbsgrund in Deutschland verdrängt worden war.

Ausführlicher formulierten die Verfassungsväter des Landes Baden in der französischen Besatzungszone die Bestimmungen zur Staatsangehörigkeit. In ihrer Konstitution vom 22. Mai 1947 heißt es in den Absätzen 2 und 3 des Artikels 53: „(2) Die badische Staatsangehörigkeit wird durch Geburt, Legitimation, durch Heirat und Einbürgerung erworben. (3) Das Nähere über Erwerb und Verlust der Staatsangehörigkeit und des Staatsbürgerrechts wird

---

[27] RegBl., S. 1.
[28] RegBl., S. 277.
[29] VOBl., S. 209.

durch Gesetz geregelt."[30] Diese Bestimmungen halten am ius sanguinis als Haupterwerbsgrund der Staatsangehörigkeit fest.

Die Bestimmungen der bayerischen Verfassung vom 8. Dezember 1946 im Bereich der
Staatsangehörigkeit waren die weitestgehenden. Dies ist auf die besondere Tradition Bayerns
in der deutschen Verfassungsgeschichte und auf seine fast unbeschadete Wiedererrichtung
nach dem Zweiten Weltkrieg zurückzuführen. In Artikel 6 der bayerischen Verfassung heißt
es: „(1) Die Staatsangehörigkeit wird erworben 1. durch Geburt; 2. durch Legitimation; 3.
durch Eheschließung; 4. durch Einbürgerung. (2) Die Staatsangehörigkeit kann nicht aberkannt werden. (3) Das Nähere regelt ein Gesetz über die Staatsangehörigkeit."[31] Die bayerische Staatsregierung versuchte den in Absatz 3 angedeuteten Gesetzesvorbehalt zweimal
einzulösen. Schon im Oktober 1945 bemühte sich der gerade eingesetzte bayerische Ministerpräsident Wilhelm Hoegner ein bayerisches Staatsangehörigkeitsgesetz von der Militärregierung genehmigen zu lassen. Den gleichen Vorstoß unternahm man während der Verfassungsberatungen im September 1946. Beide Male lehnte der amerikanische Militärgouverneur
Lucius D. Clay das Vorhaben wegen „separatistischer Tendenzen"[32] ab - nicht zu Unrecht, da
einige bayerische Politiker in den ersten Jahren nach dem Krieg durchaus separatistische
Vorstellungen bezüglich der zukünftigen Entwicklung Bayerns hatten[33].

Neben den vereinzelt eingerichteten Landesstaatsangehörigkeiten wurden die Länder auch
in anderen Bereichen, die die Staatsangehörigkeit berührten, aktiv. So etwa hinsichtlich des
rechtlichen Umgangs mit den Zwangsausgebürgerten des nationalsozialistischen Systems. Die
Aufhebung der entsprechenden Gesetze des Hitler-Regimes durch die Alliierten beseitigte

---

[30] RegBl., S. 129.
[31] Zitiert nach Nawiasky, Hans/Leusser, Claus, Die Verfassung des Freistaates Bayern vom 2. Dezember 1946,
Systematischer Überblick, Handkommentar, München, Berlin 1953, S. 81.
[32] Fait, Barbara, Auf Befehl der Besatzungsmacht? Der Weg zur Bayerischen Verfassung, in: Benz, Wolfgang
(Hrsg.), Neuanfang in Bayern 1945 bis 1949. Politik und Gesellschaft in der Nachkriegszeit, München 1988, S.
36-63, S. 62.
[33] Auch der in der Zeit des Interregnums einflußreichste bayerische Politiker, der Leiter der bayerischen
Staatskanzlei und spätere Vorsitzende der CDU/CSU-Fraktion im Parlamentarischen Rat Anton Pfeiffer,
sympathisierte in der frühen Nachkriegszeit mit Anhängern einer separaten Stellung Bayerns in einem
zukünftigen Deutschland. Vgl. dazu ebd., S. 50 und 53 und Reuter, Christiane, „Graue Eminenz der bayerischen
Politik". Eine politische Biographie Anton Pfeiffers (1888-1957) [Dissertationen zur Bayerischen Landes- und
Münchner Stadtgeschichte, Heft 117], München 1987, S. 96 ff.

zwar die Ursache des Staatsangehörigkeitsentzugs, jedoch nicht die Folgen der Zwangsaus-bürgerungen, da die Bestimmungen des Kontrollrates keinen rückwirkenden Charakter hatten. Obwohl es vor Beginn der Beratungen zum Grundgesetz keine gesamtdeutschen Regelungen in dieser Angelegenheit gab, beschäftigten sich einige Länder schon vor 1948 mit diesem Thema. Bestimmungen hierzu wurden in den Ländern der amerikanischen Zone erlassen; diese gingen auf die Proklamation Nr. 4 der amerikanischen Militärregierung vom 1. März 1947 zurück, wonach die Wiedereinbürgerung der Ausgebürgerten durch gleichlautende Gesetze in den Ländern Bayern[34], Bremen[35], Hessen[36] und Württemberg-Baden[37] in der gesamten amerikanischen Zone geregelt wurde[38]. Auf Antrag des Ausgebürgerten mußte eine aus politischen, rassischen oder religiösen Gründen durch die Nationalsozialisten initiierte Ausbürgerung rückwirkend für nichtig erklärt werden (§ 1). Neben den Antragsberechtigten waren auch deren Familienangehörige, auf die sich die Ausbürgerung ebenfalls erstreckte, wiedereinbürgerungsberechtigt. Die Antragsfrist wurde bis zum 1. Januar 1950 begrenzt (§ 2). Paragraph 4 sah jedoch vor, daß die Wiedereinbürgerung nur dann erfolgte, wenn eine mittlerweile erworbene andere Staatsangehörigkeit durch das Wiederaufleben der deutschen Staatsangehörigkeit erlosch, womit Mehrstaatigkeit verhindert werden sollte.

Auch im Zusammenhang mit dem Flüchtlingsproblem[39] ergingen nach der gleichen Ver-fahrensweise wie bei den Wiedereinbürgerungen in der amerikanischen Besatzungszone entsprechende Gesetze, die zwar die Gleichstellung der Flüchtlinge mit den Einheimischen vorsahen, jedoch nicht die Einbürgerung als deutsche Staatsangehörige[40]. Hier vermied man es wohl, in den Rechtsbereich der Zentralinstanz einzugreifen.

---

[34] Gesetz vom 27.3.1948 (GVBl., S. 52).

[35] Gesetz vom 15.4.1948 (GBl.,S. 65).

[36] Gesetz vom 23.3.1948 (GVBl., S. 45).

[37] Gesetze im Landesteil Baden vom 11.3.1948 (Abl., Sp. 169) und im Landesteil Württemberg vom 11.3.1948 (RegBl., S. 50).

[38] Das Gesetz ist abgedruckt bei Makarov, Deutsches Staatsangehörigkeitsrecht, S. 289.

[39] Näheres zu Ursache und Ausmaß der Flüchtlingswanderungen von Osteuropa Richtung Westen nach dem Zweiten Weltkrieg im nachfolgenden Kapitel.

[40] Hecker, Hellmuth, Die Staatsangehörigkeitsregelungen in Deutschland. Register der innerstaatlichen und völkerrechtlichen Vorschriften zum Staatsangehörigkeitsrecht der deutschen Länder sowie der Zentralgewalt (Deutsches Reich, BRD, DDR) seit 1806 [= Werkhefte des Instituts für Internationale Angelegenheiten der Universität Hamburg, Heft 30], Hamburg 1976, S. 464 und 475.

1.3 Vorbereitungen für den Parlamentarischen Rat

Die unterschiedliche politische Entwicklung in den verschiedenen Besatzungszonen zeigt, daß sich die Strukturen schon recht bald nach den Vereinbarungen von Potsdam auseinander-bewegten. Seit Anfang 1947 waren die amerikanische und die britische Besatzungszone vorwiegend aus Gründen der verwaltungstechnischen Effizienz zur Bi-Zone vereinigt worden. Diese Maßnahme wurde aber von der UdSSR als Verletzung des Potsdamer Abkommens verurteilt und erhielt damit eine politische Tragweite. Viel mehr als dieses Ereignis jedoch sollte die grundlegende Veränderung der großpolitischen Einstellung der Siegermächte zueinander seit Beginn des Jahres die Lage in Deutschland nachhaltig beeinflussen. Im März 1947 wurde auf der Moskauer Außenministerkonferenz deutlich, daß eine gemeinsame politische Interpretation des in großen Teilen recht unkonkreten Potsdamer Abkommens immer unrealistischer wurde. Weiterhin traten im Iran, in Griechenland und der Türkei die weltweiten Interessengegensätze der USA und der Sowjetunion zutage und führten auf amerikanischer Seite am 12. März 1947 zur Proklamation der „Truman-Doktrin", die ganz offen die Eindämmung und Zurückdrängung der „kommunistischen Gefahr" beschwor. In der Folge unternahmen Amerikaner und Briten im Kontrollrat und auf der Londoner Außenmini-sterkonferenz im Dezember 1947 kaum noch ernsthafte Versuche, eine deutschlandpolitische Einigung im Konflikt mit der Sowjetunion zu erreichen. Mit der Gründung der Bi-Zone war für sie eine Grundlage geschaffen, um die westlichen Zonen zu stabilisieren, so daß sie sich im Verlaufe dieses Jahres für eine „Westlösung der deutschen Frage"[41] entschieden.

In diesem Zusammenhang wurde nun auch verstärkt Druck auf Frankreich ausgeübt, sich an der Strategie 'Konzentration auf Westdeutschland' zu beteiligen. Die Franzosen lehnten dies anfangs jedoch ab, da sie wegen ihrer eigenen wirtschaftlichen Schwächen an einer weiteren Ausbeutung ihrer Zone interessiert waren und auch aufgrund historischer Erfahrun-

---

[41] Lange, Erhard H. M., Die Würde des Menschen ist unantastbar. Der Parlamentarische Rat und das Grundge-setz, Heidelberg 1993, S. 2.

gen Bedenken gegen einen größeren deutschen Staat, der aus den drei westlichen Besatzungszonen gebildet werden sollte, hegten[42].

Die westdeutschen Politiker schienen sich mit der Idee einer Festigung der westdeutschen
Verhältnisse anfreunden zu können. Infolge der durch die Marshallplanhilfe eintretenden
spürbaren Erholung der wirtschaftlichen Situation im Westen Deutschlands Anfang 1948
brachte die westdeutsche Bevölkerung den USA große Sympathien entgegen[43]. Die Sowjetunion dagegen, ohnehin aufgrund des bereits von den Nationalsozialisten propagierten
Antikommunismus mit Mißtrauen betrachtet, verlor in gleichem Maße Sympathien, je mehr
Deutschstämmige durch die kommunistischen Regierungen Osteuropas vertrieben wurden
und als Flüchtlinge nach Deutschland strömten[44]. Bis zum 1. April 1947 flüchteten etwa zehn
Millionen „Volksdeutsche" aus Osteuropa nach Westen. Etwa sechs Millionen wanderten in
die westlichen Besatzungszonen, der Rest in die Sowjetzone[45]. Von 1945 bis 1950 verließen
insgesamt zwölf Millionen Menschen ihre Heimat in Osteuropa. Etwa acht Millionen
gelangten in die westlichen Gebiete, wo sie schließlich ein Sechstel der Bevölkerung aus-
machten[46]. Von der deutschen Bevölkerung unbeachtet blieb dabei jedoch die Tatsache, daß
die Vertreibungen von den USA und Großbritannien letztlich sanktioniert waren, da die
Zwangsumsiedlungen schon auf der Potsdamer Konferenz von den westlichen Siegermächten
billigend in Kauf genommen worden waren[47].

Das Auseinanderdriften der westlichen und der östlichen Besatzungspolitik spiegelte sich
auf deutscher Seite wider. Symbol für diese innenpolitische Spaltung war die Abreise der
sowjetzonalen Länderchefs von der Münchener Ministerpräsidentenkonferenz am 6. Juni
1947, nachdem sich die Politiker der westlichen Besatzungszonen nach einer Weisung
Frankreichs an ihre Länderministerpräsidenten geweigert hatten, über die Einheit Deutsch-

---

[42] Thränhardt, Geschichte der BRD, S. 62.
[43] Ebd., S. 61.
[44] Ebd., S. 55.
[45] Kleßmann, Christoph, Die doppelte Staatsgründung. Deutsche Geschichte 1945-1955 (Studien zur Geschichte und Politik, Band 298), 5 Auflage, Bonn 1991, S. 41.
[46] Brubaker, William Rogers, Citizenship and Nationhood in France and Germany, Cambridge, London 1992, S. 168.
[47] Vgl. Benz, Potsdam, S. 100 ff. und 113.

lands zu diskutieren. Damit war eine baldige Verwirklichung eines gesamtdeutschen Zentralstaates unrealistisch geworden, und die westdeutschen Parteien begannen sich mit der vom SPD-Vorsitzenden Kurt Schumacher entworfenen und die Trennung Deutschlands vorerst hinnehmenden „Magnet-Theorie" anzufreunden. Schumacher argumentierte, daß „realpolitisch vom deutschen Gesichtspunkt aus kein anderer Weg zur Erringung der deutschen Einheit möglich [sei], als diese ökonomische Magnetisierung des Westens, die ihre Anziehungskraft auf den Osten so stark ausüben muß, daß auf die Dauer die bloße Innehabung des Machtapparats dagegen kein sicheres Mittel ist."[48]

Im Jahr 1948 vertiefte sich die Spaltung zwischen Ost und West. Die Weststaat-Entscheidung der Amerikaner und Briten ein Jahr zuvor wurde durch den demonstrativen Auszug des sowjetischen Mitgliedes Sokolowskij aus dem Alliierten Kontrollrat am 20. März 1948, die in den Westzonen durchgeführte Währungsunion am 20. Juni 1948 und die anschließende sowjetische Blockade Berlins zementiert. Nun ging es für die beiden westlichen Hauptsiegermächte nur noch um die Befriedigung von Sicherheitsbedürfnissen der deutschen Nachbarn, insbesondere Frankreichs, um wieder einen deutschen Zentralstaat konzipieren zu können, freilich nur einen westdeutschen. Dies wurde durch die Ergebnisse der Londoner Sechs-Mächte-Konferenz erreicht, an der neben den westlichen Besatzungsmächten auch die Benelux-Staaten teilnahmen und die in zwei Etappen zwischen Februar und Anfang Juni 1948 stattfand. Der dort ausgehandelte Kompromiß zur Gründung eines deutschen Weststaates berücksichtigte die französischen Ängste vor einem erstarkenden Deutschland, indem man sich auf die Schaffung eines dezentralisierten, politisch schwachen und u.a. durch ein Ruhrstatut ökonomisch kontrollierten deutschen Staates einigte. Die Vereinbarungen mündeten in die Erstellung dreier Dokumente, die den Ministerpräsidenten der westdeutschen Bundesländer am 1. Juli 1948 in Frankfurt durch die drei Militärgouverneure übergeben wurden.

Das erste dieser drei Dokumente enthielt die „Aufforderung an die deutschen Länderchefs, eine Verfassunggebende Versammlung zur Ausarbeitung einer demokratisch-föderativen

---

[48] Zitiert nach Benz, Gründung, S. 50 f.

Verfassung einzuberufen, 'die die Rechte der beteiligten Länder schützt, eine gemeinsame Zentralinstanz schafft und die Garantien der individuellen Rechte und Freiheiten enthält'".[49]

Das zweite Dokument erlaubte, die durch die willkürliche Zonengrenzziehung entstandenen Ländergrenzen zu überprüfen. Das dritte Dokument enthielt die Grundzüge eines Besatzungsstatuts, in dessen Grenzen der neu zu schaffende Staat handeln durfte.

Auf den darauffolgenden wichtigsten Ministerpräsidentenkonferenzen vom 8. bis 10. Juli auf dem Rittersturz bei Koblenz und vom 21. zum 22. Juli 1948 auf dem Jagdschloß Niederwald bei Rüdesheim berieten die Länderchefs das Angebot der westlichen Besatzungsmächte und konferierten über eine Antwort, die die Militärgouverneure bis zum Ende des Monats erwarteten. Zwei deutschlandpolitische Richtungen beherrschten die Konferenzen. Die eine Seite war der Meinung, man solle dem Angebot der Militärgouverneure, einen Weststaat mit einer Verfassung und allen staatsrechtlichen Gewalten zu gründen, nachkommen, wofür sich insbesondere der bayerische Ministerpräsident Hans Ehard einsetzte[50]. Unvermeidbare Konsequenz dieser Möglichkeit wäre jedoch die Teilung Deutschlands gewesen. Die andere Seite vertrat die Auffassung, keinen eigentlichen Staat zu gründen, sondern sich nur zu einer „Schaffung eines Zweckverbandes administrativer Qualität"[51] bereitzuerklären, um den Besatzungsmächten als Inhabern der Obersten Gewalt in Deutschland auch weiterhin die Verantwortung für die Schaffung der Einheit Deutschlands aufzuerlegen. Hauptvertreter dieser zweiten Argumentationslinie war der ehemalige Regierungschef Württemberg-Hohenzollerns Carlo Schmid.

Als Zünglein an der Waage in dieser Frage erwies sich die Haltung der Berliner Politiker. Das energische Eintreten des Berliner Stadtrates Ernst Reuter für die Gründung eines „Weststaates" auf der zweiten Konferenz in Niederwald entschied die Kontroverse zugunsten der Gründung eines deutschen Teilstaates in den drei westlichen Besatzungszonen. Man einigte sich zur Erarbeitung eines „Grundgesetzes" auf die Schaffung eines Parlamentarischen

---

[49] Der Parlamentarische Rat 1948-1949 - Akten und Protokolle, Hrsg. vom Deutschen Bundestag und vom Bundesarchiv, Bd. 1: Vorgeschichte, bearbeitet von Johannes Volker Wagner, Boppard am Rhein 1975, S. XXV.
[50] Ebd., S. 76 ff.
[51] Ebd., S. 90.

Rates, dessen Mitglieder durch die Landtage der Länder gewählt werden sollten, und bestimmte für die Konstituierung des Gremiums den 1. September 1948.

Zur Erarbeitung erster Grundlagen für die Verfassungsarbeit des Parlamentarischen Rates setzten die Ministerpräsidenten einen Sachverständigenausschuß ein, der vom 10. bis 23. August auf der Herreninsel im Chiemsee tagte. Dieser Konvent sollte zwar einerseits eine neutrale Leitlinie für die Beratungen der Konstituante vorgeben, andererseits aber auch unterstreichen, „daß die verfassungspolitische Entwicklung von den Ländern auszugehen habe und die Ministerpräsidenten die einzigen legitimen Sprecher Deutschlands seien und dieses auch bleiben sollten."[52] Diesem Grundsatz folgend, waren die Parteipolitiker bei diesem Konvent in der Minderheit.

Die Hauptstreitfrage während des Konvents war, wie föderalistisch das Grundgesetz auszugestalten sei. Die heftigsten Diskussionen über diese Frage lieferten sich die Teilnehmer bei der Ausgestaltung der Zweiten Kammer, der Formulierung einer Finanzverfassung und in der Frage, ob die konstituierende Gewalt des Zentralstaates vom Deutschen Volk oder von den Ländern ausgehen sollte, wie es insbesondere Bayern verlangte. Der Theorie einer Diskontinuität des Deutschen Reiches für den neuen „Weststaat" folgend, waren die bayerischen Politiker der Meinung, daß die einzig legitimierten Souveräne die Länder seien. Zum klaren Entscheid dieser Fragen kam es allerdings nicht, da man sich darauf einigte, dem Parlamentarischen Rat einen Grundgesetzentwurf vorzulegen, der bei strittigen Fragen Alternativartikel vorsah.

Auch im Bereich der Staatsangehörigkeit konnte man sich hinsichtlich der Wiedereinführung von Landesangehörigkeit nicht einigen, so daß auch hier dem Parlamentarischen Rat zwei Varianten vorgeschlagen wurden.

In der Fassung a) hätte der Bund die ausschließliche Kompetenz für die 'Bundesangehörigkeit' gehabt. Bei dieser Variante wäre die Festlegung von 'Grundsätzen der Landesangehörigkeit' nach Artikel 36, Ziffer 8 des Grundgesetzentwurfes der konkurrieren-

---

[52] Lange, Würde, S. 12.

den Gesetzgebung zwischen Bund und Land zugefallen. Dies hätte bedeutet, daß die Länder solange und soweit die Befugnis zur Gesetzgebung gehabt hätten, wie der Bund von seinem Gesetzgebungsrecht keinen Gebrauch machte. Damit wäre man zwar hinter die Gesetzgebungszuständigkeiten des Kaiserreiches zugunsten der Länder zurückgefallen, da dort sämtliche Staatsangehörigkeitsfragen des Reiches und der Länder in die Kompetenz des Reiches fielen, doch auch bei dieser Variante hätte der Bund eine Gesetzgebungskompetenz im Sinne einer Rahmengesetzgebung gehabt. Die Fassung b) im Artikel 35, Ziffer 2 ging von der Regelung der 'Staatsangehörigkeit' aus. Bei Annahme dieser Variante wären dem Konventsbericht zufolge die 'Grundsätze der Landesangehörigkeit' automatisch aus dem in Artikel 36 aufgeführten Katalog der konkurrierenden Gesetzgebung herausgefallen.

Zu weiteren Fragen der Staatsangehörigkeit ist auf dem Herrenchiemseer Konvent nichts beschlossen worden.

Während man sich beim Konvent auf Herrenchiemsee in einer akademischen Atmosphäre darauf beschränkt hatte, strukturelle Richtlinien für ein zukünftiges Grundgesetz zu erarbeiten und Meinungsunterschiede innerhalb dieses Sachverständigenausschusses mit Hilfe von Alternativvorschlägen neutral zu beschreiben, wurden im Parlamentarischen Rat die unterschiedlichen parteipolitischen Konzeptionen sichtbar, da die im Verfassungskonvent strittigen Fragen nun politisch gelöst werden mußten. Bei der Betrachtung der Mandatsverteilung im Parlamentarischen Rat wird ersichtlich, daß für die Lösung der Streitfragen Kompromisse zwischen den Parteien notwendig waren. Nach den Mehrheitsverhältnissen in den westdeutschen Landtagen wurden die insgesamt 65 Mitglieder des Parlamentarischen Rates in Relation zu der Bevölkerungszahl der Länder von den jeweiligen Landesparlamenten gewählt. Daraus ergab sich folgende Sitzverteilung in der Konstituante: SPD 27 (und drei Berliner Abgeordnete), CDU/CSU 27 (1), FDP 5 (1), KPD 2, Zentrum 2, Deutsche Partei (DP) 2. Grundlage der zu vereinbarenden Kompromisse waren die verschiedenen Verfassungskonzepte der Parteien.

Diesbezüglich entscheidend waren die Auffassungen der drei größten Fraktionen CDU/CSU, SPD und FDP.

Die Vorstellungen der CDU und der CSU waren insbesondere bei der Frage des Aufbaus des neuen Staates sehr unterschiedlich. Die bayerische CSU war äußerst föderalistisch eingestellt und ging von einem Staatsaufbau mit starken Mitwirkungsmöglichkeiten der Länder aus. Ohnehin sollten die Länder in der Zweiten Kammer des neuen Staates mindestens ebensoviele Gestaltungskompetenzen haben wie die Parteien, die in der Ersten Kammer vertreten sein sollten. Teile der süddeutschen CDU unterstützten diese Vorstellungen[53], die ebenfalls die Wiedereinrichtung der Landesangehörigkeit mit einer Vermittlungsfunktion für die deutsche Staatsangehörigkeit vorsahen.[54]

Auch die CDU der britischen Zone, der Konrad Adenauer vorstand, trat für einen föderalen Aufbau des Weststaates ein. Doch besonders bei den Fragen nach der Ausgestaltung der Zweiten Kammer (ein eher parteipolitisch geprägter Senat oder ein die Länder betonender Bundesrat) und der Finanzaufteilung zwischen Bund und Ländern bezogen die nordwestdeutschen Unionsfunktionäre unitaristischere Positionen als die süddeutschen[55]. Eindeutige staatsangehörigkeitsrechtliche Positionen sind für diesen Unionsflügel allerdings nicht zu ermitteln. Der Berliner Unionsableger, die CDUD mit ihrem Vorsitzenden Jakob Kaiser, hatte sich jedoch schon kurz nach dem Krieg auf eine Position in dieser Frage festgelegt. In ihren am 23. April 1946 verbreiteten verfassungsrechtlichen Thesen heißt es eindeutig: „Es gibt nur eine Reichsangehörigkeit."[56]

Das verfassungspolitische Konzept der SPD mußte zwar die alliierte Vorgabe zur Gründung eines Bundesstaates akzeptieren, sah allerdings den Wunsch nach einer zentralistisch geprägten Staatsorganisation vor, die von den Parteien und nicht den Ländern bestimmt werden sollte[57]. Der vom nordrhein-westfälischen Innenminister und Vorsitzenden des

---

[53] Otto, Volker, Das Staatsverständnis des Parlamentarischen Rates. Ein Beitrag zur Entstehungsgeschichte des Grundgesetzes für die Bundesrepublik Deutschland, Bonn 1971, S. 106 f.
[54] Vgl. das Programm des 'Ellwanger Kreises', in: Benz, Wolfgang, „Bewegt von der Hoffnung aller Deutschen". Zur Geschichte des Grundgesetzes. Entwürfe und Diskussionen 1941-1949, München 1979, S. 333.
[55] Der Parlamentarische Rat 1948-1949. Akten und Protokolle. Hrsg. vom Deutschen Bundestag und vom Bundesarchiv, Bd. 2: Der Verfassungskonvent auf Herrenchiemsee, bearbeitet von Peter Bucher, Boppard am Rhein 1981, S. XLV (im folgenden als „Verfassungskonvent auf Herrenchiemsee" zitiert).
[56] Zitiert nach Benz, Bewegt, S. 322.
[57] Verfassungskonvent auf Herrenchiemsee, S. XXXVII.

verfassungspolitischen Ausschusses der SPD Walter Menzel verfaßte 'Erste Menzel-Entwurf'
vom 16. August 1948 orientierte sich stark an der Weimarer Reichsverfassung, so daß die
verfassungspolitische Konzeption des SPD-Parteivorstandes in seiner Gesamtheit eher als die
eines „dezentralisierten Einheitsstaates"[58] angesehen werden muß. Mit dieser Einstellung
stand der Parteivorstand allerdings in Konflikt mit den sozialdemokratischen Länderchefs, die
föderalere Ansichten vertraten. Durch den Vorschlagskatalog des Verfassungskonventes von
Herrenchiemsee, der föderative Elemente im Grundgesetz vorsah, erhielten die Ländervertre-
ter in der SPD Unterstützung, so daß der Parteivorstand Menzel beauftragte, für die Beratungen des Parlamentarischen Rates eine „diskussionsfähige Alternative zu den Konzepten der
Unionsparteien"[59] zu erarbeiten. Der am 2. September 1948 von ihm vorgelegte 'Zweite
Menzel-Entwurf' sah schließlich eine abgeschwächte Form einer unitaristischen Staatskon-
zeption vor.

Diese Modifikation in einem föderaleren Sinne läßt sich auch an den Staatsangehörigkeitsbestimmungen der beiden Entwürfe ablesen. Während im 'Ersten Menzel-Entwurf' nur von
„Staatsangehörigkeit" im ausschließlichen Gesetzgebungskatalog des Bundes die Rede ist[60],
findet sich im 'Zweiten Menzel-Entwurf' in der Bundesgesetzgebung der Ausdruck „Staats-
und Landesangehörigkeit"[61].

Die Liberalen hatten ebenso wie die CDU/CSU und die SPD Schwierigkeiten, die unterschiedlichen Vorstellungen norddeutscher und süddeutscher Vertreter zum zukünftigen
Staatsaufbau aufeinander abzustimmen. Letztlich tendierte man allerdings zu einer eher
zentralistischen Ausrichtung des Staates, auch wenn, wie man offen zugab, eine staatliche
Form gefunden werden mußte, „in die auch Bayern sich freiwillig und ohne Zwang einfügt"[62].
Somit stand die spätere FDP in dieser Frage der SPD näher, wollte aber im Zweifelsfall auch
auf die Vorstellungen der Union, insbesondere der CSU, eingehen. Vorschläge zur Ausgestaltung der Staatsangehörigkeit legten die Liberalen nicht vor.

---

[58] Benz, Bewegt, S. 357.
[59] Ebd., 358 f.
[60] Vgl. den 'Ersten Menzel-Entwurf', in: Ebd., S. 368.
[61] Vgl. den 'Zweiten Menzel-Entwurf', in: Ebd., S. 391.
[62] Zitiert nach: Verfassungskonvent auf Herrenchiemsee, S. LI.

2. Staatsangehörigkeit im Spannungsverhältnis zwischen „Weststaat" und „Nationalstaat"

Mit dem Auftrag an den Parlamentarischen Rat, eine Verfassung für eine neue deutsche Republik innerhalb der drei westlichen Besatzungszonen zu konzipieren, entschlossen sich die Ministerpräsidenten, den Wunsch nach einem ungeteilten Gesamtdeutschland zugunsten einer teilsouveränen Zentralmacht in einem Teil Deutschlands in den Hintergrund treten zu lassen. Damit setzte sich die „Magnet-Theorie" gegenüber der Hoffnung durch, die Siegermächte könnten sich doch noch auf einen gesamtdeutschen Staat einigen. Im Sinne dieser Theorie sollte der neue Staat ein freiheitliches Leben ermöglichen, das in der sowjetischen Zone mutmaßlich nicht möglich war, so daß schließlich der Anschluß des Gebietes östlich der Elbe provoziert werden könnte. Es galt die von Carlo Schmid formulierte Losung, daß die deutsche Republik zwar nur im Westen errichtet werden könne, aber für sich in Anspruch nehmen müsse, für ganz Deutschland zu sprechen - also auch für den Osten. Legitimiert wurde dieses Denkmodell mit der Einschätzung, daß der westliche Staat durch freie Wahlen legalisiert sei, während es im Osten diese Freiheit nicht gebe.

Die Staatsangehörigkeit ist die rechtliche Eigenschaft des Staatsvolkes gegenüber dem Staat. Sie konnte somit Ausdruck einer gesamtdeutschen Staatsphilosophie des neuen Weststaates werden. Mit ihr konnte in der Praxis der gesamtdeutsche Anspruch des deutschen Teilstaates demonstriert werden. Sie bot die Möglichkeit, die Lücke zwischen separierter Souveränität und Erfüllung des Nationalstaates zu schließen.

2.1 Die „gesamtdeutsche Staatsangehörigkeit"

Artikel 116, Absatz 1 GG[63]*:* Deutscher im Sinne dieses Grundgesetzes ist vorbehaltlich anderweitiger gesetzlicher Regelung, wer die deutsche Staatsangehörigkeit besitzt oder als Flüchtling oder Vertriebener deutscher Volkszugehörigkeit oder als dessen Ehegatte

---

[63] In der am 8. Mai 1949 verabschiedeten Fassung.

oder Abkömmling in dem Gebiete des Deutschen Reiches nach dem Stande vom 31. Dezember 1937 Aufnahme gefunden hat.

Die eigentliche Aufgabe des Artikels 116,1 war die Bestimmung einer Legaldefinition des Begriffes 'Deutscher', also die Schaffung eines Geltungsbereichs für die „provisorische Verfassung". Hintergrund dieser Überlegung waren einerseits die unterschiedlichen Rechtsauffassungen über die Frage des Fortbestandes Deutschlands nach der Niederlage im Zweiten Weltkrieg[64]. Die Entscheidung hierüber fiel endgültig in der Debatte des Hauptausschusses über die Präambel des Grundgesetzes[65]. Mit der Feststellung, das deutsche Volk und nicht etwa die nach dem Krieg durch die Besatzungsmächte eingerichteten Länder habe sich kraft seiner verfassunggebenden Gewalt dieses Grundgesetz gegeben, war dieser Meinungsstreit zugunsten der Kontinuität des Deutschen Reiches politisch entschieden worden. Damit wurde auch festgelegt, daß alle Deutschen, die auf dem Gebiet des Deutschen Reiches nach dem Stand vom 31. Dezember 1937 lebten, also vor den Gebietserweiterungen vor und während des Zweiten Weltkrieges, die deutsche Staatsangehörigkeit besaßen.

Das bedeutete andererseits aber auch, daß eine Festlegung der Staatsangehörigkeit „im Sinne des Grundgesetzes" auf die Personen, die die deutsche Staatsangehörigkeit besaßen, einen gesamtdeutschen Anspruch realisierte. Hier konnte die Magnet-Theorie wirken, was den SPD-Abgeordneten Ludwig Bergsträsser zu der Bemerkung veranlaßte: „Da wir die Verfassung für Deutschland machen - nach einem Satz in unserer Präambel -, sollen wir sagen: 'Die deutsche Staatsangehörigkeit'. Wir machen doch eine Verfassung, zu der wir die anderen Deutschen einladen."[66] Man identifizierte das Staatsvolk somit nicht mit den Bewohnern des Staatsgebietes, der westlichen Besatzungszonen, auf die sich die Geltung des Grundgesetzes

---

[64] Schriftlicher Bericht zum Entwurf des Grundgesetzes für die Bundesrepublik Deutschland. Anlage zum stenographischen Bericht der 9. Sitzung des Parlamentarischen Rates am 6. Mai 1949 (P.R.-Drucksachen 850 und 854), S. 95.

[65] Vgl. Parlamentarischer Rat. Stenographische Berichte über die Verhandlungen des Hauptausschusses, Bonn 1949, 26. Sitzung am 10.12.1948, S. 306 ff. (im folgenden als „Hauptausschuß" zitiert).

[66] Der Parlamentarische Rat 1948-1949. Akten und Protokolle. Hrsg. vom Deutschen Bundestag und vom Bundesarchiv, Bd. 5/I und II: Ausschuß für Grundsatzfragen, bearbeitet von Eberhard Pikart und Wolfram Werner, Boppard am Rhein 1993, 32. Sitzung am 11.1.1949, S. 947 (im folgenden als „Ausschuß für Grundsatzfragen" zitiert).

beschränkte, sondern mit denjenigen, die die deutsche Staatsangehörigkeit des in der Theorie weiterexistierenden Deutschen Reiches besaßen.

Darüber hinaus sollten über die Definition der Staatsangehörigkeit auch Personen in den neuen deutschen Staat einbezogen werden, die nicht zum Deutschen Reich gehört hatten. Im Schriftlichen Bericht zum Entwurf des Grundgesetzes heißt es dazu: „Neu ist bei dieser Definition die Einbeziehung der sogenannten Volksdeutschen (Flüchtlinge oder Vertriebene deutscher Volkszugehörigkeit), die den 'deutschen Staatsangehörigen' gleichgestellt werden."[67] Die deutschen Volkszugehörigen waren nach dieser Erläuterung also Menschen, die nicht die deutsche Staatsangehörigkeit besaßen und somit nicht auf dem Gebiet des Deutschen Reiches nach dem Stand vom 31. Dezember 1937 lebten, aber von deutschstämmigen Vorfahren abstammten. Man kann sie als Menschen bezeichnen, die eine auf Deutschland bezogene 'soziologische Staatsangehörigkeit' besaßen, d.h. kulturell mit Deutschland verbunden waren[68]. Durch die Bestimmung des Artikels 116,1 wurde die 'soziologische Staatsangehörigkeit' der Deutschstämmigen in die rechtliche deutsche Staatsangehörigkeit umgewandelt. Doch warum erweiterte man den Kreis der deutschen Staatsangehörigen über die Menschen hinaus, die in Vorkriegsdeutschland gelebt hatten?

2.1.1   Die Einbeziehung der volksdeutschen Vertriebenen

Die Ursache für die Einbeziehung der Volksdeutschen lag in der Flucht vieler Deutschstämmiger aus den osteuropäischen Staaten in die westlichen Besatzungszonen. Dadurch entstand für das Verfassungsgremium ein Handlungsbedarf, auf den der SPD-Abgeordnete Willibald Mücke hinwies:

---

[67] Schriftlicher Bericht zum Entwurf des Grundgesetzes, S. 95.
[68] de Groot, Gerard-René, Staatsangehörigkeitsrecht im Wandel. Eine rechtsvergleichende Studie über Erwerbs- und Verlustgründe der Staatsangehörigkeit, Köln u.a. 1989, S. 10 ff.

Bisher gibt es - und hier auch nicht in allen Ländern - eine gesetzliche Regelung nur auf der Länderbasis. Diese Länderregelungen gehen ausschließlich von den Gegebenheiten der Länder und dazu von durchaus verschiedenartigen Auffassungen aus.[...] Es kann hier nicht ein Vakuum entstehen; denn wir sind doch in den letzten drei Jahren gerade auf dem Gebiet des Flüchtlingswesens immer wieder mit der künftigen gesamtdeutschen Regelung vertröstet worden. Das Flüchtlingsproblem kann nicht durch die Länder, sondern nur auf gesamtdeutscher Basis geregelt werden. Es ist nicht tragbar, daß man mit der Regelung dieser Dinge wartet, bis ein Bundesgesetz zustande kommt.[69]

Mit der Regelung des Artikels 116,1 sollte ein bundeseinheitlicher Rechtszustand geschaffen werden, der gewährleistete, daß die Volksdeutschen „in keiner Weise als Bundesangehörige zweiter Klasse figurieren können"[70].

Der Allgemeine Redaktionsausschuß[71] legte dem Hauptausschuß[72] am 18. November 1948 eine Definition des Begriffs 'Deutscher' als Maßgabe für das Staatsvolk des neuen Staates vor

Deutscher im Sinne dieses Grundgesetzes ist vorbehaltlich anderweitiger gesetzlicher Regelung, wer die deutsche Staatsangehörigkeit besitzt oder als Flüchtling volksdeutscher Zugehörigkeit oder als dessen Ehegatte oder Abkömmling in dem Gebiet des Deutschen Reiches nach dem Stand vom 31.12.1937 Aufnahme gefunden hat.[73]

---

[69] Hauptausschuß, 45. Sitzung am 19.01.1949, S. 596.

[70] Der SPD-Abgeordnete Fritz Eberhard im Ausschuß für Grundsatzfragen, 25. Sitzung am 24.11.1948, S. 705.

[71] Der Allgemeine Redaktionsausschuß hatte die Aufgabe, die Artikelentwürfe der Fachausschüsse auf Rechtssprache und Formalia zu überprüfen, insbesondere die Kompatibilität der von den verschiedenen Ausschüssen erarbeiteten Grundgesetzartikel herzustellen. Der Redaktionsausschuß, der in der für diese Untersuchung wesentlichen Zeit aus den drei Abgeordneten Heinrich von Brentano (CDU), August Zinn (SPD) und Thomas Dehler (FDP) bestand, fügte seinen redigierten Artikelneufassungen kritische und begründende Anmerkungen bei. Vgl. dazu Doemming, Klaus-Berto v./ Füsslein, Rudolf W./Matz, Werner, Entstehungsgeschichte der Artikel des Grundgesetzes (= Jahrbuch des öffentlichen Rechts der Gegenwart, Neue Folge, Bd. 1), Tübingen 1951, S. 10.

[72] Der Hauptausschuß war das wichtigste Gremium des Parlamentarischen Rates nach dem Plenum. Seine Aufgabe lag in der Koordination der Fachausschüsse und der Fällung von politischen Vorentscheidungen, die in den Fachausschüssen tunlichst vermieden werden sollten. Vorsitzender dieses Ausschusses war Carlo Schmid, der auch Vorsitzender der SPD-Fraktion im Parlamentarischen Rat war. Schmid, damals Professor für Völkerrecht an der Universität Tübingen und stellv. Präsident von Württemberg-Hohenzollern, war der Abgeordnete, der die Arbeit des Hauptausschusses und die gesamten Grundgesetzberatungen am nachhaltigsten beeinflußte. Vgl. ebd., S. 10 f.; Pommerin, Reiner, Die Mitglieder des Parlamentarischen Rat. Porträtskizzen des britischen Verbindungsoffiziers Chaput de Saintonge, in: Vierteljahreshefte für Zeitgeschichte 36, 3 (1988), S. 557-588, S. 580 und Kuby, Ernst, Neue Mark und neue Verfassung, in: Stern-Jubiläumsheft '1948', Hamburg 1997, S. 20-21, S. 21.

[73] Hauptausschuß, 5. Sitzung am 18.11.1948, S. 63 f.

Nachfolgend wurde aus dem Kreis des Ausschusses gefordert, zum Wort 'Flüchtling' auch das Wort 'Vertriebener' hinzuzusetzen[74]. Damit zielte man auf die Politik der osteuropäischen Länder, die die Gründung ihrer Nationalstaaten mit Hilfe der Vertreibung von Minderheiten, hier der Deutschen, bewerkstelligen wollten. Für die Abgeordneten des Parlamentarischen Rates war die Vertreibung der Deutschen ein „Schandfleck"[75] für die kommunistischen Regierungen der Staaten Osteuropas. Doch nicht nur die Deutschen in den reichsdeutschen Vorkriegsgebieten waren davon betroffen, sondern auch die ehemals Deutschen, die in der Vergangenheit in die osteuropäischen Gebiete ausgewandert waren und trotz langer Siedlungsdauer ebenfalls aus den osteuropäischen Staaten vertrieben wurden.

Die Anspruchserweiterung für die deutschen Volkszugehörigen hatte verschiedene Ursachen. Allgemein ist bei der Flüchtlingsdebatte eine Emotionalisierung zu konstatieren, die insbesondere durch den Abgeordneten Hans-Christoph Seebohm, Vertreter der Deutschen Partei (DP) und selbst Vertriebener aus Schlesien, oft angeheizt wurde:

> Ich halte es für unmöglich, daß man den Menschen, die wider Recht und Gesetz aus dem Osten, aus ihrer Heimat vertrieben worden sind, nicht die gleichen Rechte zugesteht. Ich halte es für nötig, daß das geschieht und bin überrascht, daß überhaupt die Frage aufgeworfen wird, daß das nicht geschehen sollte.[76]

Weiter spielte die Abstammungspriorität des deutschen Staatsangehörigkeitsrechts eine wesentliche Rolle. Seit Mitte des 19. Jahrhunderts dominierte das ius sanguinis den Erwerb der deutschen Staatsangehörigkeit[77] und ließ die vertriebenen Volksdeutschen als natürliche Anspruchsberechtigte für die Staatsangehörigkeit erscheinen. Auch die nationalsozialistische Politik der Einbeziehung volksdeutscher Angehöriger in die Staatsangehörigkeit nach dem Runderlaß des Reichsinnenministers vom 19. Dezember 1944 konnte sich in dieser Situation auswirken. Und nicht zuletzt unterstrich die Berücksichtigung der volksdeutschen Vertriebenen im Grundgesetz das Ziel, mit Hilfe des alle Deutschstämmigen integrierenden gesamt-

---

[74] Ebd., S. 64.
[75] Hermann v. Mangoldt im Ausschuß für Grundsatzfragen, 26. Sitzung am 30.11.1948, S. 718.
[76] Hauptausschuß, 27. Sitzung am 15.12.1948, S. 326.
[77] Vgl. dazu Thedieck, Deutsche Staatsangehörigkeit, S. 37.

deutschen Anspruchs die Deutsche Einheit und den Nationalstaat zu erreichen. Im Sinne der oben skizzierten Staatsphilosophie war die Berücksichtigung der Vertriebenen geradezu eine Chance für die Glaubwürdigkeit dieser Doktrin.

2.1.2 Voraussetzungen und Konkretisierung des Rechtsanspruchs nach Artikel 116,1 GG

Die Rechtsprechung der Bundesrepublik Deutschland sieht in der Gleichstellung der Volksdeutschen mit deutschen Staatsangehörigen zwei Ausformungen: die 'deutsche Staatsangehörigkeit' und den 'Status der deutschen Staatsangehörigkeit'[78]. Letztere ist das Vorstadium für die deutsche Staatsangehörigkeit. Beide Kategorien schließen einander aus, da der 'Statusdeutsche', also der Volksdeutsche, entweder eine fremde Staatsangehörigkeit besitzt oder staatenlos ist[79]. Die Eigenschaft 'Statusdeutscher' erwirbt er zum Zeitpunkt der Aufnahme, „eines entsprechenden Willens bedarf es nicht".[80] Aufgrund des Status wird er dann als Deutscher eingebürgert und erhält die deutsche Staatsangehörigkeit.

Trotz aller Gleichstellungsbemühungen ist jedoch zu konstatieren, daß die Bestimmungen des Artikels 116,1 sowohl für die Statusdeutschen als auch für die deutschen Staatsangehörigen in der sowjetischen Besatzungszone ein Auseinanderfallen von deutscher *Staatsangehörigkeit* und bundesdeutscher *Staatsbürgerschaft* bedeuteten, da z.B. für die Gewährung des Wahlrechts der Wohnsitz im Bundesgebiet Voraussetzung war.

Die Einbeziehung des Wortes „Vertriebener" läßt darauf schließen, daß Verfolgung und Vertreibung Voraussetzung für das in Artikel 116,1 garantierte Recht waren. Dieser Interpre-

---

[78] Vgl. hierzu v. Münch, Ingo/Kunig, Philip (Hrsg.), Grundgesetz-Kommentar in 3 Bänden, Band 3 (Artikel 70-146), 3. Auflage, München 1996, Randnummer 36 zu Artikel 116.
[79] Ebd.
[80] Ebd., Rn. 51 zu Artikel 116.

tation schließt sich auch die heutige Rechtswissenschaft an: „Wer freiwillig ausreist, ist nicht Vertriebener"[81] und fällt somit nicht unter den Grundgesetzartikel.

Hinsichtlich einer exakten Definition der „deutschen Volkszugehörigen" blieb man auffallend unkonkret. Neben ihrer Titulierung als „Volksdeutsche" oder „deutsche Volkszugehörige" wurden sie häufig einfach als „Deutsche"[82] bezeichnet. Zur Unterscheidung von anderen Deutschen wurde gesagt, daß sie „keine deutsche Staatsangehörigkeit" besäßen[83]. Doch welche Eigenschaften sie als Deutsche haben müßten, wurde in den Beiträgen der Parlamentarier nicht erwähnt. Als Spezifizierung hätte nur die 1944 von den Nationalsozialisten vorgenommene Definition dienen können. Diese hatte zwar zum einen die Bestimmung enthalten, Deutschstämmiger sei derjenige, der mindestens zwei deutsche Großeltern nachweisen könne, zum anderen aber auch das Zugeständnis, daß zum Nachweis der Deutschstämmigkeit auch die Erklärung der deutschen Volksgruppe seiner Heimat ausreiche, den Betroffenen als Deutschstämmigen anzusehen. Obwohl kein Redner sich direkt auf diese Definition bezog, ist teilweise eine rechtliche Unkonkretheit sowohl bei der nationalsozialistischen Formulierung als auch bei der im Grundgesetz auffallend, wobei die Ausdrücke „Deutschstämmiger" und „deutscher Volkszugehöriger" als Synonyme zu betrachten sind. Die Klärung dieser Frage überließen die Verfassungsväter dem Gesetzgeber, der dann im 1953 verabschiedeten Bundesvertriebenengesetz[84] folgende interpretierbare Definition formulierte: „Deutscher Volkszugehörigkeit ist im Sinne dieses Gesetzes, wer sich in seiner Heimat zum deutschen Volkstum bekannt hat, sofern dieses Bekenntnis durch bestimmte Merkmale wie Abstammung, Sprache, Erziehung, Kultur bestätigt wird".

Eine zumindest räumliche Abgrenzung nahm Seebohm vor, indem er im Hauptausschuß Gebiete nannte, in denen sich deutsche Volkszugehörige aufhielten und von Vertreibung bedroht seien:

---

[81] Ebd., Rn. 40 zu Art. 116.
[82] Seebohm in der 20. Hauptausschußsitzung, S. 226; v. Mangoldt in der 32. Sitzung des Ausschusses für Grundsatzfragen, S. 947.
[83] Der SPD-Abgeordnete August Zinn im Hauptausschuß, 5. Sitzung am 18.11.1948, S. 64.
[84] BGBl. I, S. 201.

> Es gibt gerade in den Gebieten der ehemaligen Nachfolgestaaten der österreich-
> ungarischen Monarchie und in den Gebieten, die zu Polen und den baltischen Staaten
> gehören oder gehörten, immer noch eine ganze Anzahl von Deutschen, die die deutsche
> Staatsangehörigkeit nicht besitzen. Wenn sie aus irgendwelchen Gründen zu uns kom-
> men können oder kommen müssen - und gerade aus dem Gebiet von Böhmen und Un-
> garn können noch sehr viele kommen -, dann haben sie natürlich große Schwierigkei-
> ten.[85]

In diesem Redebeitrag werden verschiedene Gruppen von Volksdeutschen erwähnt. Die ersten drei Bevölkerungsgruppen wohnten in den vor 1918 noch zu dem Deutschen Reiches gehörenden Ostgebieten Westpreußen, Oberschlesien und Memelland. Weiterhin werden aber auch deutschstämmige Bewohner der österreich-ungarischen Doppelmonarchie, die in Böhmen, Mähren, Galizien, Ungarn und Siebenbürgen lebten, erwähnt. Mit dem Verweis auf „Gebiete, die zu Polen und den baltischen Staaten gehören oder gehörten" vermutete Seebohm jedoch Volksdeutsche in Gebieten, die nie zum Deutschen Reich oder zu Österreich gehört hatten, sondern sich auf russischem oder altem polnischen Boden befanden. Also bezog sich Seebohm auch auf die von deutschen Vorfahren Abstammenden, die noch nie eine deutsche Staatsangehörigkeit besessen hatten. Sein Hinweis darauf, daß „noch sehr viele" Volksdeut-sche kommen könnten, weil es in den genannten Gebieten „immer noch eine ganze Anzahl von Deutschen" gebe, macht deutlich, daß den Mitgliedern der Konstituante die aus der Regelung folgende Konsequenz einer zukünftigen Einwanderungswelle von vertriebenen Volksdeutschen durchaus bewußt war.

Hinsichtlich der Dauer des garantierten Anspruchs auf die deutsche Staatsangehörigkeit gab es einen klärenden Dialog zwischen den Abgeordneten Seebohm und Schmid im Haupt-ausschuß:

> *Seebohm (DP):* Ich möchte doch darauf aufmerksam machen, daß wir nicht übersehen
> können, ob insbesondere die noch im Gebiet der Tschechoslowakei zurückgebliebenen
> Deutschen nicht nach dem angegebenen Zeitpunkt noch Aufnahme finden werden.
> Deshalb möchte ich die Frage stellen, warum man diese Bestimmung zeitlich begrenzt
> hat und ob es nicht möglich ist, eine Fassung zu wählen, die diesen Menschen, wenn sie
> kommen, dieselben Rechte zugesteht.

---

[85] Hauptausschuß, 44. Sitzung am 19.1.1949, S. 574.

Schmid (SPD): Ich glaube, dem ist Rechnung getragen, Herr Dr. Seebohm, von dem Moment an, in dem sie Aufnahme gefunden haben; auch in der Zukunft.

Seebohm: Das ist also als Perfektum gedacht?

Schmid: Jawohl, man könnte das als ein futurum exactum nehmen, wenn man wollte. Nur klingt es nicht sehr schön.

Seebohm: Ich wollte nur ausdrücklich festgestellt haben, daß die Bestimmung so gemeint ist, daß jeder Angehörige deutscher Volkszugehörigkeit, der auch in Zukunft als Vertriebener zu uns kommt, diese Staatsangehörigkeit erwirbt.[86]

Aufgrund der eindeutigen Wortwahl Seebohms geht auch die Jurisprudenz davon aus, daß „die Aufnahme in Deutschland nicht auf die Zeit vor Inkrafttreten des Grundgesetzes begrenzt [ist]."[87] Insbesondere durch spätere gesetzliche Bestimmungen im Rahmen des im Artikel 116,1 vorgesehenen Gesetzesvorbehalts hat diese Dauerhaftigkeit eine weitere Ausformung gefunden[88]. So ist denn auch die Rechtswissenschaft der Meinung, daß der im Grundgesetzartikel als Mindestmaß geforderte Vertreibungstatbestand nach Abschluß der allgemeinen Vertreibungsmaßnahmen Anfang der fünfziger Jahre immer noch erfüllt war[89]. Das Bundesvertriebenengesetz aus dem Jahre 1953 rechtfertigte die „Existenz eines fortdauernden Vertreibungsdrucks"[90] auch für die weitere Zukunft, so daß der Rechtsanspruch gemäß Artikel 116,1 erhalten blieb. Diese Ansicht wurde von politischer Seite mit Repressionen der kommunistischen Staaten gegenüber der jeweiligen deutschen Minderheit begründet.

Da aber die generelle Vermutung eines Vertreibungsdrucks als einfach-gesetzliche Ausführungsregelung mit Art. 116,1 unvereinbar ist, weil damit die Grenze der Interpretation des Begriffes 'Vertriebener oder Flüchtling' überschritten würde[91], trat mit dem Zusammenbruch der kommunistischen Staatssysteme Osteuropas 1989/90 eine entscheidende Veränderung ein. Ein Bezug seitheriger einfach-gesetzlicher Regelungen auf den Artikel 116,1 ist nicht mehr

---

[86] Hauptausschuß, 20. Sitzung am 7.12.1948, S. 226.

[87] v. Münch/Kunig, Grundgesetz-Kommentar, Rn. 47 zu Art. 116. Vgl. auch Makarov, Alexander N./v. Mangoldt, Hans, Deutsches Staatsangehörigkeitsrecht, 3. Auflage, Frankfurt/M. 1987, Rn. 45 zu Art. 116.

[88] Hauptsächlich durch das Bundesvertriebenengesetz aus dem Jahre 1953.

[89] v. Münch/Kunig, Grundgesetz-Kommentar, Rn. 39 zu Art. 116.

[90] Ebd., Rn. 40 zu Art. 116.

[91] Ebd., Rn. 41 zu Art. 116.

möglich, da der Vertreibungstatbestand aufgrund der dortigen Schaffung demokratischer Staaten nicht gegeben ist.

Auch in anderer Hinsicht ist eine heutige Herleitung des Rechtsanspruchs durch den Artikel 116,1 unrealistisch. Mit dem Zwei-plus-Vier-Vertrag und den einigungsbedingten Änderungen der Präambel und der Artikel 23 und 146 hat sich die Bundesrepublik völkerrechtlich und verfassungsrechtlich darauf festgelegt, daß Deutschland sich auf das Gebiet der heutigen Bundesrepublik beschränkt. „Eine Bezugnahme auf das Deutsche Reich in den Grenzen von 1937 ist mit dieser Reduktion der deutschen Hoheitsgewalt auf das gegenwärtige deutsche Staatsgebiet schwer vereinbar."[92]

Der in dieser Hinsicht bemerkenswerte Standort des Artikels 116,1 in den 'Übergangsbestimmungen' des Grundgesetzes läßt auf eine nur zwischenzeitliche Geltungsdauer schließen, da die in diesem Abschnitt der Verfassung aufgeführten Artikel „schnell voranschreitenden gegenstandsverzehrenden Abschmelzungsprozessen unterworfen [sind]"[93].

Doch aufgrund der Tatsache, daß „die aus der Standortzuweisung [innerhalb der Übergangsbestimmungen] resultierenden Fragen kaum gesehen und nicht thematisiert wurden"[94], erstaunt die über vierzig Jahre währende Anwendbarkeit des Artikels nicht.

Die Einbeziehung der „Ehegatten und Abkömmlinge" in den Rechtsanspruch auf deutsche Staatsangehörigkeit wurde ebenfalls großzügig geregelt. Der Schriftliche Bericht zum Entwurf des Grundgesetzes stellt dazu fest: „Einbezogen werden auch die Ehegatten und die Abkömmlinge der Volksdeutschen. Bei diesen kann es sogar der Fall sein, daß diese von Geburt selbst nicht Volksdeutsche sind."[95] Diese Regelung sollte den Vertriebenen neben der Gefahr der ethnischen Verfolgung in ihren Heimatstaaten weitere Härten in Form eines Auseinanderreißens ihrer Familien ersparen.

---

[92] Ebd., Rn. 53 und 54 zu Art. 116.
[93] Alternativkommentare zum Grundgesetz, Rn. 1 zu Art. 116.
[94] Ebd.
[95] Schriftlicher Bericht zum Entwurf des Grundgesetzes, S. 95.

2.1.3 Die Bedeutung der volksdeutschen Vertriebenen für die Parteien

Je mehr die volksdeutschen Vertriebenen mit Hilfe des Artikels 116,1 in das staatliche System der neuen deutschen Republik aus nationalen Gründen einbezogen wurden, um so mehr mußten die westdeutschen Politiker die Wünsche der neuen Mitbürger auch berücksichtigen. Denn mit ihrer Gleichstellung mit den deutschen Staatsangehörigen erhielten sie bei Wohnsitz in der Bundesrepublik auch das Wahlrecht, so daß sie auch wahltaktisch für die Politik interessant wurden. Bis zu den ersten Bundestagswahlen sollten die Vertriebenen schon fast ein Sechstel der westdeutschen Bevölkerung ausmachen, so daß sie eine für die Mehrheit im ersten Bundestag relevante Bevölkerungsgruppe waren. Schon auf der CDU/CSU-Fraktionssitzung am 25. November 1948 machte Konrad Adenauer auf diesen Umstand aufmerksam und wies darauf hin, „daß die SPD [...] an Verhetzung der Vertriebenen das denkbar Mögliche geleistet hat."[96] Und welche wahltaktische Bedeutung der Flüchtlingsfrage schon während der Verhandlungen des Parlamentarischen Rates zukam, belegt der Bericht des CDU-Abgeordneten Walter Strauß über eine Flüchtlingstagung Anfang März 1949 in Mainz, in dem er feststellte: „Fast sämtliche Anwesenden hätten dort die Bildung einer Flüchtlingspartei gefordert. [...]. Die Lage sei [...] ernst, die Parteien müßten die Flüchtlinge stärker berücksichtigen."[97]

In dieser Hinsicht garantierte die Vertriebenenfrage nicht nur der Bundesrepublik einen nationalen Überbau, sondern provozierte darüber hinaus eine nationale Gesinnung der Politiker. Denn die Berücksichtigung der Interessen der Vertriebenengruppen besonders durch die Unionsparteien erforderte für die Zukunft eine den Nationalstaat propagierende Politik. Weiter verdeutlichen die Bestimmungen der Staatsangehörigkeit im Artikel 116,1, daß trotz der Weststaatsgründung der Teilung Deutschlands und der in Potsdam inoffiziell vereinbarten

---

[96] Die CDU/CSU im Parlamentarischen Rat. Sitzungsprotokolle der Unionsfraktion, bearbeitet von Rainer Salzmann, Stuttgart 1981, CDU/CSU-Fraktionssitzung am Vormittag des 25.11.1948, S. 188 (im folgenden als „CDU/CSU-Fraktionssitzung" zitiert).
[97] CDU/CSU-Fraktionssitzung am 10.03.1949, S. 428.

östlichen Gebietsabtretungen von bundesrepublikanischer Seite nicht zugestimmt werde[98]. Die von Carlo Schmid zu Beginn der Beratungen dargelegte Begründung für den provisorischen Charakter des Grundgesetzes, nämlich daß es dem neuen Weststaat für eine nachhaltige xistenz an einer westdeutschen Staatsnation fehle[99], wurde durch die Bestimmungen des Artikels 116,1 widerlegt. Die nur auf einem Teil des deutschen Gebietes sich gründende Bundesrepublik Deutschland nahm die Vertretung der gesamten deutschen Nation für sich in Anspruch.

2.1.4 Die Kontroverse um die Verwendung der Begriffe 'Deutscher' und 'Bundesangehöriger'

Mit der Verabschiedung des Artikels 116,1 stellte der Parlamentarische Rat klar, daß man sich bei der Schaffung einer Verfassung für die westlichen Besatzungszonen nicht auf dieses Gebiet beschränken wollte. Vielmehr betrachtete man die Staatsgründung als Auftakt einer Reorganisation Deutschlands nach dem Zusammenbruch des Deutschen Reiches im Zweiten Weltkrieg, an deren Ende die Existenz eines ungeteilten deutschen Staates stehen sollte. Diese Dualität - die Chance eines staatlichen Neuaufbaus in einem Teil des deutschen Gebietes bei gleichzeitiger gedanklicher Wahrung der Einheit Gesamtdeutschlands - kommt beim „Streit"[100] innerhalb des Parlamentarischen Rates über die Verwendung der Begriffe 'Bundesangehöriger' und 'Deutscher' in diversen Grundgesetzartikeln zum Ausdruck. Bei dieser Kontroverse ging es darum, ob man den Deutschen östlich der Elbe, die ja nicht auf dem Staatsgebiet lebten, über das man Verfügungsgewalt hatte, trotzdem einige der in der Verfassung verankerten Rechte garantieren sollte, obwohl man offensichtlich nicht über die Macht verfügte, Rechtsansprüche dieser Deutschen durchzusetzen. Die Alternative war, die

---

[98] Lichter, M., Das Bonner Grundgesetz und die Staatsangehörigkeit, in: Standesamt 7 (1954), (1. Teil: S. 241-245; 2. Teil: 265-268), S. 243.

[99] Parlamentarischer Rat. Stenographische Berichte über die Plenarsitzungen, Bonn 1949, 2. Sitzung am 8.9.1948, S. 10 f. (im folgenden als „Plenum des Parlamentarischen Rates" zitiert).

[100] Diese Charakterisierung der Auseinandersetzung um die Begriffsverwendung nimmt der SPD-Abgeordnete Fritz Eberhard in der 32. Sitzung des Ausschusses für Grundsatzfragen am 11.1.1949, S. 941 vor.

Verfassungsrechte nur den Deutschen zu garantieren, die auf dem Gebiet der Bundesrepublik lebten.

Relevant für die Begriffskontroverse waren insbesondere die Artikel 11 (Freizügigkeit), 16 (Verbot des Entzugs der Staatsangehörigkeit) und 33 (landesübergreifende Gleichberechtigung aller Bundesbürger), in denen je nach Auffassung entweder den 'Deutschen' oder den 'Bundesangehörigen' entsprechende Rechte garantiert werden sollten. Hinter dem Wort 'Deutscher' mußte man eine Person verstehen, deren Rechtsstatus sich nach Artikel 116,1 definierte. Mit 'Bundesangehöriger' war ein Bewohner des Gebietes gemeint, über das man Verfügungsgewalt hatte, demnach also eine Person, die in den westlichen Besatzungszonen lebte.

Anlaß des Konflikts war die vom Allgemeinen Redaktionsausschuß formulierte Definition des Begriffs 'Deutscher' für die Übergangsbestimmungen. Die Vorlage der Definition im Zuge der Beratung des Artikels 33 sah neben dieser Begriffsbestimmung gleichzeitig den Austausch des Wortes 'Bundesangehöriger' durch den Begriff 'Deutscher' im Artikel 33 vor[101]. Vorausgegangen war dem ein Antrag des SPD-Abgeordneten Willibald Mücke, der eine generelle Benutzung des Begriffes 'Deutscher' in allen entsprechenden Artikeln des Grundgesetzes verlangte[102]. Der dafür zuständige Ausschuß für Grundsatzfragen[103] war bei der Benutzung des Wortes 'Bundesangehöriger' von der Anwendbarkeit der garantierten Rechte für die Bewohner des neuen Staates ausgegangen und lehnte das Ansinnen Mückes und des Allgemeinen Redaktionsausschusses ab. Der Ausschußvorsitzende v. Mangoldt begründete dies mit dem Argument, daß „wir damit Pflichten übernehmen würden, die zu erfüllen wir außer Stande sind. Wir würden damit den 16 Millionen Deutschen östlich unserer Grenzen die

---

[101] Hauptausschuß, 5. Sitzung am 18.11.1948, S. 63 f.
[102] P.R.-Drucksache Nr. 255.
[103] Der Ausschuß für Grundsatzfragen war einer der fünf thematischen Fachausschüsse und befaßte sich vornehmlich mit der Ausarbeitung der Präambel und der Grundrechte (Artikel 1-19). Weiterhin arbeitete man teilweise die Artikel 24 bis 33 aus. Das wichtigste Mitglied des Ausschusses war dessen Vorsitzender Hermann von Mangoldt von der CDU. Als Professor für internationales Recht an der Universität Kiel wurde v. Mangoldt bei rechtlichen Fragen oft in Anspruch genommen, insbesondere fühlte er sich dem in das Grundgesetz eingearbeiteten Völkerrecht verbunden. Vgl. dazu Doemming/Füsslein/Matz, Entstehungsgeschichte, S. 9 und Ausschuß für Grundsatzfragen, S. XXIII.

Möglichkeit geben, ohne weiteres von dem Recht der Freizügigkeit und der freien Wahl des Aufenthalts und Wohnsitzes im Bundesgebiet Gebrauch zu machen."[104] Für ihn sollte das Grundgesetz, insbesondere die Grundrechte, „unmittelbar geltendes Recht sein"[105].

Das hieß jedoch nicht, daß v. Mangoldt das mit dem Gebrauch des Begriffes 'Deutscher' angestrebte politische Ziel nicht geteilt hätte. Er betonte hierzu:

> Nun soll diese Fassung 'alle Bundesangehörigen' in keiner Weise ausschließen, daß den Vertriebenen und Flüchtlingen das gewährt wird und zukommt, was ihnen zukommen muß. Die hier vorgesehene Fassung richtet sich also in keiner Weise gegen die Vertriebenen und Flüchtlinge. [...] Nur in der rechtlichen Gestaltung dieser ganzen Angelegenheit treten hier große Schwierigkeiten auf. Es wird außerordentlich schwierig sein, einen so allgemeinen Satz zu finden, daß es ermöglicht wird, diese Verhältnisse mit unmittelbar bindender Kraft zu regeln.[106]

V. Mangoldt deutete hier die rechtlichen Probleme des Unterfangens an, die in der westdeutschen Verfassung enthaltenen Rechte allen deutschen Staatsangehörigen und vertriebenen Volksdeutschen zur Aufrechterhaltung des nationalen Anspruchs zu garantieren, obwohl sie diese in der Praxis nicht in Anspruch nehmen konnten, da sie anderen Staatssystemen unterworfen waren und somit Staatsangehörigkeit und Staatsbürgerschaft faktisch auseinanderfallen würden. Er verteidigte seine Auffassung mit dem Argument, daß diese Menschen nach einer Flucht in den Westen aufgrund gültigen Landesrechts das Wahlrecht nach spätestens drei Monaten besäßen und somit automatisch Bundesangehörige seien[107]. Und er ging noch weiter: „In Wirklichkeit denkt kein Mensch daran, den 16 Millionen des Ostens diese gleichen Rechte und Pflichten zu gewährleisten."[108] V. Mangoldt warf den Verfechtern des Ausdrucks 'Deutscher' damit Heuchelei vor, indem er ihnen unterstellte, daß sie den Deutschen östlich der Elbe etwas suggerierten, von dem sie ganz genau wüßten, daß sie es nicht halten könnten. Der KPD-Abgeordnete Renner stimmte dem CDU-Politiker bei dieser Einschätzung ausnahmsweise zu und meinte: „Die ganze innere Unwahrhaftigkeit und

---

[104] Ausschuß für Grundsatzfragen, 23. Sitzung am 19.11.1948, S. 613.
[105] Hauptausschuß, 44. Sitzung am 19.1.1949, S. 573.
[106] Ebd.
[107] Ausschuß für Grundsatzfragen, 23. Sitzung am 19.11.1948, S. 613.
[108] Hauptausschuß, 27. Sitzung am 15.12.1948, S. 326.

Irrealität der Formulierung bezüglich der Einladung an die Einwohner der dem Bund zur Zeit noch nicht verfallenen Länder wird offenbar, wenn man den Streit ansieht, der um die Worte 'Bundesangehörige' und 'Deutsche' entsteht."[109]

Doch der Allgemeine Redaktionsausschuß ließ sich von dieser Argumentation nicht überzeugen. Nach der von ihm durchgeführten Redaktion der in 1. Lesung durch den Hauptausschuß angenommenen Grundgesetzartikel schlug er für den Artikel 11 (Freizügigkeit) statt des Ausdrucks 'Bundesangehöriger' wiederum die Verwendung des Begriffes 'Deutscher' vor und begründete dies in der am 13. Dezember 1948 von ihm redigierten Fassung des Artikels 11 wie folgt:

> Wenn die Freizügigkeit auf 'Bundesangehörige' beschränkt werden soll, macht sich ein Gesetz notwendig, in dem der Begriff der Bundesangehörigkeit genau umschrieben wird. Nicht nur aus diesen gesetzestechnischen, sondern auch aus politischen Gründen empfiehlt es sich, statt dessen von 'Deutschen' zu sprechen.[110]

Entscheidend ist hier der Hinweis auf „politische Gründe". Die bei einer Nichtverwendung des Begriffs 'Deutscher' genannte Erfordernis einer Definition des Ausdrucks 'Bundesangehörige' wurde wohl nur als „gesetzestechnische" Zusatzbelastung vorgeschoben, da auf ein Angebot des Grundsatzausschusses, eine Definition der 'Bundesangehörigkeit' zu erstellen, nicht eingegangen wurde[111].

Einen weiteren Aspekt bot die gesonderte rechtliche Situation Berlins. Aufgrund der Tatsache, daß Berlin neben der Aufteilung Gesamtdeutschlands in vier Besatzungszonen von den Siegermächten zum besonderen Besatzungsgebiet mit vier eigenen Sektoren erklärt wurde, konnten die gesamtdeutschen Verhältnisse nicht einfach auf die ehemalige Reichshauptstadt übertragen werden. Im Zusammenhang mit der Benutzung des Wortes 'Bundesangehöriger' im Grundgesetz sagte der Berliner CDU-Vorsitzende Jakob Kaiser: "Ich habe gewiß Ver-

---

[109] Ebd.
[110] Die redigierte Fassung ist abgedruckt in: Ausschuß für Grundsatzfragen, S. 882.
[111] Der Ausschuß für Grundsatzfragen diskutierte in seiner 23. Sitzung am 19.11.1948, S. 613 über eine Definition der 'Bundesangehörigkeit'. Auf einen entsprechenden Antrag v. Mangoldts in der 27. Sitzung des Hauptausschusses am 15.12.1948, S. 326 wurde jedoch nicht eingegangen.

ständnis dafür, daß die Menschen aus der Sowjetzone jetzt nicht Bundesangehörige sein können. Aber bei den Berlinern, die demnächst sogar ihre Vertreter im Parlament haben sollen, wird es notwendig sein, das noch einmal zu überprüfen."[112] Kaiser deutet damit an, daß er der Meinung des Grundsatzausschusses zwar prinzipiell folgt, aber gravierende Umsetzungsschwierigkeiten im Falle (West-)Berlins sieht. Aufgrund des besonderen Besatzungsrechts der Stadt verboten die westlichen Siegermächte eine offizielle Integration (West-)Berlins in den zu schaffenden Bundesstaat. Aber damit wären selbst die (West-)Berliner, die aktiv an der Konzeption der neuen Verfassung mitwirkten, die sowjetische Blockade der Stadt ertragen mußten und deren Gebiet von den westdeutschen Politikern inoffiziell als Teil des neuen Weststaates angesehen wurde, keine Bundesangehörigen gewesen. V. Mangoldt hätte mit seiner juristischen Einschätzung nicht einmal den (West-)Berlinern einen Anspruch auf die Verfassungsrechte garantieren können.

Die Entscheidung über die beiden Alternativen fiel am 19. Januar 1949 im Hauptausschuß. Besonders eine Rede Carlo Schmids, die die Zustimmung der Mehrheit fand, entschied die Kontroverse:

> Die Gründe, die für die Ersetzung der Worte 'alle Deutschen' durch 'alle Bundesangehörigen' angeführt worden sind, sind vom administrativen Gesichtspunkt aus ohne Frage höchst beherzigenswert. Aber ich glaube, es steckt in diesem Artikel etwas eminent Politisches. Wenn wir dieses Recht auf die Bundesangehörigen im engeren Sinn beschränken, dann schaffen wir doch eine Zäsur zwischen den Deutschen, die im Osten leben, und den Deutschen, die im Westen leben, und zwar eine Zäsur, die verfassungsrechtliche 'Festigkeit' bekommt. Wir gehen bei unserem Werk doch davon aus, daß das, was wir hier schaffen [...], nicht ein separater Weststaat ist, sondern nur eine Form, in der sich das deutsche Volk dort organisiert, wo man ihm die Möglichkeit, sich zu organisieren, gegeben hat, daß aber die deutsche Republik nach wie vor auf ihrem alten Gebiet besteht, daß also hüben und drüben des Eisernen Vorhanges Deutsche sind. Wir müssen für gewisse verwaltungsmäßige Abscheidungen, die sich nicht vermeiden lassen, den Begriff des Bundesangehörigen schaffen; das ist sicher. Aber ob man ihn hier, wo es sich um die Freizügigkeit handelt, schaffen und damit die Deutschen der Ostzone vom Genuß dieses Rechts ausschließen soll, das scheint mir doch höchst fraglich. Ich glaube, daß dagegen politische Gründe höchsten Ranges stehen.[113]

---

[112] Ausschuß für Grundsatzfragen, 32. Sitzung am 11.1.1949, S. 946.
[113] Hauptausschuß, 44. Sitzung am 19.1.1949, S. 573 f.

Renner als Parteifreund der ostdeutschen SED kritisierte im Anschluß an Schmids Rede das, was die Mehrheit der westdeutschen Politiker im Sinne der Magnet-Theorie damit anstrebte. Er konstatierte, daß „diese Verfassung als Einladung an alle Deutschen zum Übertritt aufgefaßt werden [soll]."[114]

Unter Berücksichtigung der von v. Mangoldt aufgezeigten rechtlichen Konsequenzen der Benutzung des Ausdrucks 'Deutscher' zeigte die von Schmid skizzierte Deutschlandpolitik ein Dilemma auf. Während man in Reden die Einheit Deutschlands beschwor, wurde durch die Gründung der Bundesrepublik die Teilung Deutschlands besiegelt. Relativierungen wie die im Beitrag Schmids anklingende Hervorhebung des provisorischen Charakters des neuen Staates oder die Ausweitung seiner Staatsangehörigkeit auf alle Deutschen und vertriebenen Volksdeutschen hatten letztlich nur symbolische Bedeutung. Zwar entschied man sich in der dargestellten Kontroverse um die Begriffe 'Bundesangehöriger' und 'Deutscher' für die gesamtdeutsche Variante, doch die Argumente v. Mangoldts zeigen den staatsrechtlichen Alltag, der eine Inanspruchnahme der im Grundgesetz garantierten Rechte durch die Bewohner der Sowjetischen Besatzungszone und die Volksdeutschen in den kommunistischen Staaten Osteuropas nicht kannte - zumindest so lange, wie sie dort lebten. Die so wirkende Magnet-Theorie vermochte zwar propagandistische Erfolge zu erzielen, konnte eine jahrzehntelange Teilung Deutschlands aber nicht verhindern. Die Inkongruenz zwischen rechtlicher Realität und politischer Suggestion wurde mit nationalem Pathos übertüncht.

Daß ein Auseinanderhalten der rechtlichen und der politischen Ebene hierbei recht schwierig war und selbst Verfechter der beschriebenen deutschlandpolitischen Argumentation dabei schnell die Übersicht verlieren konnten, zeigt eine Debatte im Zuge der Installation des Asylrechts[115]. Der Allgemeine Redaktionsausschuß, Initiator der Legaldefinition nach Artikel 116,1, brachte hierzu einen Antrag ein, der das Asylrecht auch für Deutsche vorsah. Zur Begründung meinte dessen Mitglied Heinrich v. Brentano, der Antrag spiegele

> letzten Endes die ganze Tragik unserer staatsrechtlichen Situation wider, daß wir kein Deutschland haben. Deswegen haben wir [...] noch obendrein gesagt, daß ein Deutscher

---

[114] Ebd., S. 574.
[115] Artikel 16,2 des am 8. Mai 1949 verabschiedeten Grundgesetzes.

innerhalb des Bundesgebietes Asylrecht genießen muß. Das gilt insbesondere für die Deutschen, die heute aus der Ostzone zu uns kommen und denen wir Asylrecht im Bundesgebiet ausdrücklich geben wollen, obwohl sie nicht Bundesangehörige sind.[116]

Dieser Vorschlag führte im Hauptausschuß zu erheblicher Verwirrung und Verwunderung, die der SPD-Abgeordnete Wagner wie folgt zum Ausdruck brachte:

Entschuldigen Sie, wie kann das sein? Ein Deutscher braucht doch in Deutschland kein politisches Asylrecht. Asylrecht ist doch das Recht, das dem Ausländer gewährt wird, der in seinem eigenen Land nicht mehr leben kann, weil er durch das politische System seiner Freiheit, seines Lebens oder seiner Güter beraubt wurde. [...] Das Asylrecht setzt voraus - das gehört begrifflich überhaupt dazu -, daß es sich nicht um einen Angehörigen der eigenen Nation dreht.[117]

Der Abgeordnete Renner wies darüber hinaus auf die widersprüchliche Beziehung des Antrags zu anderen Verfassungsbestimmungen hin, nicht ohne eine kleine persönliche Spitze hinzuzufügen:

Ist es für Sie denn nicht etwas sehr Eigenartiges, diejenigen, die aus der Ostzone als angeblich politisch Verfolgte nach dem Westen kommen, als Personen anzusehen, die das politische Asylrecht geltend machen? Sie dürften es doch eigentlich gar nicht für notwendig erachten, daß die dann erst noch einmal mit dem Anspruch auf Asyl kommen. Die müßten Sie doch logischerweise, zumal Sie die Freizügigkeit allen Deutschen konzediert haben, ohne weiteres als vollberechtigte Deutsche ansprechen. Bei dieser Personengruppe dürfte überhaupt nicht der Gedanke an die Notwendigkeit des Asyls aufsteigen. Da geht offenbar das politische Agitationsbedürfnis so durch die Köpfe, daß man gar nicht mehr klar zu sein scheint.[118]

---

[116] Hauptausschuß, 44. Sitzung am 19.1.1949, S. 583.
[117] Ebd., S. 582.
[118] Ebd., S. 584.

3. Die Landesangehörigkeit als Indikator eines föderativen Staatsaufbaus?

Artikel 73, Ziffer 2 GG[119]: Der Bund hat die ausschließliche Gesetzgebung über: [...] 2. die Staatsangehörigkeit im Bunde; [...].

Artikel 74, Ziffer 8 GG[120]: Die konkurrierende Gesetzgebung erstreckt sich auf folgende Gebiete: [...] 8. die Staatsangehörigkeit in den Ländern; [...].

Nach Maßgabe des Frankfurter Dokuments Nr. I sollte durch Auftrag der Ministerpräsidenten der Parlamentarische Rat „eine demokratische Verfassung ausarbeiten, die für die beteiligten Länder eine Regierungsform des föderalistischen Typs schafft [...] und die Rechte der beteiligten Länder schützt [...]."[121] Diese Vorgabe der Besatzungsmächte betonte die Weiterexistenz der deutschen Länder und ihre Sicherung gegenüber der Wiedererrichtung eines zentralistischen Staates in Deutschland. Die alliierte Bedingung ließ unter diesen Voraussetzungen an deutsche Vorgängerstaaten wie das Kaiserreich denken, das, ebenfalls aus Einzelländern entstanden, föderative Elemente in seiner Verfassung aufwies. Im Föderalismus-Konzept des Kaiserreiches spielten die Staatsangehörigkeiten der im Reich zusammengeschlossenen deutschen Einzelstaaten eine besondere Rolle. Nach diesem System behielten die Bürger des Reiches die angestammte Staatsangehörigkeit ihres Gliedstaates, so daß sie über ihre Landesangehörigkeit mittelbar die Reichsangehörigkeit erhielten. Die Regelung war damals ein Mittel, den bundesstaatlichen Charakter des Bismarck-Reiches zu unterstreichen[122]. Vor den Beratungen über das Grundgesetz befand man sich in einer ähnlichen Situation wie vor der Gründung des Kaiserreiches. Zwar bestanden über die Weiterexistenz des Deutschen Reiches nach der Niederlage im Zweiten Weltkrieg nur noch geringe Zweifel, doch die Länder waren die höchste legitimierte staatliche Ebene, so daß sie von deutscher Seite aus für die Umsetzung des Auftrags der westlichen Siegermächte, einen neuen Bundesstaat zu gründen, prädestinierte Adressaten waren. Es wird zu klären sein, ob

---

[119] In der am 8. Mai 1949 verabschiedeten Fassung.
[120] Ebd.
[121] Der Parlamentarische Rat, Bd. 1: Vorgeschichte, S. 31.
[122] Thedieck, Deutsche Staatsangehörigkeit, S. 37; Mayer, Staatsangehörigkeit in Bayern, S. 54 und Grawert, Rolf, Staat und Staatsangehörigkeit, Verfassungsgeschichtliche Untersuchung zur Entstehung der Staatsangehörigkeit, Berlin 1973, S. 205 f.

und inwieweit die Landesstaatsangehörigkeiten innerhalb eines „föderalistischen" Staatsaufbaus wieder eine Funktion erhalten sollten.

3.1 Die Gesetzgebungskompetenz für die 'Staatsangehörigkeit im Bund und in den Ländern'

Nach Makarov behalten die sich in einem Bundesstaat zusammenschließenden und dadurch ihre (Teil)Souveränität aufrechterhaltenden Länder automatisch ihre Staatsangehörigkeit[123]. Nur bei völliger Preisgabe ihrer Souveränität an einen Zentralstaat würde sie folgerichtig wegfallen. Im einem bundesstaatlichen Verhältnis ist jedoch fraglich, inwieweit die Gliedstaaten Staatsangehörigkeitsrecht in Gesetzen erlassen dürfen und wie dieses mit der Ausgestaltung der Staatsangehörigkeit des gesamten Bundesstaates koordiniert wird. In der Zeit des Interregnums hatten einige Länder Bestimmungen zur Staatsangehörigkeit in ihren Verfassungen installiert; insbesondere bei den Verfassungsbestimmungen Badens und Bayerns wurden explizit landesspezifische Regelungen getroffen, bei denen ein dringender Regelungsbedarf in bezug auf die Staatsangehörigkeit des Bundes bestand. Somit war die Frage der Regelungszuständigkeit zwischen Bund und Ländern das erste Problem, mit dem sich der Parlamentarische Rat in diesem Zusammenhang auseinandersetzen mußte.

Nach dem Verfassungsentwurf von Herrenchiemsee bestanden hierfür zwei Möglichkeiten: die ausschließliche Gesetzgebungskompetenz des Bundes für die gesamte „Staatsangehörigkeit" oder die Aufteilung der Staatsangehörigkeitsfrage in „Bundesangehörigkeit", die ausschließlich der Bund regeln dürfte, und „Landesangehörigkeit", die in die konkurrierende Gesetzgebung zwischen Bund und Ländern fallen sollten. Aufgrund des vorwiegenden Gesetzgebungsrechts der Länder bei dieser Variante bestand hier die Gefahr, daß die Bestimmungen zur Bundesangehörigkeit und die zu den Landesangehörigkeit in Zukunft voneinander abweichen würden.

---

[123] Makarov, Deutsches Staatsangehörigkeitsrecht, S. 239. Dagegen BOTHE, in: Alternativkommentare zum Grundgesetz, Rn. 16 zu Artikel 74.

Um eine Klärung bemühte sich der für diese Kompetenzfrage zuständige Ausschuß für Zuständigkeitsabgrenzung[124]. Schnell einigte man sich auf die Festlegung, daß der Bund die ausschließliche Kompetenz in allen Varianten der Staatsangehörigkeitskonzeption haben sollte. Entscheidendes Argument hierfür war neben der historischen Tradition der ausschließlichen Kompetenz des Reiches seit den Jahren 1867/1871 das von Laforet so bezeichnete „Chaos" auf dem Gebiet der Staatsangehörigkeit. In dieser Hinsicht stellte Laforet die Notwendigkeit der ausschließlichen Gesetzgebungskompetenz des Bundes im gesamten Staatsangehörigkeitsrecht im Zuständigkeitsausschuß heraus, da „diese Schwierigkeiten, die durch eine getrennte Gesetzgebung von Reich und Gliedstaaten auf diesem Gebiet entstehen können, ein für allemal abgedreht werden müssen."[125] Somit war man sich im Gegensatz zu dem Ergebnis des Verfassungskonventes von Herrenchiemsee über die alleinige Kompetenz des Bundes in dieser Frage einig und konzipierte im Artikel 73, ausschließliche Gesetzgebung des Bundes, die Ziffer 2: „Staatsangehörigkeit in Bund und Ländern"[126].

3.2 Der Meinungsstreit um die Existenz der Landesangehörigkeit

Mit der Entscheidung des Zuständigkeitsausschusses befand sich der Parlamentarische Rat in dieser Frage in der geschichtlichen Tradition des bundesstaatlichen Deutschlands und auch innerhalb der Verfassungsentwürfe der großen Parteien CDU/CSU und SPD. Es stellte sich

---

[124] Der Ausschuß für Zuständigkeitsabgrenzung war auch einer der Fachausschüsse und hatte sich vorwiegend mit der Verteilung der Gesetzgebungskompetenzen zwischen Bund und Ländern (Artikel 70-75) zu beschäftigen, worunter auch die Frage der Staatsangehörigkeiten fiel. In Fragen der föderalistischen Ausgestaltung des Grundgesetzes kam es häufig zu Konfrontationen des föderalistischen Lagers innerhalb des Ausschusses um die CSU-Abgeordneten Wilhelm Laforet und Joseph Ferdinand Kleindinst mit dem eher unitaristischen Lager um die SPD-Abgeordneten Fritz Hoch und Friedrich Wilhelm Wagner. Ebenso wie Laforet war der Ausschußvorsitzende Wagner auch Mitglied des Hauptausschusses, wo er die Diskussionen insbesondere durch seine Erfahrungen als emigriertes Opfer des Hitler-Regimes beeinflußte. Vgl. dazu Der Parlamentarische Rat 1948-1949. Akten und Protokolle. Hrsg. vom Deutschen Bundestag und vom Bundesarchiv, Bd. 3: Ausschuß für Zuständigkeitsabgrenzung, bearbeitet von Wolfram Werner, Boppard am Rhein 1986, S. XVIII f. (im folgenden als „Ausschuß für Zuständigkeitsabgrenzung" zitiert) und Pommerin, Mitglieder, S. 573 f. und 585.
[125] Ausschuß für Zuständigkeitsabgrenzung, 2. Sitzung am 22.9.1948, S. 27.
[126] Ebd., S. 28.

nun die Frage, inwieweit die durch diese Regelung möglichen Landesangehörigkeit wieder die Funktion einnehmen sollten, die ihnen zu Beginn der bundesstaatlichen Existenz Deutschlands, im Kaiserreich, zugewiesen worden war: Ausdruck landesstaatlicher Identität und föderalistischer Grundkonzeption des Bundesstaates zu sein.

3.2.1 Die historische Tradition von Landesangehörigkeit und ihrer Vermittlungsfunktion für die Bundesangehörigkeit

Die Verfassungsentwürfe der Unionsparteien lassen vermuten, daß innerhalb beider Gruppierungen starke Kräfte für die Wiedereinführung der Landesangehörigkeit und deren Vermittlungsfunktion für die Bundesangehörigkeit eintraten. Dies bestätigte sich in einer Fraktionssitzung der beiden Parteien. Der CSU-Abgeordnete Laforet stellte dort im Zusammenhang mit der Gesetzgebungskompetenz im Bereich der Staatsangehörigkeit am 21. September 1948 zwei Alternativen zur Wahl: entweder eine Staatsangehörigkeitsfassung, in der „die Bundes- und Gliedstaatsangehörigkeit auseinanderfallen könne" oder eine, in der „die Bundesangehörigkeit durch die Staatsangehörigkeit in einem Lande erworben werde. Im letzteren Falle müßte man dem Bund die Gesamtregelung zuweisen [...]."[127]. In den beiden von ihm genannten Alternativen wird eine Polarisierung zwischen der Ablehnung und der Wiedereinrichtung der Vermittlungsfunktion deutlich. Laforets Darstellung suggerierte, daß bei einer Zuweisung der gesamten Gesetzgebungskompetenz an den Bund automatisch die Vermittlungsfunktion eingeschlossen sei. Grundlegend für diese Argumentation ist die Auffassung, es müsse mindestens der Zustand, der in der Weimarer Republik gegeben war, erreicht werden. Die Möglichkeit einer alleinigen deutschen Staatsangehörigkeit wurde von Laforet negiert. Seiner Meinung waren in der Sitzung auch die Fraktionskollegen v. Mangoldt, Kleindinst und Strauß[128].

---

[127] Zitat in indirekter Rede aus der CDU/CSU-Fraktionssitzung am 21.9.1948, S. 24.
[128] CDU/CSU-Fraktionssitzung am 21.9.1948, S. 24 f.

Diese Mehrheitsmeinung der Unionsfraktion trug man auch in den Ausschüssen vor. V. Mangoldt machte im Grundsatzausschuß darauf aufmerksam, daß es vor der Machtübernahme Hitlers „immer so gewesen" [129] sei, daß der Erwerb der deutschen Staatsangehörigkeit zugleich mit dem der Landesangehörigkeit erfolgt war. Diese Auffassung vertrat er später auch im Hauptausschuß[130]. Daß die Wiedereinführung der Landesangehörigkeit und deren Vermittlungsfunktion für die deutsche Staatsangehörigkeit ein deutsches Einheitsgefühl nicht unterdrücken würde, veranschaulichte er anhand der Vorgehensweise in der Weimarer Republik: „Man bekam seinen Paß als deutscher Reichsangehöriger, obwohl diese Reichsangehörigkeit nach dem Recht, welches unter der Weimarer Verfassung galt, durch Zugehörigkeit zu einem Lande vermittelt wurde."[131]

Laforet ging im Zuständigkeitsausschuß jedoch nicht nur auf die Reichspraxis ein, sondern verwies auch auf die Entwicklungen der jüngeren Geschichte:

> Die zweite Gedankenreihe setzt von dem an, was tatsächlich hier gewachsen ist. Unser früherer Ministerpräsident in Bayern, Herr Dr. Högner, legte beim Entwurf der bayerischen Verfassung Wert darauf, daß in der bayerischen Verfassung gewisse Grundbegriffe über die Staatsangehörigkeit festgelegt werden. Die bayerische (und auch die badische) Verfassung geben über die Staatsangehörigkeit verfassungsmäßige Bestimmungen.[132]

Somit war für ihn nicht nur die Praxis vor der Abschaffung der Landesangehörigkeit im Jahre 1934 ein Grund für eine Wiedereinrichtung des Vermittlungsprinzips, sondern auch die Entwicklungen, die sich nach dem Zweiten Weltkrieg vollzogen haben. Die verfassungsmäßige Einrichtung von Landesangehörigkeit war für ihn eine Notwendigkeit, an der der neue Bund nicht vorbeikomme.

Die Gegner eines Vorrangs der Landesangehörigkeit vor der Bundesangehörigkeit, die durch die Vermittlungsfunktion letztlich ausgedrückt wird, waren im linken und im liberalen Spektrum des Parlamentarischen Rates zu finden. Obwohl die SPD im „Zweiten Menzel-

---

[129] Ausschuß für Grundsatzfragen, 8. Sitzung am 7.10.1948, S. 195.
[130] Hauptausschuß, 48. Sitzung am 9.2.1949, S. 624.
[131] Ausschuß für Grundsatzfragen, 8. Sitzung am 7.10.1948, S. 195.
[132] Ausschuß für Zuständigkeitsabgrenzung, 2. Sitzung am 22.9.1948, S. 27.

Entwurf" eines Grundgesetzes von „Staats- und Landesangehörigkeit" sprach, stellten Vertreter der Partei schnell klar, daß sie gegen die Vermittlungsfunktion und teilweise sogar gegen die Gesetzgebung im Bereich der Landesangehörigkeit seien. Sie argumentierten ebenfalls historisch, indem sie auf den Anachronismus der Landesangehörigkeit hinwiesen.

Der SPD-Abgeordnete Fritz Hoch machte in dieser Hinsicht auf die Gültigkeit des Reichs- und Staatsangehörigkeitsgesetzes aufmerksam:

> Ich könnte mir sehr gut denken, daß man in dem kommenden Bund die Frage der Staatsangehörigkeit durchaus nicht in absehbarer Zeit neu regelt [...]. Es ist möglich, daß man kein Bedürfnis für eine bundesrechtliche Regelung der Staatsangehörigkeit sieht, weil das alte Gesetz von 1913 noch gilt.
>
> (*Dr. Strauß:* Wenn es gelten würde! Aber es ist in der Nazizeit neu erlassen worden.)
>
> Es ist ein neues Gesetz gekommen, das aber nur in geringem Maße Änderungen vorgenommen hat.[133]

Hoch interpretierte demnach den Wegfall der Landesangehörigkeit als eine „Änderung geringen Maßes"! Und im Vergleich mit den von Laforet in seiner Fraktion vorgestellten Kompetenzmöglichkeiten bei der Gesetzgebung im Bereich der Staatsangehörigkeit, die keine Zweifel darüber zuließen, daß auch eine alleinige Gesetzgebungskompetenz des Bundes im Bereich der Staatsangehörigkeit mit der Wiedereinführung des Vermittlungsprinzips einhergehen müsse, zeigte der SPD-Abgeordnete, ebenfalls bei der Kompetenzdebatte, andere Alternativen auf. Für ihn mußte entschieden werden, „ob - wie es vor dem Dritten Reich war - die Staatsangehörigkeit in einem Lande die Voraussetzung für die Bundesangehörigkeit ist oder ob wir künftighin nur noch eine einzige Bundesstaatsangehörigkeit haben."[134] Der SPD-Fraktionsvorsitzende Carlo Schmid bewertete die Sachlage im Grundsatzausschuß ähnlich, indem er im Zuge der Diskussion um die Aufnahme des Artikels 110, Absatz 2 der Weimarer Reichsverfassung 'Jeder Landesangehörige ist zugleich Bundesangehöriger' klar Stellung bezog: „Man muß die Fragen, ob dieses Grundgesetz neben der allgemeinen Bundesangehörigkeit noch eine besondere Landesangehörigkeit kennen soll, prüfen. Ich persönlich bin nicht

---

[133] Ebd., S. 22.
[134] Ebd., S. 14.

dafür."[135] Für den Abgeordneten der FDP, Theodor Heuss, war diese Frage „eine Liebhaberei des einzelnen [...], ob er sich noch als Bayer oder sonst etwas fühlt und irgendwo ein Papier darüber hat, daß er einer ist."[136] In den letztgenannten Meinungsäußerungen ist ein klares Desinteresse gegenüber den Landesangehörigkeit zu erkennen, bei Schmid sogar eine deutliche Ablehnung. Diese Einstellungen beziehen sich nicht auf die Tradition bis zum Jahre 1934, sondern auf die seit der Weimarer Republik erkennbare Tendenz der Stärkung der deutschen Staatsangehörigkeit[137].

Ausgerechnet ein Unionsabgeordneter, der Berliner CDU-Vorsitzende Jakob Kaiser, unterstützte diese Argumentation mit seiner Reaktion auf Diskussionsbeiträge, die die Wiedereinführung der Landesangehörigkeit forderten:

> Ich halte das für undenkbar. Ich bin überzeugt, daß 95 % unseres Volkes das rundweg ablehnen. Es kann nur eine Staatsangehörigkeit in diesem Sinne geben. Wenn ich gefragt werde, wer ich bin, sage ich: Ich bin ein Deutscher. Wir wollen nicht mehr. Ich will jetzt nicht von Bayern sprechen, aber ich kann mir nicht denken, daß unser Volk was anderes will, als sich in jedem Einzelfall als Deutscher zu bekennen, wenn er nach seiner Staatsangehörigkeit gefragt wird.[138]

Diese Einschätzung Kaisers deutet an, daß die Politik der Weimarer Republik und besonders des Nationalsozialismus, den zentralen Einheitsstaat gegenüber der föderativen Miteinbeziehung der Länder zu fördern, auch im Bewußtsein der Bevölkerung Früchte getragen hatte. Denn auch nach dem Krieg befürworteten die Menschen in Westdeutschland eine zentralistische Staatsorganisation[139], auch wenn wohl nicht, wie Kaiser behauptete, 95 Prozent

---

[135] Ausschuß für Grundsatzfragen, 8. Sitzung am 7.10.1948, S. 194.
[136] Ebd., S. 196.
[137] Während der Weimarer Republik war eine zentralistischere Tendenz im Bereich der Staatsangehörigkeit zu erkennen. Die während der Kaiserzeit geltende Regelung, daß die „staatsbürgerlichen Rechte" (z.B. das Wahlrecht) im Gegensatz zu den „bürgerlichen Rechten" nur in den jeweiligen Bundesstaaten wahrgenommen werden konnten, wurde durch den in Artikel 110, Absatz 2 der Weimarer Reichsverfassung ausgedrückten Gleichbehandlungsgrundsatz aller Deutschen in jedem Bundesland ersetzt. Weiter gab es gegen Ende der Weimarer Republik Bestrebungen, die Vermittlung der Reichsangehörigkeit durch die Landesangehörigkeit abzuschaffen. Vgl. dazu Thedieck, Deutsche Staatsangehörigkeit, S. 45 und Mayer, Staatsangehörigkeit in Bayern, S. 68.
[138] Ausschuß für Grundsatzfragen, 8. Sitzung am 7.10.1948, S. 194.
[139] Vgl. hierzu die gesammelten Daten in Lange, Erhard H. M., Entstehung des Grundgesetzes und Öffentlichkeit: Zustimmung erst nach Jahren, in: Zeitschrift für Parlamentsfragen 10 (1979), S. 378-404, S. 402.

der Bevölkerung die Existenz von Landesangehörigkeit ablehnten. Doch Meinungsumfragen aus den Anfangsjahren der Bonner Republik belegen eine Geringschätzung ihres föderativen Systems: In den Jahren 1952/1953 hielten zwischen 50 und 60 Prozent der Menschen in der Bundesrepublik eine Auflösung der Länderregierungen für „gut" oder „sehr gut". Sogar in Bayern gab es im Jahr 1954 eine Mehrheit in der Bevölkerung, die sich für die Auflösung der bayerischen Staatsregierung aussprach[140]. Es ist zu vermuten, daß auch die Landesangehörigkeit im Vergleich zur deutschen Staatsangehörigkeit nicht bessere Umfragewerte erhalten hätten.

Auf einen weiteren Aspekt der jüngeren deutschen Entwicklungsgeschichte, der die Einführung von Landesangehörigkeit nicht sinnvoll erscheinen ließ, wies der SPD-Abgeordnete Gustav Zimmermann hin:

> Die Wanderungsbewegung der 12 Millionen Flüchtlinge ist noch nicht zu Ende. Die haben jetzt noch in keinem Land Wurzel gefaßt, weder in Württemberg noch in Rheinland-Pfalz oder anderswo. Wenn sie eine andere Möglichkeit bekommen, meinetwegen Niedersachsen oder Hamburg, werden sie dort hingehen. Mit einer pfälzischen Staatsangehörigkeit geht (das) nicht; wir müssen darauf Rücksicht nehmen. Es müßte fast eine Selbstverständlichkeit sein, daß wir Deutsche sein wollen und nicht in erster Linie Pfälzer oder andere. Ich glaube also, darüber gibt es keine Diskussion: es gibt nur eine deutsche Staatsangehörigkeit.[141]

Mit dem Beitrag Zimmermanns erkennt man die Auswirkungen, die die Aufnahme des Artikels 116,1, der die volksdeutschen Flüchtlinge mit den deutschen Staatsangehörigen gleichstellte und damit an das deutsche Nationalbewußtsein appellierte, auch auf die Landesangehörigkeit hatte. Die mit der Legaldefinition der deutschen Staatsangehörigen sich verstärkende Konzentration auf das deutsche Element im neuen Staat schwächte das Bewußtsein für die verschiedenen Landesidentitäten weiter ab, so daß darunter auch die Landesangehörigkeit an Bedeutung verloren.

Somit ist zu konstatieren, daß es eine Anzahl von Abgeordneten im Parlamentarischen Rat gab, besonders in der Unionsfraktion, die sich bei der Wiedererrichtung der deutschen

---

[140] Ebd., S. 399.
[141] Ausschuß für Grundsatzfragen, 8. Sitzung am 7.10.1948, S. 195.

Republik nach dem Zusammenbruch der nationalsozialistischen Herrschaft an die Handhabung der Vermittlung der Staatsangehörigkeit erinnerten, wie sie vor der Willkürherrschaft des Hitler-Regimes praktiziert worden war, insbesondere an die Zeit des Kaiserreiches. Doch nach den Niederlagen in den beiden Weltkriegen, in deren jeweiligem Verlauf immer auch das deutsche Zusammengehörigkeitsgefühl beschworen wurde, der zentralistischeren Weimarer Republik und dem einheitsstaatlichen „Dritten Reich" spielte das jeweilige Landesbewußtsein eine immer weniger wichtige Rolle. Verstärkt wurde dieser Effekt durch die faktische Abschaffung der Länder im Jahre 1934. Gerade die bewußtseinsverändernde Wirkung dieser Entwicklung spielte für die Gegner der Landesangehörigkeit eine wesentliche Rolle.

Die nach dem Zweiten Weltkrieg entstandenen Länder konnten bis zur Schaffung des Grundgesetzes eine neue Identität der Bürger mit ihren Ländern nicht genügend aufbauen, als daß es das deutsche Zusammengehörigkeitsgefühl hätte relativieren können, zumal die nach 1945 entstandenen Länder größtenteils Neuschaffungen aus ehemaligem preußischen Besitz waren. Insofern sprach entwicklungsgeschichtlich wenig für die Wiedereinrichtung der Landesangehörigkeit oder gar die Vermittlungsfunktion derselben für die Bundesangehörigkeit.

3.2.2   Die Landesangehörigkeit als föderatives Element?

Nach überwiegender Auffassung[142] war die Auseinandersetzung um den Grad der föderativen Ausgestaltung des neuen Bundesstaates das politisch brisanteste Thema der Grundgesetzberatungen. Schon die Verfassungspläne der im Rat vertretenen Parteien hatten erkennen lassen, daß Meinungsverschiedenheiten um die Ausgestaltung der föderativen Ordnung zwischen den einzelnen Gruppierungen programmiert waren. Die Unionsparteien und die

---

[142] Düding, Dieter, Bayern und der Bund. Bayerische „Opposition" während der Grundgesetzberatungen im Parlamentarischen Rat (1948/49), in: Der Staat 29 (1990), S. 355-370, S. 355; Schmid, Carlo, Erinnerungen (Dritter Band der Gesammelten Werke), Bern u.a. 1979, S. 376; Morsey, Rudolf, Verfassungsschöpfung unter Besatzungsherrschaft - Die Entstehung des Grundgesetzes im Parlamentarischen Rat -, in: Die Öffentliche Verwaltung 42 (1989), S. 471-482, S. 477; Thränhardt, Geschichte der BRD, S. 71.

anderen konservativen Gruppierungen[143] verfolgten eine föderalistische Tendenz, während die Linke, aber auch die Liberalen unitaristische Züge in ihren Verfassungsentwürfen erkennen ließen. Doch das Meinungsbild auch innerhalb der Parteien war heterogen, so daß die Konfliktlinien zu diesem Thema durch alle Fraktionen gingen.

Insbesondere in der Unionsfraktion war die Kluft zwischen den Vertretern eines extremen Föderalismus, mehrheitlich CSU-Abgeordnete, und denen eines abgeschwächten zentralistischen Systems, überwiegend Vertreter der Länder Nordwestdeutschlands, groß[144]. Die Ursache für die Einstellung der CSU war in dem virulenten bayerischen Staatspatriotismus[145] zu suchen, der aufgrund der Geschichte Bayerns und seiner von der Fläche her fast unbeschadeten Wiedereinrichtung 1945 viel stärker als in den anderen deutschen Ländern ausgeprägt war. Doch trotz der nach dem Krieg vereinzelt aufgetretenen separatistischen Bestrebungen einiger bayerischer Politiker warb auch der bayerische Ministerpräsident Ehard für die Wiedereinrichtung eines größeren deutschen Staatsgebildes, mit dem Bayern „schicksalsmäßig verbunden sei"[146]. Er war auch maßgeblich am Zustandekommen des Beschlusses der Ministerpräsidenten im Juli 1948 beteiligt, einen separierten Weststaat zu gründen. Unerläßliche Bedingung dafür war für Ehard jedoch die Festlegung einer föderalistischen Grundstruktur, die in seinen Augen einem staatsethischem Prinzip gleichkommen sollte. Er stellte klar, daß Föderalismus eine angemessene Beteiligung der Länder an der gemeinsamen zentralstaatlichen Politik bedeutete und somit ein „bundesstaatliches Lebensgefühl" erzeugen würde, mit partikularistischen Abspaltungsplänen daher nichts gemein hätte[147].

Aufgrund der kaiserzeitlichen Vorstellung einer Kompatibilität zweier Arten von Staatsangehörigkeiten mit dem Beziehungsgeflecht zwischen Reich und Gliedstaaten, das mit dem

---

[143] Hierzu zählte vor allem die nur in Niedersachsen auftretende Deutsche Partei (DP). Als Regionalpartei vertrat sie ähnlich wie die CSU extrem-föderalistische Forderungen. Vgl. hierzu Otto, Staatsverständnis, S. 107.
[144] Düding, Bayern und der Bund, S. 356.
[145] Ebd., S. 357.
[146] Vgl. ebd., S. 357 f.
[147] Vgl. Ehard, Hans, Föderalismus als Ordnungsprinzip. Schöpferisches staatsethisches Prinzip, in: Politisches Jahrbuch der CDU/CSU 1 (1950), S. 21-24, S. 21 f.

Ausdruck „zwei Theile eines untheilbaren Ganzen" beschrieben wurde[148], stellt sich die Frage, inwieweit die Landesangehörigkeit in Kombination mit dem Vermittlungsprinzip für die Bundesangehörigkeit Ausdruck „bundesstaatlichen Lebensgefühls" hätten sein können. Für ernthaler/Weber ist die Existenz von Landesangehörigkeit ein „konstituierendes Element"[149] der bundesstaatlichen Ordnung:

> Die Bedeutung liegt zum Teil in der Konsolidierung und im Ausbau des demokrati-
> schen Systems der Länder, zum Teil in ideellen Momenten, wie der Schaffung bzw.
> Vertiefung des 'Landesbewußtseins' [...]. [...] [Sie] ist die Voraussetzung für ein demo-
> kratisches Landesselbstbewußtsein, von dem jede Bundesstaatsreform getragen sein
> muß, will sie nicht in einen 'Föderalismus der Bürokratien' entarten.[150]

Die Auffassung, die Förderung der Eigenstaatlichkeit der Länder als Element eines bundesstaatlichen Aufbaus zu verstehen, war auch im Parlamentarischen Rat vertreten. Der CDU-Abgeordnete und Präsident des Parlamentarischen Rates Konrad Adenauer erklärte hierzu in seiner Fraktion:

> Wir müssen die Eigenstaatlichkeit der Länder [...]sichern. [...] Ich muß Ihnen sagen,
> daß ich bei meinem jüngsten Aufenthalt in München von dem Bewußtsein der Bayern
> der Eigenstaatlichkeit sehr beeindruckt worden bin.[...] Auch in Baden und Württem-
> berg ist es noch genügend lebenskräftig vorhanden. In der britischen Zone - außer
> Hamburg - ist es nicht vorhanden. Ich stimme dem zu, daß man darauf ausgehen muß,
> auch in den Ländern der britischen und französischen Zone ein eigenstaatliches Be-
> wußtsein zu entwickeln.[151]

Doch die in diesem Beitrag zu erkennende Meinung, einen bundesstaatlichen Aufbau mit der Stärkung eines eher kulturell-landsmannschaftlichen Selbstbewußtseins in den Bundesländern zu stärken, entsprach nicht den Föderalismus-Vorstellungen Ehards, die er in derselben Fraktionssitzung zugleich als Resümee der bisherigen Verhandlungsergebnisse darlegte:

> Ein bundesstaatlicher Aufbau erfordert [...], daß die Eigenständigkeit der Länder gesi-
> chert wird, sonst kann ich von einem föderativen Aufbau nicht reden. [...] Was bisher in

---

[148] Ein Ausdruck des im 19. Jh. wirkenden Staatsrechtlers Landgraff, zitiert nach Mayer, Staatsangehörigkeit in Bayern, S. 57.
[149] Pernthaler, Peter/Weber, Karl, Landesbürgerschaft und Bundesstaat. Der Status des Landesbürgers als Kriterium des Bundesstaates und Maßstab der Demokratie in den Ländern (Schriftenreihe des Instituts für Föderalismusforschung, Band 28), Wien 1983, S. 34.
[150] Ebd., S. 77.
[151] CDU/CSU-Fraktionssitzung am Vormittag des 25.11.1948, S. 190.

Bonn herausgekommen ist, ist das absolute Gegenteil davon. Ich bemühe mich heraus-
zusuchen aus dem bisherigen Ergebnis, wo und auf welche Weise die Rechte der Länder wirklich gesichert sind, und ich finde das tatsächlich nicht. Es ist alles, was bisher
auf diesem Gebiete gefordert werden sollte, vorerst dahingeschwommen.[152]

Erkennbar wird hier die Auffassung des bayerischen Ministerpräsidenten, daß für ihn eine
föderative Ausgestaltung der Verfassung mehr ist als eine bloße Reduzierung auf die Förderung von Landesidentitäten. Ihm ging es um einen möglichst großen Einfluß der Länder im
neu zu schaffenden Zentralstaat.

Erste Bewährungsprobe hierfür war die Revision der in der Weimarer Republik ange-
wandten sogenannten Kompetenz-Kompetenz, die in der Vergangenheit dem Reich eine
Entscheidungsbefugnis bei strittigen Gesetzgebungskompetenzen zwischen Reich und
Ländern zugebilligt hatte. Ein Hauptziel der Föderalisten war die Umkehrung dieser Befugnis
zugunsten der Länder, so daß alle Themenbereiche, die im Grundgesetz nicht ausdrücklich
dem zukünftigen Bund an gesetzgeberischer Kompetenz zugedacht wurden, grundsätzlich im
Aufgabenbereich der Länder liegen sollten. Die Bedeutung dieses Ziels für Bayern unterstrich
Laforet im Zuständigkeitsausschuß: „Die Frage ist von so grundsätzlicher Wichtigkeit, daß,
wenn an diesem Satz[153] etwas geändert werden würde, Sie bei einem Referendum in Bayern
mit Sicherheit eine Ablehnung des Entwurfs bekommen würden."[154] Damit benannte er das
wichtigste Mittel, mit dem die CSU-Abgeordneten bereit waren, ihre Ziele durchzusetzen,
nämlich die Ablehnung des Grundgesetzes.

Weitere wichtige Kristallisationspunkte für die föderalistische Ausgestaltung des Grundgesetzes waren zwei andere Themenbereiche: die Ausgestaltung des Gesetzgebungsorgans der
Länder, der Zweiten Kammer, die nach Auffassung des bayerischen Ministerpräsidenten
Ehard bei möglichst vielen Bundesentscheidungen eine maximale Mitbestimmung der Länder
garantieren sollte[155], und die Aufteilung der Steuern zwischen Bund und Ländern, die ebenso

---

[152] CDU/CSU-Fraktionssitzung am Nachmittag des 25.11.1948, S. 195.
[153] Damit meinte Laforet den Inhalt des später verabschiedeten Artikels 70, Absatz 1 GG, der wie folgt lautet:
„Die Länder haben das Recht der Gesetzgebung, soweit dieses Grundgesetz nicht dem Bunde Gesetzgebungsbe-
fugnisse verleiht."
[154] Ausschuß für Zuständigkeitsabgrenzung, 2. Sitzung am 22.9.1948, S. 19.
[155] Düding, Bayern und der Bund, S. 361 f.

darüber entschied, wo die Macht im zukünftigen Staat liegen würde[156]. Beide Bereiche waren Ehard für die zukünftige Mitgestaltungsmöglichkeit Bayerns im Bund so wichtig, daß auch er mehrfach eine bayerische Ablehnung des Grundgesetzes androhte, falls seine Forderungen nicht erfüllt werden sollten[157].

Entgegen der scheinbaren Logik[158] war die Existenz der Landesangehörigkeit bzw. deren Vermittlungsfunktion für die Bundesangehörigkeit für die Föderalisten bzw. die bayerischen Politiker keine conditio sine qua non zur Sicherung einer bundesstaatlichen Struktur - geschweige denn, daß man bei einer nicht ausdrücklichen Betonung der Landesangehörigkeit in der provisorischen Verfassung damit gedroht hätte, das Grundgesetz abzulehnen.

Hier zeigt sich, daß die Existenz von Landesangehörigkeit für die Verfechter eines föderalen bundesstaatlichen Aufbaus der neuen Bundesrepublik und als Ausdruck der Eigenstaatlichkeit der Länder sicher angestrebt, jedoch nicht als wirkungsvolles Mittel für den Erhalt der Eigenstaatlichkeit der Länder angesehen wurde. Vielmehr bedingte ein modernes Föderalismuskonzept nicht mehr die Existenz von Landesangehörigkeit, da, wie der bayerische Ministerpräsident Ehard in diesem Zusammenhang meinte, der Begriff der alten Staatssouveränität mit der neuen staatlichen Vorstellungswelt des Föderalismus nichts mehr zu tun hätte[159]. Die Vertreter des „Hyperföderalismus"[160] setzten zur Erfüllung ihrer Ziele auf die Themenbereiche, die den Ländern wirkliche Einflußmöglichkeiten in der Bundespolitik gaben. Die Ermöglichung der Landesangehörigkeit, gegebenenfalls unter Einschluß ihrer Vermittlungsfunktion für die Bundesangehörigkeit, war für die Verfechter eines föderalen Systems kein entscheidendes Mittel zur Durchsetzung ihrer Ziele.

---

[156] Die Einschätzung Walter Menzels (SPD) „Dort ist die Macht, wo das Geld ist" teilte Ehard. Vgl. ebd., S. 366 f.
[157] Morsey, Rudolf, Zwischen Bayern und der Bundesrepublik. Die politische Rolle des bayerischen Ministerpräsidenten Hans Ehard 1946-1949, in: Juristenzeitung 36 (1981), S. 361-370, S. 367.
[158] Hoffmann, Gerhard, Die Staatsangehörigkeit in den deutschen Bundesländern, Archiv des öffentlichen Rechts 81 (1956), S. 300-341, S. 324.
[159] Ehard, Föderalismus, S. 22.
[160] Diesen Ausdruck gebrauchte der SPD-Vorsitzende Kurt Schumacher zur Beschreibung der bayerischen Föderalismus-Vorstellungen, vgl. dazu Grabbe, Hans-Jürgen, Die deutsch-alliierte Kontroverse um den Grundgesetzentwurf im Frühjahr 1949, in: Vierteljahrshefte für Zeitgeschichte 26 (1978), S. 393-418, S. 415.

3.3 Option des Gesetzgebers auf Wiedereinführung der Landesangehörigkeit

Doch trotz der erkennbaren Tendenz im Parlamentarischen Rat, auf die Wiedereinführung der Landesangehörigkeit verzichten zu wollen, gaben deren Befürworter in ihrem Bemühen, sie in der Verfassung festzuschreiben, nicht auf. Am 9. Februar 1949 kam es im Hauptausschuß zur entscheidenden Konfrontation zwischen Gegnern und Befürwortern der Landesangehörigkeit und ihrer Vermittlungsfunktion für die Bundesangehörigkeit. Anlaß hierzu war der Antrag, eine modifizierte Variante des Artikels 110, Absatz 2 der Weimarer Reichsverfassung als Grundgesetzbestimmung aufzunehmen. An dem Satz 'Jeder Angehörige eines Landes ist zugleich Bundesangehöriger' entzündete sich eine Debatte um die Wiedereinführung der Landesangehörigkeit[161]:

> *Schmid (SPD):* Soll das bedeuten, daß primär die Landesangehörigkeit ist?
>
> *V. Mangoldt (CDU):* Nein. Der Bund hat nach Artikel 35[162] die ausschließliche Gesetzgebung über die Staatsangehörigkeit im Bund und in den Ländern. Es wird in beiden eine Staatsangehörigkeit geben, und die Landesangehörigkeit soll immer Bundesangehörigkeit sein.
>
> *Schmid:* Aber er ist primär Bundesangehöriger und dadurch Landesangehöriger?
>
> *V. Mangoldt:* Es ist sehr die Frage, ob das so geregelt wird. Diese Frage muß offenbleiben. Es ist die Frage, wie das Staatsangehörigkeitsgesetz diese Dinge regelt.
>
> *Wagner (SPD):* Wenn Sie diese Frage offenhalten wollen, dürfen Sie nicht sagen, daß jeder Landesangehörige Bundesangehöriger ist. Denn darin wäre ausgedrückt, daß die Landesangehörigkeit das Primäre, die Bundesangehörigkeit das Sekundäre ist. Das wollen wir nicht. Damit wäre die Frage nicht mehr offen, sondern beantwortet.
>
> *Renner (KPD):* 'Ich bin Bayer', 'ich bin Westdeutscher', das ist die Konsequenz.
>
> *V. Mangoldt:* Für den Übergangszustand, bis ein Reichs- und Staatsangehörigkeitsgesetz zustande kommt, ist diese Vorschrift wichtig. Es gibt soviele, die nicht Reichsangehörige waren, zum Beispiel Volksdeutsche, die Landesangehörige geworden sind. Für sie besteht keine Bundesangehörigkeit, wenn wir nicht einen solchen Satz aufnehmen.
>
> *Schmid:* Das scheint sehr zweifelhaft zu sein.
>
> *Dehler (FDP):* Für diesen Fall haben wir eine Übergangsbestimmung geschaffen.
>
> *Schmid:* Ich halte diese Vorschrift zum mindesten für überflüssig. In halte sie in zweiter Linie aber auch für gefährlich, weil sie zu falschen Folgerungen führen könnte.

---

[161] Hauptausschuß, 48. Sitzung am 9.2.1949, S. 624 f.
[162] Der spätere Artikel 73 GG.

V. Brentano (CDU): Ich würde vorschlagen, die Beschlußfassung zurückzustellen und darüber noch einmal zu diskutieren.

Daraufhin wurde der Antrag an den Fünferausschuß verwiesen. Dieser, ein zur Klärung strittiger Fragen eingerichtetes interfraktionelles Gremium bestehend aus Vertretern der drei wichtigsten Fraktionen CDU/CSU, SPD und FDP, einigte sich dann Mitte Februar 1949 darauf, den Artikel 110, Absatz 2 der Weimarer Reichsverfassung nicht in das Grundgesetz zu übernehmen[163].

Somit überließ man die Klärung dieser Frage dem Gesetzgeber, was einem Kompromiß zwischen Befürwortern und Gegnern der Landesangehörigkeit entsprach.

Die Gegner der Landesangehörigkeit, wie z.b. Schmid, waren zwar bereit, die Existenz der Landesangehörigkeit zuzulassen, was sie aufgrund der in Artikel 73 festgelegten ausschließlichen Gesetzgebungskompetenz des Bundes für die „Staatsangehörigkeit im Bund und in den Ländern" auch nicht mehr verhindern konnten, doch eine präjudizierte Bevorzugung der Landesangehörigkeit gegenüber der gemeinsamen deutschen Staatsangehörigkeit akzeptierten sie in der Verfassung nicht. Die Befürworter von Landesangehörigkeit mußten darauf hoffen, daß die Gesetzgeber ihrer Auffassung Rechnung tragen würden.

3.4 Das Eingreifen der Besatzungsmächte

Schon in dem „Aide-Mémoire" der Besatzungsmächte vom 22. November 1948 wiesen die westlichen Militärregierungen nach Kenntnis der in 1. Lesung im Hauptausschuß behandelten Grundgesetzartikel darauf hin, daß sie die von ihnen im Frankfurter Dokument Nr. I aufgestellte Bedingung, einen Weststaat „föderalistischen Typs" zu schaffen, nicht erfüllt sahen. Nach Abschluß der 3. Lesung der Verfassungsbestimmungen im Hauptausschuß bestätigte sich dieser Eindruck nach Auffassung der Besatzer. Auch im Bereich der Staatsangehörigkeit legten sie Einspruch gegen die Vorschläge des Parlamentarischen Rates ein. Während sogar

---

[163] Nach Aussage Theophil Kaufmanns in der CDU/CSU-Fraktionssitzung am Vormittag des 17.2.1949, S. 406.

einige der deutschen Föderalisten die Frage der Landesangehörigkeit als nicht entscheidend für den bundesstaatlichen Charakter der neuen Republik ansahen, waren die westlichen Besatzungsmächte anderer Meinung. Im 'Memorandum der Militärgouverneure zum Grundgesetzentwurf' des Haupt- und Fünferausschusses vom 2. März 1949 kritisierten die Besatzungsmächte eine zu starke unitaristische Tendenz in der Verfassung und mahnten mit Hilfe einiger Änderungsvorschläge eine stärkere föderalistische Ausgestaltung des bundesrepublikanischen Staatssystems an. Beim Thema 'Staatsangehörigkeit', das im Entwurf in die ausschließliche Gesetzgebung des Bundes fiel, verlangten sie, diese in den Kompetenzkatalog der konkurrierenden Gesetzgebung aufzunehmen[164], so daß die Länder hier eine Mitsprache erhalten sollten.

Im auf die westalliierten Einwände hin gebildeten *Siebenerausschuß*, in dem zur symbolischen Stärkung der deutschen Position gegenüber den Militärgouverneuren in Erweiterung des Fünferausschusses auch die beiden kleineren Parteien Zentrum und DP vertreten waren[165], scheint dieser Änderungswunsch der Militärgouverneure anfangs als nicht gravierend eingeschätzt worden zu sein. Denn in einer Besprechung von Mitgliedern des Parlamentarischen Rates mit den alliierten Vertretern am 10. März 1949 teilte Carlo Schmid diesen mit, daß der Siebenerausschuß die Änderung akzeptiert habe, was von den Alliierten begrüßt wurde[166].

Doch kamen im interfraktionellen Ausschuß bald Zweifel darüber auf, ob als Konsequenz der Zustimmung zum Vorschlag der Militärgouverneure die Länder auch bei der Staatsangehörigkeit des Bundes mitwirken sollten. Der CDU-Abgeordnete Theophil Kaufmann teilte seiner Fraktion die nachfolgende Ablehnung des alliierten Vorschlages durch den Siebenerausschuß mit:

---

[164] Der Parlamentarische Rat 1948-1949. Akten und Protokolle, Hrsg. vom Deutschen Bundestag und vom Bundesarchiv, Bd. 8: Die Beziehungen des Parlamentarischen Rates zu den Militärregierungen, bearbeitet von Michael F. Feldkamp, Boppard am Rhein 1995, S. 133 (im folgenden als „Beziehungen des PR zu den Militärregierungen" zitiert).

[165] Die KPD wurde nicht berücksichtigt, da sie sich während der gesamten Grundgesetzberatungen destruktiv verhalten hatte.

[166] Beziehungen des PR zu den Militärgouverneuren, S. 190 ff. Diese Entscheidung des Siebenerausschusses wurde von der CDU/CSU-Fraktion auf ihrer Sitzung am 10.3.1949, S. 426 bestätigt.

Bei der Staatsangehörigkeit ist die einfache Übertragung von Art. 35 auf 36[167] nicht beschlossen worden. Sie ist auch nicht sinngemäß; praktisch können ja nicht die Länder die Staatsangehörigkeit des Bundes regeln. Es wird daher vorgeschlagen, Staatsangehörigkeit im Bund bleibt in 35 und Staatsangehörigkeit in den Ländern kommt in 36.[168]

Diese Änderung gegenüber dem Wunsch der Militärgouverneure wurde von der Fraktion genehmigt[169], so daß Kaufmann einen Tag später, am 18. März, den alliierten Vertretern einer Besprechung diesen Änderungsvorschlag mit folgenden Worten näherbringen wollte:

> Wir haben die Staatsangehörigkeit wieder in die ausschließliche Gesetzgebung hineingenommen, soweit es sich um die Staatsangehörigkeit im Bund handelt. Es gibt einige Fälle, in denen die Landeszugehörigkeit nicht gleichzeitig die Staatsangehörigkeit im Bund entscheidet. [...] Es ist möglich, daß in einem Konsulat zu irgendeinem Zweck ein Ausländer als deutscher Beamter eingestellt wird. Dann würde er durch diese Einstellung, wenn eine Vereinbarung in der Richtung besteht, ein Deutscher werden. Er würde aber nicht die bayerische Staatsangehörigkeit, die badische Staatsangehörigkeit usw. erlangen können, sondern nur eine Art reine Staatsangehörigkeit des Bundes. Infolgedessen ist die Staatsangehörigkeitsfrage sowohl in der ausschließlichen Gesetzgebung wie auch in der konkurrierenden Gesetzgebung beide Male enthalten.[170]

Dieser Vorschlag wurde von alliierter Seite ohne Widerspruch akzeptiert[171].

An der Erklärung Kaufmanns vor den Alliierten ist die Begründung auffällig, die in den Ausschußberatungen nicht erschien. Kein einziges Mal war der eher seltene Fall einer Einbürgerung von ausländischen Konsulatsangehörigen in der Konstituante angesprochen worden. Der Grund hierfür liegt in der Annahme der Alliierten, ein größerer Einfluß der Länder auf ihre Landesangehörigkeit wäre ein Mittel für die Festigung eines föderativen Aufbaus der Bundesrepublik. Wie oben dargelegt, wurde nicht einmal von den deutschen Verfechtern des Föderalismus die Bedeutung der Landesangehörigkeit so hoch eingeschätzt. Da man aber wohl die Militärgouverneure in dieser Hinsicht nicht brüskieren wollte, mußte man einen triftigen Grund finden, um der ausschließlichen Gesetzgebungskompetenz des Bundes zumindest die Staatsangehörigkeit des Bundes zu erhalten. Das aus der Staatsangehö-

---

[167] Spätere Artikel 73 (ausschließliche Gesetzgebung) und 74 (konkurrierende Gesetzgebung).
[168] CDU/CSU-Fraktionssitzung am 17.3.1949, S. 431.
[169] Ebd.
[170] Beziehungen des PR zu den Militärgouverneuren, S. 207.
[171] Ebd.

rigkeitsentwicklung in der Kaiserzeit bekannte Konsulatsproblem[172] mußte in dieser Hinsicht auch für die Besatzungsmächte einleuchtend sein. Der Grund für diese Argumentationsweise war somit nur bedingt inhaltlicher Art, sie entsprang vielmehr einem taktischen Kalkül. Aufgrund der in Artikel 33,1 des Grundgesetzes garantierten Gleichbehandlungspflicht aller Deutschen in jedem Bundesland konnte die bedingte Gesetzgebungskompetenz der Länder bei den Landesangehörigkeit auch keine gravierende Gefahr für eine unterschiedliche Entwicklung im Staatsangehörigkeitsrecht sein[173].

3.5 Zusammenfassung: Landesangehörigkeit kein entscheidendes Element eines föderativen Staatsaufbaus

Die weitere bundesrepublikanische Entwicklung zeigte, daß die Möglichkeit zur Ausgestaltung der Landesangehörigkeit nicht genutzt wurde. Die Gesetzgeber von Bund und Ländern führten weder die Landesangehörigkeit noch ihre Vermittlungsfunktion für die Bundesangehörigkeit wieder ein. Ganz im Gegenteil: Durch eine Grundgesetzänderung am 27. Oktober 1994[174] verzichtete der Bund auf seine konkurrierende Gesetzgebungskompetenz für die „Staatsangehörigkeit in den Ländern", und die Länder hielten eine Ausgestaltung der Landesangehörigkeit ebenfalls für unnötig. Der einzige Hinweis darauf findet sich weiterhin in dem schon 1948/1949 bekannten Artikel 6 der bayerischen Verfassung; die Verfassungsbestimmungen der drei württemberg/badischen Länder wurden mit ihrer Verschmelzung zum Land Baden-Württemberg im Jahre 1953 aufgehoben[175]. Aber warum waren die Argumente für die Existenz von Landesangehörigkeit, die durchaus gegeben waren, für die praktische Politik nicht entscheidend?

---

[172] U.a. führte dieses Problem gegen Ende des 19. Jh. zur Entstehung der „unmittelbaren Reichsangehörigkeit". Durch § 34 des RuStAG von 1913 wurde Ausländern im deutschen Konsulatsdienst die Möglichkeit gegeben, mit Hilfe der unmittelbaren Reichsangehörigkeit Deutsche zu werden. Vgl. dazu Mayer, Staatsangehörigkeit in Bayern, S. 61.

[173] Ziemske, Burkhardt, Die deutsche Staatsangehörigkeit nach dem Grundgesetz (Schriften zum Öffentlichen Recht, Bd. 680), Berlin 1995, S. 211.

[174] BGBl. I, S. 3164.

[175] Gbl. 1953, S. 173.

1. Für die Verfechter einer möglichst weitgehenden föderalistischen Bundesstaatsstruktur waren die Landesangehörigkeit eine stumpfe Waffe. Schon die Bemühungen der bayerischen Verfassungsväter im Jahre 1946, ein bayerisches Staatsangehörigkeitsrecht zu installieren, hatten eine funktionelle Aufgabe im Sinne einer bayrischen Eigenstaatlichkeit. Als die amerikanische Militärregierung signalisierte, daß die bayerische Eigenständigkeit unter deutlichen Souveränitätsverlusten in einen deutschen Bundesstaat münden sollte und ein Ausführungsgesetz verbot, hatte die bayerische Staatsangehörigkeit nur noch symbolische Bedeutung. Diese Einschätzung hielt sich bis zu den Beratungen zum Grundgesetz. Die Eigenständigkeit der Länder konnte nur durch Einflußmöglichkeiten im Bund und möglichst viele autonome Handlungsbereiche erreicht werden, nicht aufgrund der Existenz von und der Gesetzgebungskompetenz für Landesangehörigkeit, auch wenn die westlichen Besatzungsmächte mit der Änderung des Gesetzgebungskataloges anderer Meinung waren.

2. Auch die Reminiszenz an die Funktion der Landesangehörigkeit in der Kaiserzeit und in der Weimarer Republik konnte eine Verfassungsverankerung entsprechender Grundgesetzartikel nicht herbeiführen. Denn die Wiedererrichtung des Bundesstaates im Jahre 1949 war mit den historischen Gegebenheiten des Jahres 1871 in keiner Weise vergleichbar. Im Kaiserreich waren die Landesangehörigkeit ein Ausfluß ehemaliger vollständiger Eigenstaatlichkeit der sich zu einem Bundesstaat zusammenschließenden deutschen Einzelstaaten und erleichterten auch im Sinne eines identitätsstiftenden Staates den Übergang zu einer zentralstaatlicheren Struktur. Schon in der Weimarer Republik wurde diese Funktion nicht mehr für nötig gehalten, da der deutsche Gesamtstaat vollständig akzeptiert war, so daß schließlich die Nationalsozialisten, freilich in erster Linie aus Gründen der Machtsicherung, die Landesangehörigkeit beseitigten. In der Nachkriegszeit sollten die Länder korrektive Funktionen gegenüber einem sich zu unitaristisch gebenden Zentralstaat ausüben. Sie wurden nicht als separierte Staaten eingerichtet, sondern als unterstützender Unterbau des Zentralstaates. Somit wurden die Landesangehörigkeit als Ausdruck eigenständiger Souveränität nicht mehr benötigt.

3. Diese Interpretation deckt sich mit der Entwicklung einer deutschen Eigenidentität. Seit Ende des letzten Jahrhunderts verdrängte das deutsche Nationsbewußtsein die landsmann-

schaftlichen Identitäten. Gefördert wurde dieser Effekt durch die Stärkung dessen, was man unter dem Begriff 'Deutscher' in den Artikeln des Grundgesetzes faßte, insbesondere durch den Artikel 116,1. Das Landesbewußtsein spielte fast keine Rolle mehr, zumal sich die meisten Nachkriegsländer mit den historischen deutschen Ländern nicht mehr deckten. Die Landesangehörigkeit wären „ein Band ohne geistige Bindung"[176] gewesen.

4. In den Artikeln 33,2 und 36,1 des Grundgesetzes wurden mögliche Anwendungsbereiche von Landesangehörigkeit in der Verfassung installiert, wenn auf die landsmannschaftliche Besetzung von Ämtern in den Bundesbehörden der Länder verwiesen wird (Artikel 33,2) oder auf eine landeseigene „Eignung und Befähigung" von Bewerbern für öffentliche Ämter spekuliert werden kann (Artikel 36,1)[177]. Doch diese Identifizierungen nach einzelnen Landesangehörigen konnten den Trend nicht aufhalten. Die Funktion der rechtlichen Eigenschaft der Staatsangehörigkeit in den Ländern wurde nach der späteren Ablehnung der *Landesangehörigkeit* durch die tatsächliche Eigenschaft der *Landeszugehörigkeiten* übernommen. Auch nach ihnen können Differenzierungen der Menschen einzelner Länder nach dem Ort des ersten Wohnsitzes vorgenommen werden[178].

5. Durch die Bestimmung des Artikels 73, Ziffer 2, der dem Bund die ausschließliche Gesetzgebung über die „Staatsangehörigkeit im Bunde" zuweist, besteht für den Gesetzgeber die Möglichkeit, das Rechtsinstitut einer selbständigen 'Bundesangehörigkeit' einzurichten. Insofern ist dieses Rechtsinstitut nicht in Gänze aufgrund der mit Artikel 116,1 initiierten Entscheidungen durch die deutsche Staatsangehörigkeit ersetzt worden. Vereinzelt hat sich die juristische Literatur mit den Handlungsspielräumen zur Ausgestaltung der Bundesangehörigkeit gegenüber der deutschen Staatsangehörigkeit beschäftigt[179]. Doch wenn man den Wohnort in der Bundesrepublik Deutschland voraussetzt, geht man allgemein von einer weitgehenden Kongruenz von Bundesangehörigkeit und deutscher Staatsangehörigkeit aus, besonders wenn man berücksichtigt, daß die Gesetzgebungskompetenz für die deutsche

---

[176] Hoffmann, Staatsangehörigkeit in den deutschen Bundesländern, S. 326.
[177] Bender, Joachim-Christian, Landesstaatsangehörigkeit und Landeszugehörigkeit in der Bundesrepublik, Dissertation, Heidelberg 1953, S. 56 und 60.
[178] Ebd., S. 19.
[179] So in umfangreichem Maße Thedieck, Deutsche Staatsangehörigkeit, S. 53-134.

Staatsangehörigkeit aus Artikel 73, Ziffer 2 abgeleitet wird[180]. Über die Motive der Konstituante, den Ausdruck Bundesstaatsangehörigkeit in Artikel 73 zu benutzen, erfährt man im Schriftlichen Bericht zum Entwurf des Grundgesetzes folgendes: „Vielmehr sollte im Gesetzgebungskatalog lediglich die *Möglichkeit* der Schaffung einer besonderen Bundesangehörigkeit und einer davon geschiedenen Einzelstaatsangehörigkeit in den Ländern eröffnet werden. Zur Zeit also gibt es [...] nur eine einheitliche deutsche Staatsangehörigkeit."[181] Somit lag eine Funktion der Bundesangehörigkeit in der Abgrenzung zu einer möglichen Landesangehörigkeit.

Die andere Ursache beschrieb Carlo Schmid, indem er darauf hinwies, daß man im Gegensatz zum Ausdruck 'Deutscher' „für gewisse verwaltungsmäßige Abscheidungen [...] den Begriff des Bundesangehörigen schaffen [muß]"[182]. Prinzipiell hatte man sich nach kontroversen Verhandlungen darauf geeinigt, die meisten der im Grundgesetz garantierten Rechte allen Deutschen zuzugestehen, also auch jenen, die östlich der Elbe lebten. Doch einige Rechte, für die eine Präsenz im Bundesgebiet unbedingt vonnöten war, wurden auf die Bewohner der Bundesrepublik, die Bundesangehörigen, beschränkt. Dazu gehörte z.B. das Widerstandsrecht nach Artikel 20 des Grundgesetzes, die Bestimmungen zum gleichberechtigten Zugang zu öffentlichen Ämtern nach Artikel 33 oder das Wahlrecht, das im Wahlgesetz das Erfordernis des Wohnsitzes im Bundesgebiet voraussetzt[183]. Obwohl die deutsche Staatsangehörigkeit Voraussetzung für den Besitz der Bundesangehörigkeit ist[184], was wiederum einer Vermittlungsfunktion entspricht, ging man bei ihr im Gegensatz zur deutschen Staatsangehörigkeit vom Wohnsitzprinzip aus.

---

[180] Ziemske, Deutsche Staatsangehörigkeit nach dem Grundgesetz, S. 210.
[181] Schriftlicher Bericht zum Entwurf des Grundgesetzes, S. 95.
[182] Hauptausschuß, 44. Sitzung am 19.1.1949, S. 574.
[183] Thedieck, Deutsche Staatsangehörigkeit, S. 120.
[184] Ebd., S. 113.

4. Die Staatsangehörigkeit im Kontext der Aufarbeitung national-
sozialistischen Unrechts

Es ist gezeigt worden, welche Auswirkungen die politischen Grundentscheidungen des im Anschluß an die Niederlage im Zweiten Weltkrieg neu entstandenen deutschen Staates auf die Staatsangehörigkeit hatten. Doch im Grundgesetz fanden nicht nur Richtungsentscheidungen für den Staatsaufbau der Bundesrepublik, wie die nationalstaatliche Bestimmung des Staatsvolkes oder der bundesstaatliche Aufbau der westdeutschen Republik ihren Ausdruck, sondern in ihm wurden auch die Erfahrungen der nationalsozialistischen Herrschaft verfassungsrechtlich aufgearbeitet. Es ist das Verdienst von Friedrich Karl Fromme, den Anteil der „Lehren" aus der nationalsozialistischen Diktatur an den Grundgesetzbestimmungen herausgearbeitet zu haben[185]. Diese „Lehren" hatten zwei Konsequenzen: Auf der einen Seite zeitigten sie mittelbare Wirkung durch die Schaffung funktionsfähiger Ausgestaltungsinstrumente der Demokratie zur Abwehr der möglichen „Renaissance" eines diktatorischen Regimes, was z.B. mit der Einrichtung einer föderativen Grundstruktur des neuen Staates zum Ausdruck kam. Auf der anderen Seite fanden sie auch einen unmittelbar verfassungsrechtlichen Niederschlag, indem nationalsozialistisches Unrecht beseitigt und gegen eine zukünftige Wiederholung vorbeugende Grundrechtsbestimmungen installiert wurden[186]. Die Garantie von Grundrechten, insbesondere die der Meinungs-, Versammlungs- und Pressefreiheit sowie der Unverletzlichkeit der Wohnung, zeugen von dem Bemühen um Schutz des einzelnen vor dem Staat.

Im Bereich der Staatsangehörigkeit waren hierfür zwei Verfassungsbestimmungen von Bedeutung. Dies waren der Artikel 116,2, der die Wiedereinbürgerung der von den Nationalsozialisten zwangsausgebürgerten Personen regelt, und der Artikel 16,1, der den Entzug der Staatsangehörigkeit, wie bei den Betroffenen des Artikels 116,2 geschehen, verbietet. Aber am Beispiel dieser beiden Artikel kann man die „Lehren" aus dem Nationalsozialismus, die

---

[185] Fromme, Friedrich Karl, Von der Weimarer Verfassung zum Bonner Grundgesetz. Die verfassungspolitischen Folgerungen des Parlamentarischen Rates aus Weimarer Republik und nationalsozialistischer Diktatur (=Tübinger Studien zur Geschichte und Politik, Band 12), Tübingen 1960.
[186] Ebd., S. 12 f.

sich unmittelbar in Grundgesetzbestimmungen finden, nochmals differenzieren: Auf der einen Seite findet man mit Artikel 116,2 eine Bestimmung, die einen „ausgleichenden Charakter" gegenüber Handlungen des nationalsozialistischen Staates hat und eine ereignisbezogene rechtliche Wiedergutmachung abdecken soll. Bei Artikel 116,2 ist dies die Rücknahme der willkürlichen Ausbürgerungen der Nationalsozialisten. Auf der anderen Seite wird mit Artikel 16,1 eine verfassungsrechtliche Bestimmung geschaffen, die einen „erfahrungsbedingten Charakter" im Sinne eines 'Wehret den Anfängen' hat. Damit sollte eine zukünftige Wiederholung des während der nationalsozialistischen Diktatur ergangenen Unrechts der Zwangsausbürgerungen verhindert werden, indem man ein generelles Verbot des Entzugs der Staatsangehörigkeit im Grundgesetz festschrieb[187].

Beide Kategorien bedingen einander, und besonders bei den beiden genannten Artikeln, die Bestimmungen zur Staatsangehörigkeit enthalten, kann man die verfassungsrechtliche Entwicklung „Erfahrung von Unrecht in der Vergangenheit - Verhütung von Unrecht in der Zukunft" exemplarisch erkennen. Daher wird die Entstehung beider Artikel in der vorgegebenden Reihenfolge untersucht werden.

4.1 Die Wiederzuerkennung der Staatsangehörigkeit an die im Nationalsozialismus zwangsausgebürgerten Personen

Artikel 116, Absatz 2 GG[188]: Frühere deutsche Staatsangehörige, denen zwischen dem 30. Januar 1933 und dem 8. Mai 1945 die Staatsangehörigkeit aus politischen, rassischen oder religiösen Gründen entzogen worden ist, und ihre Abkömmlinge sind auf Antrag wieder einzubürgern. Sie gelten als nicht ausgebürgert, sofern sie nach dem 8. Mai 1945 ihren Wohnsitz in Deutschland genommen haben und nicht einen entgegengesetzten Willen zum Ausdruck gebracht haben.

Die Bestimmung dieses Grundgesetzartikels regelt die Situation derjenigen Personen, die unter das im Juli 1933 erlassene nationalsozialistische 'Reichsgesetz über den Widerruf von

---

[187] Ebd., S. 185.
[188] In der am 8. Mai 1949 verabschiedeten Fassung.

Einbürgerungen und die Aberkennung der deutschen Staatsangehörigkeit' fielen. Zielgruppe dieses Gesetzes waren vor der Machtübernahme Hitlers nach Deutschland immigrierte oder nach dem 30. Januar 1933 ins Ausland emigrierte Personen, die dem nationalsozialistischen System aus politischen, rassischen oder religiösen Gründen mißliebig wurden.

Hieraus ergaben sich für die Mitglieder des Parlamentarischen Rates zwei Aufgaben: Zum einen mußte die als Unrecht empfundene nationalsozialistische Aberkennungspolitik im rechtlichen Sinne ausgeglichen werden. Darauf machte etwa die SPD-Abgeordnete Friederike Nadig im Grundsatzausschuß aufmerksam, als sie sagte: „Uns ist die Verpflichtung auferlegt, all die durch den Nationalsozialismus so willkürlich Ausgebürgerten mit einem Schlage wieder einzubürgern."[189] Zum anderen war erforderlich, diesen Opfern des Nationalsozialismus als Ausgebürgerten den staatsbürgerlichen Zugang zur Bundesrepublik zu ermöglichen. Ähnlich wie die Deutschen östlich der Elbe durch den Absatz 1 des Artikels 116 mußten sie somit in die Legaldefinition des deutschen Staatsvolkes aufgenommen werden. Daher wurde die Bestimmung, mit der den Zwangsausgebürgerten die deutsche Staatsangehörigkeit wieder zuerkannt werden sollte, ebenfalls in die „Übergangsbestimmungen" aufgenommen - als Absatz 2 des Artikels 116.

Eigentlicher Anlaß der Initiative war die verfassungsrechtliche Problematisierung dieser Materie, die vom SPD-Abgeordneten Fritz Löwenthal am 4. Dezember 1948 im Hauptausschuß vorgenommen wurde. Er war der Ansicht, daß „die früheren deutschen Staatsangehörigen, die unter Hitler auf Grund ihrer politischen und rassischen Zugehörigkeit ihrer Staatsangehörigkeit durch Ausbürgerung beraubt worden sind, bisher keinen Anspruch auf Wiedereinbürgerung [gehabt hätten]"[190]. Dieser Beitrag war der Anstoß für eine umfangreiche Diskussion über die Existenz von in der Zeit des Interregnums beschlossenen Maßnahmen, die sich mit den Opfern der in der Zeit zwischen 1933 bis 1945 Zwangsausgebürgerten beschäftigten. Der Alterspräsident des Parlamentarischen Rates, Adolph Schönfelder (SPD), glaubte, daß das Aberkennungsgesetz der Nationalsozialisten durch die Alliierten aufgehoben

---

[189] Ausschuß für Grundsatzfragen, 26. Sitzung am 30.11.1948, S. 716.
[190] Hauptausschuß, 18. Sitzung am 4.12.1948, S. 217.

worden sei, so daß die Zwangsausgebürgerten auf Antrag hätten wieder eingebürgert werden können[191]. Der Abgeordnete Renner von der KPD machte darauf aufmerksam, daß in der britischen Zone die der Zwangsausbürgerung oft nachfolgende Staatenlosigkeit durch eine Anordnung der britischen Militärregierung aufgehoben worden sei, ließ jedoch offen, ob er der Meinung sei, daß die Betroffenen dadurch die deutsche Staatsangehörigkeit zurückerhalten hätten[192]. Schmid entgegnete ihm, daß dies in der amerikanischen und der französischen Zone anders gewesen sei. Falls die Zwangsausgebürgerten durch die britischen Militärbehörden die Staatsangehörigkeit zurückerhalten hätten, hätte die britische Besatzungsmacht bewußt gegen gültige Bestimmungen aller Besatzungsmächte verstoßen, da es sich allein der gemeinsame 'Alliierte Kontrollrat' vorbehalten hatte, über Dinge zu entscheiden, die Deutschland als Ganzes betrafen - somit auch über die Staatsangehörigkeit[193]. In einem weiteren Beitrag verwies Schmid auf sein eigenes Vorgehen als Präsident und Justizminister in Württemberg-Hohenzollern[194]: „Ich habe in dem kleinen Ländchen, in dem ich eine Zeitlang die Verantwortung zu tragen hatte, jedermann, der ausgebürgert war, sofort wieder die Ausweispapiere aushändigen lassen, deren er bedarf, um sich als Deutscher zu legitimieren."[195] V. Mangoldt wies darauf hin, daß man sich auch in Schleswig-Holstein mit dieser Frage beschäftigt habe[196].

Diese Beiträge bestätigen einem unbedarften Betrachter den eingangs zitierten Eindruck Laforets, daß in Deutschland nach dem Krieg die verschiedenen Staatsangehörigkeitsdefinitionen ein einziges „Chaos" verursacht hätten. Doch bei näherem Hinsehen offenbaren sie die unterschiedliche Rechtslage in den verschiedenen Teilen Deutschlands, die auf isoliert getroffene Maßnahmen der Besatzungsmächte bzw. der wiedererrichteten Länder beruht. Verwundern muß in diesem Zusammenhang trotzdem, daß die einzig nachweisbaren gesetzli-

---

[191] Hauptausschuß, 20. Sitzung am 7.12.1948, S. 227.

[192] Ebd., S. 226.

[193] Hauptausschuß, 20. Sitzung am 7.12.1948, S. 227 und 18. Sitzung am 4.12.1948, S. 217.

[194] Schmid wurde 1945 von den französischen Besatzungsbehörden zum Präsidenten des Landesdirektoriums Württemberg-Hohenzollerns ernannt und war nach den ersten Landtagswahlen ab Juli 1947 Stellvertreter des Präsidenten und Justizminister. Vgl. dazu Auerbach, Helmut, Die politischen Anfänge Carlo Schmids. Kooperation und Konfrontation mit der französischen Besatzungsmacht 1945-1948, in: Vierteljahrshefte für Zeitgeschichte 36 (1988), S. 595-648, S. 624.

[195] Hauptausschuß, 20. Sitzung am 7.12.1948, S. 226.

[196] Hauptausschuß, 18. Sitzung am 4.12.1948, S. 217.

chen Bestimmungen der Nachkriegszeit in dieser Frage, die in den Ländern der amerikanischen Besatzungszone im Jahre 1947 verabschiedeten Gesetze für die Wiedereinbürgerung
der im Nationalsozialismus Zwangsausgebürgerten, keine Erwähnung fanden.

4.1.1 Vorbehalte gegenüber Wiedereinbürgerungen

Aufgrund der Anregung Löwenthals beschäftigte sich der Ausschuß für Grundsatzfragen
mit der Wiedereinbürgerungsfrage und formulierte am 6. Dezember, also schon zwei Tage
nachdem das Problem angesprochen worden war, folgenden Artikelvorschlag: „Frühere
deutsche Staatsangehörige, denen in der Zeit zwischen dem 30. Januar 1933 und dem 8. Mai
1945 die Staatsangehörigkeit aus politischen, rassischen oder religiösen Gründen entzogen
worden ist, und ihre Abkömmlinge sind auf ihren Antrag wieder einzubürgern."[197] Zur
Begründung dieser Formulierung, insbesondere der Aufnahme des Antragsvorbehaltes,
verwies v. Mangoldt auf die Probleme, die das Land Schleswig-Holstein bei der Bearbeitung
dieses Themas gehabt hatte:

> Es ergab sich aber bald, daß bei einer ganzen Reihe von Personen, denen die Staatsan-
> gehörigkeit entzogen worden ist, gar nicht das Bedürfnis und der Wille vorliegt, ohne
> weiteres die deutsche Staatsangehörigkeit wiederzuerwerben, weil sie in dem anderen
> Lande, dessen Staatsangehörigkeit sie erworben haben, dann nur Schwierigkeiten be-
> kommen würden.[198]

Daher, so v. Mangoldt weiter, müsse man das Wiedereinbürgerungsangebot des Grundgesetzes vom Willen der Betroffenen abhängig machen.

Auskunft über die Gründe des Unwillens einiger Opfer des nationalsozialistischen Sy-
stems, die deutsche Staatsangehörigkeit wiederzuerlangen, gab der Abgeordnete Zinn von der
SPD. Er verteidigte den Antragsvorbehalt des Grundsatzausschusses, indem er auf den
Umstand hinwies, daß wiedereingebürgerte Opfer der nationalsozialistischen Politik, die

---

[197] Ausschuß für Grundsatzfragen, 30. Sitzung am 6.12.1948, S. 848.
[198] Hauptausschuß, 18. Sitzung am 4.12.1948, S. 217.

weiterhin im Ausland lebten, auch materielle Schäden erleiden könnten, da „ihr inzwischen im Ausland erworbenes Vermögen als Feindvermögen beschlagnahmt [werden könnte]." Daher müsse man die Entscheidung vom konkreten Einzelfall abhängig machen, „sonst bestrafen Sie die Betroffenen unter Umständen doppelt: sie sind von den Nazis geschädigt worden und müssen nachher obendrein noch für das haften, woran sie keinerlei Schuld tragen."[199] Schmid ergänzte dieses Argument durch grundsätzliche Überlegungen zum Rechtsverhältnis der Zwangsausgebürgerten zu ihrem ehemaligen Staat: „Die Staatsangehörigkeit gibt ja auch gewisse Pflichten, und nicht jeder will sich diesen Pflichten wieder unterwerfen. Deshalb muß man ihn schon fragen, ob er will oder nicht."[200]

Ein weiteres Argument Schmids ist immaterieller Art. In bezug auf den Verlustgrund der Staatsangehörigkeit bei den Opfern „rassischer" Verfolgung und auf den späteren Umgang der Nationalsozialisten mit dieser Personengruppe gibt er zu bedenken:

> Ich kenne persönlich eine Reihe solcher Ausgebürgerter, die inzwischen eine andere Staatsangehörigkeit erworben haben und die nach Deutschland zurückgekommen sind [...] und wieder hier ihren Wohnsitz genommen haben. Diese Leute legen aus Gründen, die ich nicht zu beurteilen habe, keinen Wert darauf, wieder die deutsche Staatsangehörigkeit zu erhalten. Wir können diese Leute nicht zwangsweise, nicht automatisch wieder zu Deutschen machen.[201]

Gerade diese Bemerkung Schmids weist auf die Schwierigkeit hin, eine Materie, die nichtjuristische Ursachen hatte, nämlich die staatliche Verfolgung von Menschen aus rassistischen Gründen, mit Hilfe von Verfassungsrecht ausgleichen zu wollen. Seine Weigerung, die Ablehnungsgründe der Opfer zu beurteilen, belegt diese Einschätzung, so daß für ihn der Unwille einiger Zwangsausgebürgerter, die deutsche Staatsangehörigkeit wiederzuerlangen, oberste Priorität hatte und die Aufnahme eines Antragsvorbehaltes zwingend notwendig machte.

Weiter stand das antragsabhängige Wiedereinbürgerungsrecht im Einklang mit den Gesetzen, die im Jahr 1947 in den Ländern der amerikanischen Besatzungszone verabschiedet

---

[199] Hauptausschuß, 20. Sitzung am 7.12.1948, S. 228.
[200] Ebd., S. 226.
[201] Ebd., S. 227.

worden waren. Auch bei diesen profitierten neben den direkten Opfern auch die Familienangehörigen von der Regelung. Doch im Gegensatz zum Vorschlag des Grundsatzausschusses durfte eine Wiedereinbürgerung nach den gleichlautenden Gesetzen in Bayern, Bremen, Hessen und Württemberg-Baden nur genehmigt werden, wenn keine Mehrstaatigkeit entstand und eine Antragsfrist eingehalten wurde.

4.1.2 Der Wiedereinbürgerungswille der politischen Opfer

Neben diesen Vorbehalten einiger zwangsausgebürgerter Opfer des nationalsozialistischen Systems gab es aber auch Mitglieder dieser Personengruppe, die es als eine Zumutung empfanden, zwischen 1933 und 1945 ihre Staatsangehörigkeit ohne sachlichen Grund entzogen bekommen zu haben, jedoch nach dem Sturz des dafür verantwortlichen Systems diese nur auf Antrag wiedererlangen zu können. Gemeint sind hier besonders die aus politischen Gründen zwangsausgebürgerten Deutschen. Als eines dieser Opfer forderte der KPD-Abgeordnete Renner auch für seinesgleichen Genugtuung, als er betonte:

> Wir haben ja nicht auf unsere Staatsangehörigkeit verzichtet! Ein politischer Emigrant hat ja nicht daran gedacht, auf seine deutsche Staatsangehörigkeit zu verzichten. Wir haben uns auch in der Emigration vielleicht mehr als Deutsche gefühlt, als mancher Deutsche hier im Lande als Deutscher gehandelt und sich als Deutscher gefühlt hat. Aber die Ungeheuerlichkeit, die uns zugemutet wird, besteht doch darin, daß jetzt ausdrücklich gesagt wird: auf Antrag. Das setzt doch voraus, daß ich [...] bitten muß, daß man mir die deutsche Staatsangehörigkeit wieder zubilligt.[202]

Damit sprach er sich gegen eine antragsabhängige Regelung dieser Frage aus und forderte für sich und gleichdenkende Opfer der nationalsozialistischen Ausbürgerungspolitik ein automatisches Wiedereinbürgerungsrecht. Diese Haltung war für die meisten Mitglieder des Parlamentarischen Rates durchaus verständlich und anerkennenswert, wie der FDP-Abgeordnete Thomas Dehler zu verstehen gab[203].

---

[202] Ebd., S. 227.
[203] Ebd., S. 228.

Es wird deutlich, daß der Parlamentarische Rat bei diesem Thema in einem Dilemma steckte. Für beide Varianten, die einer antragsabhängigen wie die einer automatischen Wiedereinbürgerung, gab es überzeugende und auch wertgeschätzte praktische und moralische Gründe. Jede Entscheidung, die sich gegen die eine oder andere Gruppierung richtete, mußte für die jeweilig Betroffenen verletzend wirken. Man befand sich in einer Sackgasse.

Ein in dieser Phase der Verhandlungen formulierter Antrag des Allgemeinen Redaktionsausschusses, der die Verleihung der deutschen Staatsangehörigkeit ähnlich wie bei den Länderbestimmungen in der amerikanischen Zone davon abhängig machen wollte, daß der Wiedereinbürgerung keine Mehrstaatigkeit folgen dürfe, wurde vom Hauptausschuß einstimmig abgelehnt[204]. Dieser technische Vorbehalt des Redaktionsausschusses hatte bei dieser auf höchstem moralischen Niveau sich befindenden Angelegenheit nichts zu suchen. Selbst der CDU-Rechtsexperte v. Mangoldt, ansonsten ein Gegner von Mehrstaatigkeit[205], hielt den Antrag in dieser Frage für nicht „zweckdienlich" und räumte ein: „Man sollte es ruhig darauf ankommen lassen, daß einmal eine doppelte Staatsangehörigkeit entsteht."[206]

4.1.3   Antragsabhängige oder automatische Wiedereinbürgerung?

Einen Durchbruch brachte erst der Diskussionsverlauf in der 3. Lesung des Hauptausschusses. Renner eröffnete die Debatte, indem er sich nochmals gegen die antragsabhängige Variante stellte:

> Das ist keine formelle, sondern eine politische Frage. Denn damit konzedieren Sie die Rechtmäßigkeit dieser Ausbürgerungen durch das Naziregime. Diese Ausbürgerungen waren rechtswidrig; sie sind daher heute rechtsunwirksam und beruhen auf einem Akt, den heute anzuerkennen wir nicht verpflichtet sind, den anzuerkennen wir eisern ablehnen sollten. [...] Wer garantiert mir, daß gegen mich nicht ein hochnotpeinliches Ver-

---

[204] Hauptausschuß, 39. Sitzung am 14.1.1949, S. 487.
[205] Vgl. dazu Ausschuß für Grundsatzfragen, 26. Sitzung am 30.11.1948, S. 714 f.
[206] Hauptausschuß, 39. Sitzung am 14.1.1949, S. 485 f.

fahren darüber eingeleitet wird, ob mir seinerzeit die bürgerlichen Rechte oder die Staatsangehörigkeit zu Recht aberkannt worden sind?[207]

Mit diesem Beitrag brachte der KPD-Abgeordnete ein weiteres Argument ein. Mit der Variante einer automatischen Wiedereinbürgerung würde auch politisch deutlich bekundet, daß die nationalsozialistische Politik der Staatsangehörigkeitsaberkennung politischer und ideologischer Gegner nicht nur Unrecht war, sondern daß man sich in der Verfassung des neuen deutschen Staates auch bewußt gegen diese Politik der Willkür stellen wollte. Dieser Hinweis Renners deutet an, daß der Artikel 116,2 des Grundgesetzes mit der Umsetzung einer automatischen Wiedereinbürgerungsregelung nicht mehr nur einen ausgleichenden Charakter gegenüber dem nationalsozialistischen Unrecht hätte, sondern durch seine politische Aussage nunmehr auch einen prophylaktischen zur Abwehr einer Wiederholung des Unrechts.

Der Abgeordnete Wagner, auch ein Betroffener der Zwangsausbürgerungen des Naziregimes, unterstützte in einer sehr emotionalen Rede die Argumente Renners und meinte, daß die Rücksicht des Ausschusses auf diejenigen Zwangsausgebürgerten, die nicht mehr Deutsche werden wollten, nicht auf Kosten der politischen Flüchtlinge [gehen dürfe]. Denn es geht auf Kosten der politischen Flüchtlinge, wenn man von ihnen verlangt, daß sie erst durch einen besonderen Einbürgerungsakt wieder Deutsche sein können. Dann bin ich auch kein Deutscher; denn ich wurde nicht durch besonderen Akt wieder eingebürgert. [...] Das ist eine absolut unbefriedigende Lösung. Man kann, glaube ich, unbeschadet der Fälle, in denen jemand kein Deutscher mehr werden will, und ohne unerwünschte Ergebnisse befürchten zu müssen, eine Lösung finden, die allen Bedürfnissen gerecht wird und uns nicht zwingt, um die Wiedereinbürgerung betteln zu müssen.

Dieser letzte Hinweis Wagners scheint so überzeugend gewesen zu sein, daß Schmid daraufhin eine Fassung vorschlug, die als Zusatz der bisher diskutierten Variante auch die Belange der politischen Flüchtlinge berücksichtigt hätte: „Ich schlage vor, zu sagen: '... und ihre Abkömmlinge gelten als nicht ausgebürgert, sofern sie nach dem 8. Mai 1945 ihren

---

[207] Dieses und die nachfolgenden Zitate aus: Hauptausschuß, 51. Sitzung am 10.2.1949, S. 677 f.

Wohnsitz in Deutschland genommen haben. Im übrigen sind sie auf Antrag wieder einzubürgern.'"

Unter dieser Formulierung wären jedoch auch die inzwischen wieder in Deutschland lebenden Opfer erfaßt gewesen, die nicht wieder eingebürgert werden wollten. Die rettende Modifikation brachte dann Wagner in die Debatte ein. Um einigen Betroffenen nicht gegen ihren Willen die deutsche Staatsangehörigkeit zurückzugeben, beantragte er, Schmids Vorschlag ergänzend hinzuzufügen: '... und nicht den entgegengesetzten Willen zum Ausdruck gebracht haben.' Diese Ergänzung war der beide Meinungen berücksichtigende Kompromiß, der erleichtert aufgenommen wurde. Zwar war der Hauptbestandteil des Artikels nun die automatische Wiedereinbürgerung in Abhängigkeit vom Wohnsitz in Deutschland, doch befürchtete Schäden für inzwischen wieder in Deutschland lebende Opfer, die nicht mehr deutsche Staatsangehörige werden wollten, konnten durch Willensbekundung der Betroffenen verhindert werden, indem sie Widerspruch gegen die Wiedereinbürgerung einlegten.

Diese Fassung wurde vom Hauptausschuß einstimmig angenommen, das heißt, auch mit der Stimme des KPD-Abgeordneten Renners, der ansonsten aufgrund der destruktiven Haltung der KPD gegenüber der Weststaatsgründung bei fast allen anderen Entscheidungen des Hauptausschusses mit 'Nein' stimmte. Auch diese Tatsache zeigt die Bedeutung und Überparteilichkeit dieser Materie. Die Aufnahme des Artikels 116,2 in das Grundgesetz war der erste Schritt bei der rechtlichen Aufarbeitung nationalsozialistischer Verbrechen im Bereich der Staatsangehörigkeit.

4.2 Das Verbot des Entzugs der deutschen Staatsangehörigkeit

Artikel 16, Absatz 1 GG[208]*:* Die deutsche Staatsangehörigkeit darf nicht entzogen werden. Der Verlust der Staatsangehörigkeit darf nur auf Grund eines Gesetzes und gegen den Willen des Betroffenen nur dann eintreten, wenn der Betroffene dadurch nicht staatenlos wird.

---

[208] In der am 8. Mai 1949 verabschiedeten Fassung.

Während der Grundgesetzartikel 116,2 hauptsächlich einen Ausgleich für vergangenes Unrecht schaffen konnte, diente die Konzeption des Artikels 16,1 auf der Grundlage der nationalsozialistischen Aberkennungspolitik einer zukünftigen Verhütung dieses Unrechts. Doch neben den Geschehnissen aus der Zeit zwischen 1933 und 1945 waren noch zwei weitere Ereignisse der näheren Vergangenheit an der Entstehung des Grundgesetzartikels 16,1 beteiligt[209]: zum einen die Vertreibung deutscher Volkszugehöriger aus ehemaligem Reichsgebiet oder Gebieten osteuropäischer Staaten, die gleichzeitig eine Aberkennung der Heimatstaatsangehörigkeit der Volksdeutschen durch die kommunistischen Regierungen dieser Staaten mit sich brachte, zum anderen die Verabschiedung der 'Allgemeinen Erklärung der Menschenrechte' am 10. Dezember 1948 als Resolution der UN-Generalversammlung, deren Artikel 15 einen „willkürlichen" Entzug der Staatsangehörigkeit verbot.

4.2.1 Die Bedeutung der Vertreibung Volksdeutscher für Artikel 16,1 GG

Schon bei der Konzeption des Artikels 116,1, dessen Funktion die Definition des 'Deutschen im Sinne des Grundgesetzes' war, spielte die Vertreibungspraxis der osteuropäischen Staaten für die Einbeziehung der volksdeutschen Vertriebenen eine große Rolle. Aber die Vertreibungen hatten auch bei der Entstehung des Artikels 16,1 eine Bedeutung. Dies belegt der für den Bereich der Grundrechte von v. Mangoldt verfaßte Abschlußbericht. Darin erläutert er, daß Absatz 1 des Artikels 16 „der in nationalsozialistischer Zeit und heute noch in anderen autoritären Staaten geübten Praxis der Ausbürgerung ein für allemal ein Ende setzen [will], weil sie eine tief in die menschliche Freiheit eingreifende Willkür darstellt und schweres Unrecht schafft."[210] Das diesbezügliche Unrechtsempfinden rührte somit nicht nur aus der Vergangenheit. Im Grundsatzausschuß konkretisierte v. Mangoldt diesen Gedanken, indem er betonte: „Die Art der Regelung der Frage der Aberkennung der Staatsangehörigkeit

---

[209] So auch durch v. Mangoldt im Hauptausschuß, 18. Sitzung am 4.12.1948, S. 216 f. beschrieben.
[210] Schriftlicher Bericht zum Entwurf des Grundgesetzes, S. 12.

war ein Schandfleck für uns und ist heute ein Schandfleck für den Osten."[211] V. Mangoldt setzte auf diese Weise die Politik beider Regierungssysteme miteinander in Beziehung und verurteilte auf diese Weise nicht nur die nationalsozialistischen Verbrechen, sondern grenzte den Weststaat auch gegenüber den kommunistischen Regierungen Osteuropas ab. Die politische Botschaft des Artikels für v. Mangoldt war: „Wir machen diese Sache nicht wie ihr mit der Austreibung der Deutschen."[212] Trotz der emotionalen Einbindung durch die Vertreibung Volksdeutscher erkennt man schon einen Hauch von „Kaltem Krieg". Die geflissentliche Sanktionierung der Vertreibungen durch die westlichen Alliierten auf der Potsdamer Konferenz spielte keine Rolle.

4.2.2 Artikel 15 der Erklärung der Menschenrechte

Konkreter Anlaß für die Aufnahme des Artikels 16,1 war der Entwurf des Artikels 15 der Erklärung der Menschenrechte für die Abstimmung in der UN-Generalversammlung. Obwohl die Menschenrechte erst am 10. Dezember 1948 von den Vereinten Nationen verabschiedet wurden, kannte v. Mangoldt als Professor für internationales Recht die zu beschließenden Inhalte und setzte sich schon über zwei Wochen vor der Verabschiedung der Menschenrechte für die Übernahme der Bestimmung in das Grundgesetz ein. Der für die Menschenrechte vorgesehene Artikel 13 eines Kommissionsentwurfes lag dem Parlamentarischen Rat als Mitteilung der „Neuen Zeitung" vom 7. Oktober 1948 vor[213] und lautete folgendermaßen: „Niemand kann willkürlich seiner Staatsangehörigkeit oder des Rechtes beraubt werden, seine Staatsangehörigkeit zu wechseln."[214] Diese internationale Vorgabe war für den Völkerrechtler

---

[211] Ausschuß für Grundsatzfragen, 26. Sitzung am 30.11.1948, S. 718.

[212] Ausschuß für Grundsatzfragen, 32. Sitzung am 11.1.1949, S. 947.

[213] P.R.-Drucksache 10.48 - 144 III.

[214] Die später von der UN-Generalversammlung als Artikel 15 beschlossene Bestimmung zur Staatsangehörigkeit weist Unterschiede zum Kommissionsentwurf auf. Der letztlich am 10. Dezember 1948 verabschiedete Artikel hat folgenden Wortlaut: „(1) Jedermann hat Anspruch auf eine Staatsangehörigkeit. (2) Niemandem darf seine Staatsangehörigkeit willkürlich entzogen noch ihm das Recht versagt werden, seine Staatsangehörigkeit zu wechseln."

v. Mangoldt eine Art Verpflichtung, Ungereimtheiten im internationalen Staatsangehörig-keitsrecht zu vermeiden. Insbesondere das Bestreben der Juristen, Staatenlosigkeit zu vermeiden, hatte für ihn bei seinen Bemühungen um Aufnahme dieser Bestimmung in das Grundgesetz eine große Bedeutung[215]. Unterstützung fand diese Ansicht auch durch den Willen des gesamten Parlamentarischen Rates, das bundesdeutsche Recht den allgemeinen Regeln des Völkerrechts zu unterstellen. Dieser Wille wird durch den später beschlossenen Artikel 25 des Grundgesetzes dokumentiert.

4.2.3 Die Kontroverse um das Verbot des „willkürlichen" Entzugs der Staatsangehörigkeit

Der Grundsatzausschuß, der für die als Grundrecht vorgesehene Bestimmung zuständig war, machte mit einer Formulierung, die sich eng an den Menschenrechtsartikel anlehnte, einen ersten Vorschlag: „Niemand darf willkürlich seiner Bundesangehörigkeit beraubt werden."[216] Doch zusätzlich nahm man in einem zweiten Satz eine weitere Einschränkung auf: „Durch Gesetz darf der Verlust der Staatsangehörigkeit nur für die Fälle vorgesehen werden, in denen der Betroffene eine andere Staatsangehörigkeit erworben hat."[217] Diese Einschrän-kung „durch Gesetz" war für v. Mangoldt einerseits die logische Folge aus dem Gebrauch der Einschränkung 'willkürlich'. Denn die Aufnahme des Wortes 'willkürlich' hätte geheißen, daß ein Verlust aufgrund sachlicher Gründe möglich ist, was dann durch ein Gesetz hätte geregelt werden müssen. Somit bedingen sich die beiden Ausdrücke bei Gebrauch gegensei-tig[218]. Andererseits war der Gesetzesvorbehalt ein Schutz vor Willkür der Verwaltung, die,

---

[215] Ausschuß für Grundsatzfragen, 26. Sitzung am 30.11.1948, S. 715 und 717; 32. Sitzung am 11.1.1949, S. 947; Hauptausschuß, 18. Sitzung am 4.12.1948, S. 217; 44. Sitzung am 19.1.1949, S. 580.
[216] Ausschuß für Grundsatzfragen, 26. Sitzung am 30.11.1948, S. 714.
[217] Hauptausschuß, 18. Sitzung am 4.12.1948, S. 217.
[218] Die fehlende Logik der später verabschiedeten Bestimmungen des Artikels 16,1 zueinander beklagt v. Mangoldt im Schriftlichen Bericht zum Entwurf des Grundgesetzes, S. 12.

wie v. Mangoldt später bemerkte[219], ohne den Zusatz einen Ausnahmetatbestand des Verlustes der Staatsangehörigkeit ohne parlamentarische Kontrolle einfach anordnen könne.

Weiter ist dieser Vorbehalt zusammen mit der Vermeidung der Staatenlosigkeit eine Gewähr für v. Mangoldts Ziel, Doppelstaatigkeit zu beschränken[220]. Für den Fall, daß eine deutsche Frau einen Ausländer heiratete und dessen Staatsangehörigkeit übertragen bekam, sah das damals geltende RuStAG nach Paragraph 17, Nummer 6 den Verlust der deutschen Staatsangehörigkeit vor.

Gegen den Ausdruck „willkürlich" erhob sich jedoch in Teilen des Ausschusses Widerspruch. Für die Abgeordneten Ludwig Bergsträsser (SPD) und Lambert Lensing (CDU) war die Einschränkung 'willkürlich' zu abstrakt, was ihrer Meinung nach zu Mißbrauch führen konnte. Sie sprachen sich daher für eine Formulierung aus, die ganz konkret einen Entzug der Staatsangehörigkeit aus politischen Gründen und aufgrund der politischen Einstellung eines der Regierung unbequemen Menschen verbieten sollte[221]. Der Einwand zeigt, daß einige Ausschußmitglieder die Regelung in starker Erinnerung an die nationalsozialistische Politik diskutierten und dabei weniger an völkerrechtliche Vorgaben dachten. Der während des Naziregimes durchgeführte Entzug der Staatsangehörigkeit aus offensichtlich politischen Gründen lenkte den Schwerpunkt der Diskussion auf diesen Themenbereich. Doch letztlich konnte sich v. Mangoldt mit seiner Variante im Grundsatzausschuß ebenso durchsetzen wie in der 1. Lesung des Hauptausschusses[222].

Nach der Redaktion der in 1. Lesung verabschiedeten Verfassungsentwürfe durch den Allgemeinen Redaktionsausschuß teilte dieser schriftlich mit:

> In der Fassung des Hauptausschusses [ist] das Wort 'willkürlich' zu beanstanden, da damit nur ein gesetzloses Handeln erfaßt werde, nicht aber die Ausbürgerungen in einem gesetzlichem Verfahren ausgeschlossen werden. Satz 2 der Fassung des Hauptausschusses würde eine zu weitgehende Bindung des Gesetzgebers bedeuten, da es neben der beanstandeten Ausbürgerung im Staatsangehörigkeitsrecht auch berechtigte Fälle

---

[219] Ausschuß für Grundsatzfragen, 32. Sitzung am 11.1.1949, S. 947.
[220] Vgl. die Ausführungen v. Mangoldts im Ausschuß für Grundsatzfragen, 26. Sitzung am 30.11.1948, S. 714 f.
[221] Ausschuß für Grundsatzfragen, 26. Sitzung am 30.11.1948, S. 715 f.
[222] Hauptausschuß, 18. Sitzung am 4.12.1948, S. 217.

geben kann, in denen ein Verlust der Staatsangehörigkeit vorgesehen ist, auch wenn der Betroffene keine andere Staatsangehörigkeit besitzt oder erwirbt.[223]

Der Bericht zeigt, daß das Verbot des „willkürlichen" Entzugs der Staatsangehörigkeit auch für den Redaktionsausschuß nicht die Verhinderung eines gesetzlichen Verfahrens bedeutete, wie es z.B. die Nationalsozialisten mit ihren Ausbürgerungsgesetzen taten. Weiter lehnte dieses Gremium die Bestimmungen zur Verminderung der Staatenlosigkeit im Satz 2 ab.

Der Streit um die Aufnahme des Wortes 'willkürlich' entschied sich in der 2. Lesung des späteren Artikels 16,1 im Hauptausschuß am 19. Januar 1949[224]:

> *V. Mangoldt (CDU):* Wir haben uns damals klargemacht, daß wir hier im Sinne der Entwicklung des Völkerrechts, das immer mehr darauf ausgeht, nach Möglichkeit den Status des Staatenlosen zu vermeiden, einen Schritt vorwärts machen sollten, so daß also der Verlust der Staatsangehörigkeit durch Gesetz nur für die Fälle vorgesehen werden soll, in denen die Betroffenen bereits eine andere Staatsangehörigkeit erworben haben. Insoweit geht die jetzige Fassung des Grundsatzausschusses über den Vorschlag des Redaktionsausschusses hinaus.
>
> [...]
>
> *Wagner (SPD):* Ich stoße mich bei Artikel 16 an dem Wort 'willkürlich'. Ich möchte durch einen ganz einfachen und klaren Satz den Grundgedanken festgestellt haben, daß die deutsche Staatsangehörigkeit nicht entzogen werden darf. Wir haben die Erfahrung gemacht, daß alle faschistischen und Diktaturländer, wenn ihnen das politische Gesicht von irgend jemand nicht gepaßt hat, diesem die Staatsangehörigkeit abgesprochen haben. [...] Deswegen glaube ich [...], daß in dem Grundgesetz ein Riegel dagegen vorgeschoben werden müßte durch den klaren Satz: Die deutsche Staatsangehörigkeit darf nicht entzogen werden.
>
> [...]
>
> *V. Mangoldt:* Die Vorschrift des Artikels 16 richtet sich sowohl an den Gesetzgeber wie an die Verwaltung. Man kann nun aber praktisch keinen absoluten Befehl an den Gesetzgeber geben, die Staatsangehörigkeit überhaupt nicht zu entziehen. Es gibt eine Reihe von Fällen, in denen etwas Derartiges möglich sein muß; einmal [...], daß die Frau die Staatsangehörigkeit eines Ausländers erwirbt,
>
> *(Wagner: Das haben wir in Satz 2!)*

---

[223] Redigierte Fassung des Allgemeinen Redaktionsausschusses des in 1. Lesung im Hauptausschuß beschlossenen Artikels 16, in: Ausschuß für Grundsatzfragen, S. 884.
[224] Die nachfolgenden Redebeiträge aus: Hauptausschuß, 44. Sitzung am 19.1.1949, S. 580 f.

indem dann also eine Deutsche durch Heirat aus der eigenen Staatsangehörigkeit entlassen werden soll. Weiter gibt es die Fälle, in denen jemand den Willen hat und dies klar bestätigt, seine Treueverpflichtung gegenüber dem eigenen Staatswesen nicht einzuhalten, indem der Betreffende etwa in fremde Dienste eintritt und in diesen fremden Diensten gegen den eigenen Staat arbeitet. Für diese Fälle würde ich eine solche Möglichkeit offenlassen, nur mit der Beschränkung, die dem Völkerrecht entspricht, daß die Staatsangehörigkeit nur dann aberkannt werden kann, wenn der Betreffende eine neue Staatsangehörigkeit erwirbt.

Wagner: Wenn Sie nun sagen, es könne sein, daß jemand im Dienst eines anderen Landes steht, da müsse die Möglichkeit gegeben werden, ihm die Staatsangehörigkeit abzusprechen, so frage ich Sie: Hängt das nicht sehr von der Art der Betrachtung ab, von der ganzen politischen Atmosphäre und davon meinetwegen, daß in Deutschland an irgendeinem Tag ein neuer Nationalismus heraufzieht [...]? Schreckt in dieser Richtung nicht die Vergangenheit? [...] Die anderen Möglichkeiten sind durch Satz 2 vorgesehen.

Renner (KPD): Herr Dr. von Mangoldt hat hier als seine Auffassung zum Ausdruck gebracht, daß die Staatsangehörigkeit aus politischen Gründen - daß heißt also: einer Person, die er als Staatsfeind anspricht - entzogen werden kann.

Schmid (SPD): Ich glaube, daß es sich hier schon um eine prinzipielle Sache handelt. Ich für meinen Teil meine, daß man eine Staatsangehörigkeit - die deutsche wenigstens - überhaupt nicht entziehen soll. [...] Ich glaube wir sollten doch dem Zug entgegenwirken, der in der Gesetzgebung aller Staaten seit einigen Jahrzehnten festzustellen ist, dieser Tendenz, die darauf hinausgeht, nur noch die Einstaatlichkeit zuzulassen. Gerade wenn man europäisch denkt, wenn man über den Nationalstaat hinausdenkt, dann sollte man - ich will mich übertrieben ausdrücken - die mehrfache Staatsangehörigkeit geradezu begünstigen; jedenfalls sollte man sie nicht ausschließen. [...] Wenn einer sich gegen Volk und Staat so vergehen sollte, daß er etwa gegen dieses Volk Waffen trägt, dann braucht man ihn nicht auszubürgern; dann gibt es, wenn man seiner habhaft werden kann, die Möglichkeiten des Strafgesetzbuchs.

V. Mangoldt: Diese Bestimmung ist ja nicht so von ungefähr hergenommen. Wenn Sie in die Aufzählung der Menschenrechte der Vereinten Nationen hineinsehen, die sehr eingehend überlegt worden ist, so finden Sie dort auch diese Vorschrift. Aber gerade da findet sich nicht das absolute Verbot der Entziehung der Staatsangehörigkeit, weil man nämlich dem Gesetzgeber solche Möglichkeiten offenlassen muß.

(*Wagner:* Willkürlich!)

- Das hat schon seinen guten Grund. Man sollte, ohne zu wissen, wie die zukünftige Entwicklung geht, dem Gesetzgeber nicht eine Möglichkeit nehmen, die er eventuell doch haben muß.

Renner: In Artikel 17[225] ist das politische Asylrecht vorgesehen. Wer beansprucht dieses politische Asylrecht? Der Bürger eines anderen Staates, der nach Deutschland geflüchtet ist. Warum ist er nach Deutschland geflüchtet? Weil er in seinem Heimatstaat mit der politischen Ordnung nicht mehr zufrieden war. Er ist ein Gegner der dort bestehenden Ordnung. [...] Diesen Leuten will man komischerweise das Asylrecht bei uns ge-

---

[225] Der spätere Artikel 16,2.

ben. Aber der Deutsche, der der Auffassung ist, daß man gegen diese bestehende Ordnung sein dürfte, und der auch gegen sie ankämpfen will, der soll diesen Schutz nicht haben. Das ist einfach ein lächerlicher Widerspruch.

Am Ende dieser Debatte wurde das Wort 'willkürlich' mit 13 gegen 6 Stimmen gestrichen und der gesamte Artikel mit kleinen sprachlichen Änderungen in der verbliebenen Fassung einstimmig (!) angenommen[226].

Doch trotz der Ablehnung seines Vorschlages nach der Grundsatzdebatte in der 2. Lesung des Hauptausschusses machte v. Mangoldt in der 3. Lesung darauf aufmerksam, daß ein Zusammenhang zwischen Satz 1 des Artikels, der den Entzug der Staatsangehörigkeit verbietet, und Satz 2, der den Entzug durch Gesetz erlaubt, nicht vorhanden sei:

> Das ist also ein glatter Widerspruch. [...] Deshalb muß es in Satz 1 heißen: darf nicht 'willkürlich' entzogen werden. Das enspricht auch der Formulierung, die wir in den Menschenrechten der Vereinten Nationen finden.[227]

Aber auch dieser Einwand wurde von den Gegnern der Ergänzung 'willkürlich' zurückgewiesen. Der SPD-Abgeordnete August Zinn bestritt den Widerspruch und führte zu den Intentionen der beiden Sätze des Artikels aus:

> Die Entziehung, von der der erste Satz spricht, ist nicht identisch mit dem Verlust, von dem der zweite Satz spricht. Der Verlust der Staatsangehörigkeit im Sinne dieses zweiten Satzes tritt nicht als Folge eines Verwaltungsaktes der Entziehung der Staatsangehörigkeit ein, sondern ist die Folge eines bestimmten gesetzlich festgelegten Tatbestandes, zum Beispiel einer Eheschließung mit einem Ausländer. Der erste Satz denkt an ganz andere Fälle, nämlich daran, daß der Staat jemandem durch einseitigen Verwaltungsakt usw. die Staatsangehörigkeit nimmt. Die beiden Sätze regeln also völlig verschiedene Fälle.[228]

Daraufhin lehnte der Hauptausschuß den Antrag v. Mangoldts mit 10 gegen 5 Stimmen wiederum ab.

---

[226] Hauptausschuß, 44. Sitzung am 19.1.1949, S. 582.
[227] Hauptausschuß, 47. Sitzung am 8.2.1949, S. 618.
[228] Ebd.

Nach den Ausführungen Zinns nimmt Satz 2 Rücksicht auf technische Fragen der einfach-gesetzlichen Ausgestaltung des Gesetzgebers. Satz 1 hingegen bestimmt, daß die Staatsange-hörigkeit durch einen politisch motivierten staatlichen Akt nicht aberkannt werden kann - nicht durch Willkürmaßnahmen eines totalitären Systems, aber auch nicht wegen des Vor-wurfs eines demokratischen Staates einem seiner Staatsbürger gegenüber, er sei seinem Staat nicht treu gewesen. Damit wurde die Auffassung v. Mangoldts nicht geteilt, der Staat müsse die Staatsangehörigkeit entziehen dürfen, wenn der Staatsbürger „seine Treueverpflichtung gegenüber dem eigenen Staatswesen" nicht einhalte. Sein Versuch, der deutschen Staatsange-hörigkeit nach traditionellem Denken eine 'psychologische Dimension' zu belassen, scheiter-te.

Das dadurch ermöglichte vorbehaltlose Verbot des Entzugs der deutschen Staatsangehörig-keit ist ein Novum in der deutschen Verfassungsgeschichte und gilt als eine der weitreichend-sten Neuerungen auch in der internationalen Verfassungsgeschichte. In einer nicht zu erwartenden Radikalität hat der Parlamentarische Rat mit dem beschlossenen Wortlaut des Artikels 16,1 die „ideologische Verknüpfung von Staatsangehörigkeit und Treueverpflichtung [...] zerschnitten"[229]. Carlo Schmids nüchterner Hinweis auf die ausreichenden Möglichkeiten des Strafgesetzbuches bei der Bestrafung von „Staatsfeinden" ist hierfür charakteristisch.

Inwieweit die Abgeordneten sich bewußt waren, daß sie das Verständnis der Staatsangehö-rigkeit durch das Weglassen des Wortes 'willkürlich' entpolitisiert hatten und damit eine Wende im deutschen Staatsangehörigkeitsverständnis bewirkten, kann nicht mit letzter Sicherheit gesagt werden, da das „retrospektive Pathos"[230] in den Verhandlungen mit Blick auf die nationalsozialistischen Verbrechen sehr präsent war. Ein Hinweis hierfür ist auch die sprachliche Veränderung des Artikels 16,1: Heißt es in der Endfassung des Artikels, die Staatsangehörigkeit dürfe nicht „entzogen" werden, lautete es in den frühen Entwürfen,

---

[229] Alternativkommentare zum Grundgesetz, Rn. 7 zu Art. 16, Abs. 1.
[230] Fromme, Von der Weimarer Verfassung zum Bonner Grundgesetz, S. 209.

niemand dürfe seiner Staatsangehörigkeit „beraubt" werden, worin die Empörung über die nationalsozialistische Willkür noch nachklang[231].

Die Diskussion um das generelle Verbot eines Entzugs der Staatsangehörigkeit erfüllte die von Fromme aufgestellte These, „daß einem Erlebnis aus der Vergangenheit durch Verfassungsbestimmungen frontal begegnet [wird], daß ihm die Möglichkeit einer Wiederkehr genommen werden soll."[232] Die ausgleichende Aufarbeitung der Vergangenheit geschah mit der Konzeption des Artikels 116,2. Der Artikel 16,2 versucht eine Wiederholung des Unrechts in der Zukunft zu verhindern.

Schlußbetrachtung

Mit der Zustimmung der Ministerpräsidenten der drei westlichen Besatzungszonen zum Vorschlag der westlichen Alliierten, einen deutschen Staat unter Ausschluß des Gebietes der sowjetischen Besatzungszone zu gründen, hatte der Parlamentarische Rat einerseits die Aufgabe erhalten, die verfassungsmäßigen Rahmenbedingungen für die Bundesrepublik festzulegen, andererseits aufgrund seiner zentralstaatlichen Kompetenz die in der Besatzungszeit auseinanderstrebende politische und rechtliche Entwicklung der einzelnen Zonen wieder zusammenzuführen und ein einheitliches Recht zu schaffen.

Diese zwei Prozesse der Rechtsetzung gingen ineinander über und ergaben für den Bereich der Staatsangehörigkeit folgende Ergebnisse:

1. Mit Hilfe der Staatsangehörigkeit konnten die Politiker des separierten Weststaates ein nationales Staatsvolk definieren und daraus den Alleinvertretungsanspruch der Bundesrepublik für das ganze Deutschland ableiten. Im Widerspruch zwischen westdeutschem Staatsgebiet und gesamtdeutschem Staatsvolk hatte die Staatsangehörigkeit gewissermaßen eine

---

[231] Die gleiche Entwicklung vollzieht sich beim entsprechenden Artikel der Menschenrechte.
[232] Fromme, Von der Weimarer Verfassung zum Bonner Grundgesetz, S. 185.

Brückenfunktion. Durch die Regelungen des Artikels 116,1 konnte der politische Wille dokumentiert werden, trotz der nur im Westen wiedergewonnenen Handlungskompetenz auch weiterhin die deutsche Einheit anzustreben. Die getroffene Entscheidung bei der Kontroverse um die Benutzung der Begriffe 'Deutsche' und 'Bundesangehörige' zeigt deutlich, daß mit dem Ergebnis diejenigen, die das westalliierte Angebot der Gründung eines Weststaates aus Rücksicht auf die Einheit Deutschlands ablehnten, für ihre Niederlage mit Hilfe des Artikels 116,1 über Konzessionen im Bereich der Staatsangehörigkeit entschädigt wurden.

2. Für die Mehrheit im Parlamentarischen Rat gab es kein Junktim zwischen der Existenz von Landesangehörigkeit und der föderativen Ausrichtung des Staates. Damit setzte sich die Gruppe der Fortschrittlichen gegen die der Traditionalisten durch, die eine Renaissance der kaiserzeitlichen Vorstellung einer bundesstaatlichen Konzeption anstrebten. Interessant dabei ist, daß selbst einige der Föderalisten in der Konstituante der Auffassung waren, Landesangehörigkeit paßten als Ausdruck der alten Staatssouveränität der Länder nicht mehr in das Konzept eines „neuen Föderalismus". Die politische Bedeutungslosigkeit der Landesangehörigkeit für den Föderalismus trat gerade wegen der Stärkung der Länderkompetenzen im Bundesstaat beispielsweise durch die Einrichtung einer einflußreichen Zweiten Kammer oder die erhebliche Beteiligung der Länder an den Finanzmitteln des Staates, offen zutage. Dies war eine Absage an diejenigen, die glaubten, es hätte einen Zusammenhang zwischen der in der Weimarer Republik und im Nationalsozialismus immer geringer werdenden Bedeutung und schließlichen Abschaffung der Landesangehörigkeit und dem gleichzeitigen Abbau und letztlichen Beseitigung der föderalistischen Grundstruktur des Reiches gegeben und die der Meinung waren, es hätte deshalb einer Revitalisierung des Föderalismus eine Wiedereinführung der Landesangehörigkeit folgen müssen. Doch nicht nur aus politischen Gründen, sondern auch aufgrund der gegenüber der Kaiserzeit veränderten Einstellung der Bevölkerung zu den Landesangehörigkeit wäre ihre Einführung ein Anachronismus gewesen. Zwar waren die westlichen Militärgouverneure zunächst offensichtlich anderer Auffassung, doch auch ihnen waren die Landesangehörigkeit nicht wichtig genug, um sie gegen die deutsche Seite durchzusetzen.

3. Die Staatsangehörigkeit diente den Verfassungsvätern und -müttern dazu, die nationalsozialistischen Verbrechen rechtlich auszugleichen und die Wiederkehr eines solchen diktatorischen Systems zu verhindern. Der Verlauf der Diskussion um die Formulierung des Artikels 116,2, der die Wiedereinbürgerung der im Nationalsozialismus zwangsausgebürgerten Menschen behandelt, zeigte den Parlamentariern, wie unterschiedlich und gegensätzlich sich die Folgen des nationalsozialistischen Unrechts bei den Opfern auswirkten. Mit der Konzeption des Artikels 16,1 sollte eine Wiederholung nationalsozialistischen Unrechts bei der Aberkennung der Staatsangehörigkeit verhindert werden. Damit wurde das Staatsangehörigkeitsverständnis insofern entideologisiert, als das im deutschen Rechtsverständnis traditionelle Treueverhältnis zwischen Staat und Staatsbürger auf diese Weise beseitigt wurde.

4. Durch die Regelungen des Artikels 116,1 und den Verzicht einer Garantie der Landesangehörigkeit sollte auch für die Zukunft das deutsche Zusammengehörigkeitsgefühl gestärkt werden, wovon das im RuStAG als Haupterwerbsgrund für die Staatsangehörigkeit verankerte ius sanguinis profitierte. Dieser Effekt verstärkte sich dadurch, daß mit der lang anhaltenden Wirkung des Artikels 116,1 die bundesdeutsche Politik eng an nationale Denkweisen gebunden war.

5. Der Parlamentarische Rat lehnte die Mehrstaatigkeit nicht kategorisch ab. Zur Behebung bestimmter Probleme, wie z.B. des Umgangs mit den zwangsausgebürgerten Opfern des Nationalsozialismus, wurde sie zugelassen. Die Auffassung, man müsse Mehrstaatigkeit vermeiden, wurde insbesondere vom Völkerrechtler v. Mangoldt in die Beratungen getragen und entsprach der damaligen Rechtsauffassung der Jurisprudenz. Aber schon der Völkerrechtler Carlo Schmid verwies auf die positiven Aspekte von Mehrstaatigkeit für das Überwinden des Nationalismus und die Förderung eines integrierenden staatlichen Zusammenlebens.

Nicht unerwähnt bleiben soll, daß neben den untersuchten Staatsangehörigkeitsbestimmungen des Grundgesetzes auch die durch die RuStAG-Änderung vom 20. Dezember 1974[233] vollzogene Gleichstellung der Frau im deutschen Staatsangehörigkeitsrecht durch die

---

[233] BGBl. I, S. 3714.

Beratungen des Parlamentarischen Rates initiiert wurde. Grundlage hierfür war Artikel 3, Absatz 2 des Grundgesetzes, der die generelle Gleichberechtigung von Mann und Frau garantiert. Doch da der Gleichberechtigungsgrundsatz im Parlamentarischen Rat in bezug auf die Staatsangehörigkeit nicht in ausreichendem Maße diskutiert wurde, fiel diese Bestimmung aus dem konzeptionellen Ansatz dieser Untersuchung heraus. Der Vollständigkeit halber sei sie hier aber aufgeführt.

Abschließend muß darauf hingewiesen werden, daß die Diskussion von Staatsangehörigkeitsfragen im Parlamentarischen Rat und die nachfolgende Konzeption entsprechender Grundgesetzartikel im Kontext der außergewöhnlichen Zeitumstände im Nachkriegsdeutschland zu bewerten sind. Eine einfache Übertragung auf heutige Probleme im Bereich der Staatsangehörigkeit ist daher unzulässig. Dies um so mehr, als es sich bei den Beratungen in den Jahren 1948/49 um Verfassungsbestimmungen handelte und nicht, wie heute, um Fragen der Ausgestaltung eines speziellen Staatsangehörigkeitsgesetzes. Allerdings trägt diese Untersuchung dazu bei, die Komplexität des politischen Prozesses der Rechtsetzung vor fünfzig Jahren freizulegen. Die Umstände der heutigen Diskussion um eine Reform des Staatsangehörigkeitsrechts unterscheiden sich davon fundamental, da die gesellschaftliche Situation eine gänzlich andere ist. Eine diesbezüglich ähnliche Konstellation existierte auch bei der Behandlung des Themas 'Landesangehörigkeit' im Parlamentarischen Rat. Die damalige Diskussion dieses Themas zeigt deutlich auf, daß eine staatsangehörigkeitsrechtliche Konzeption realpolitischen und gesellschaftlichen Entwicklungen entsprechen muß, um einen langfristigen politischen Nutzen zu erfüllen - die Berufung auf Traditionen allein reicht hierfür nicht aus.

Quellen

Parlamentarischer Rat. Stenographische Berichte über die Plenarsitzungen, Bonn 1949 (ergänzt durch den 'Schriftlichen Bericht zum Entwurf des Grundgesetzes für die Bundesrepublik Deutschland' als Anlage zum stenographischen Bericht der 9. Sitzung des Parlamentarischen Rates am 6. Mai 1949, P.R.-Drucksachen 850 und 854).

Parlamentarischer Rat. Stenographische Berichte über die Verhandlungen des Hauptausschusses, Bonn 1949.

Der Parlamentarische Rat 1948-1949. Akten und Protokolle. Hrsg. vom Deutschen Bundestag und vom Bundesarchiv, Bd. 1: Vorgeschichte, bearbeitet von Johannes Volker Wagner, Boppard am Rhein 1975.

Der Parlamentarische Rat 1948-1949. Akten und Protokolle. Hrsg. vom Deutschen Bundestag und vom Bundesarchiv, Bd. 2: Der Verfassungskonvent auf Herrenchiemsee, bearbeitet von Peter Bucher, Boppard am Rhein 1981.

Der Parlamentarische Rat 1948-1949. Akten und Protokolle. Hrsg. vom Deutschen Bundestag und vom Bundesarchiv, Bd. 3: Ausschuß für Zuständigkeitsabgrenzung, bearbeitet von Wolfram Werner, Boppard am Rhein 1986.

Der Parlamentarische Rat 1948-1949. Akten und Protokolle. Hrsg. vom Deutschen Bundestag und vom Bundesarchiv, Bd. 5/I und II: Ausschuß für Grundsatzfragen, bearbeitet von Eberhard Pikart und Wolfram Werner, Boppard am Rhein 1993.

Der Parlamentarische Rat 1948-1949. Akten und Protokolle. Hrsg. vom Deutschen Bundestag und vom Bundesarchiv, Bd. 8: Die Beziehungen des Parlamentarischen Rates zu den Militärregierungen, bearbeitet von Michael F. Feldkamp, Boppard am Rhein 1995.

Die CDU/CSU im Parlamentarischen Rat. Sitzungsprotokolle der Unionsfraktion, bearbeitet von Rainer Salzmann, Stuttgart 1981.

Literatur

Auerbach, Helmut, Die politischen Anfänge Carlo Schmids. Kooperation und Konfrontation mit der französischen Besatzungsmacht 1945-1948, in: Vierteljahrshefte für Zeitgeschichte 36 (1988), S. 595-648.

Bender, Joachim-Christian, Landesstaatsangehörigkeit und Landeszugehörigkeit in der Bundesrepublik, Dissertation, Heidelberg 1953.

Benz, Wolfgang (Hrsg.), "Bewegt von der Hoffnung aller Deutschen". Zur Geschichte des Grundgesetzes. Entwürfe und Diskussionen 1941-1949, München 1979.

Benz, Wolfgang, Die Gründung der Bundesrepublik. Von der Bizone zum souveränen Staat (Deutsche Geschichte der neuesten Zeit vom 19. Jahrhundert bis zur Gegenwart), 3. Auflage, München 1989.

Benz, Wolfgang, Potsdam 1945. Besatzungsherrschaft und Neuaufbau im Vier-Zonen-Deutschland (Deutsche Geschichte der neuesten Zeit vom 19. Jahrhundert bis zur Gegenwart), 3. Auflage, München 1994.

Brubaker, William Rogers, Citizenship and Nationhood in France and Germany, Cambridge, London 1992.

Doemming, Klaus-Berto v./Füsslein, Rudolf W./Matz, Werner, Entstehungsgeschichte der Artikel des Grundgesetzes (= Jahrbuch des öffentlichen Rechts der Gegenwart, Neue Folge, Bd. 1), Tübingen 1951.

Düding, Dieter, Bayern und der Bund. Bayerische „Opposition" während der Grundgesetzberatungen im Parlamentarischen Rat 1948/49, in: Der Staat 29 (1990), S. 355-370.

Ehard, Hans, Föderalismus als Ordnungsprinzip, in: Politisches Jahrbuch der CDU/CSU, 1 (1950), Frankfurt/M. 1950, S. 21-24.

Fait, Barbara, Auf Befehl der Besatzungsmacht? Der Weg zur Bayerischen Verfassung, in: Benz, Wolfgang (Hrsg.), Neuanfang in Bayern 1945 bis 1949. Politik und Gesellschaft in der Nachkriegszeit, München 1988.

Fromme, Friedrich Karl, Von der Weimarer Verfassung zum Bonner Grundgesetz. Die verfassungspolitischen Folgerungen des Parlamentarischen Rates aus Weimarer Republik und nationalsozialistischer Diktatur (= Tübinger Studien zur Geschichte und Politik, Bd. 12), Tübingen 1960.

Grabbe, Hans-Jürgen, Die deutsch-alliierte Kontroverse um den Grundgesetzentwurf im Frühjahr 1949, in: Vierteljahrshefte für Zeitgeschichte 26 (1978), S. 393-418.

Grawert, Rolf, Staat und Staatsangehörigkeit, Verfassungsgeschichtliche Untersuchung zur Entstehung der Staatsangehörigkeit, Berlin 1973.

Grawert, Rolf, Staatsangehörigkeit und Staatsbürgerschaft, in: Der Staat 23 (1984), S. 179-204.

de Groot, Gerard-René, Staatsangehörigkeitsrecht im Wandel. Eine rechtsvergleichende Studie über Erwerbs- und Verlustgründe der Staatsangehörigkeit, Köln u.a. 1989.

Hecker, Hellmuth, Die Staatsangehörigkeitsregelungen in Deutschland. Register der innerstaatlichen und völkerrechtlichen Vorschriften zum Staatsangehörigkeitsrecht der deutschen Länder sowie der Zentralgewalt (Deutsches Reich, BRD, DDR) seit 1806 [= Werkhefte des Instituts für Internationale Angelegenheiten der Universität Hamburg, Heft 30], Hamburg 1976.

Hoffmann, Gerhard, Die Staatsangehörigkeit in den deutschen Bundesländern, Archiv des öffentlichen Rechts (AöR) 81 (1956), S. 300-341.

Kleßmann, Christoph, Die doppelte Staatsgründung. Deutsche Geschichte 1945-1955 (= Studien zur Geschichte und Politik, Bd. 298), 5 Auflage, Bonn 1991.

Kommentar zum Grundgesetz für die Bundesrepublik Deutschland, Reihe Alternativkommentare in 2 Bänden, Gesamtherausgeber Rudolf Wassermann, Neuwied, Darmstadt 1984.

Kuby, Ernst, Neue Mark und neue Verfassung, in: Stern-Jubiläumsheft '1948', Hamburg 1997, S. 20-21.

Lange, Erhard H. M., Entstehung des Grundgesetzes und Öffentlichkeit. Zustimmung erst nach Jahren, in: Zeitschrift für Parlamentsfragen 10 (1979), S. 378-404.

Lange, Erhard H. M., Die Würde des Menschen ist unantastbar. Der Parlamentarische Rat und das Grundgesetz, Heidelberg 1993.

Lichter, Matthias/Hoffmann, Werner, Staatsangehörigkeitsrecht, 3. Auflage, Köln u.a. 1966.

Lichter, M., Das Bonner Grundgesetz und die Staatsangehörigkeit, in: Standesamt (StAZ) 1954, 1. Teil: S. 241-245; 2. Teil: S. 265-268.

Makarov, Alexander N., Deutsches Staatsangehörigkeitsrecht, Kommentar, Frankfurt 1. Auflage 1966, 2. Auflage 1971.

Makarov, Alexander N./v. Mangoldt, Hans, Deutsches Staatsangehörigkeitsrecht, 3. Auflage, Frankfurt/M. 1987.

Mayer, Hans-Peter, Die Staatsangehörigkeit in Bayern, Dissertation, Würzburg 1974.

Morsey, Rudolf, Verfassungsschöpfung unter Besatzungsherrschaft - Die Entstehung des Grundgesetzes im Parlamentarischen Rat, in: Die Öffentliche Verwaltung (DÖV) 42 (1989), S. 471-482.

Morsey, Rudolf, Zwischen Bayern und der Bundesrepublik. Die politische Rolle des bayerischen Ministerpräsidenten Hans Ehard 1946-1949, in: Juristenzeitung 36 (1981), S. 361-370.

von Münch, Ingo/Kunig, Philip (Hrsg.), Grundgesetz-Kommentar in 3 Bänden, Bd. 3 (Artikel 70-146), 3. Auflage, München 1996.

Nawiasky, Hans/Leusser, Claus, Die Verfassung des Freistaates Bayern vom 2. Dezember 1946. Systematischer Überblick und Handkommentar, München, Berlin 1953.

Otto, Volker, Das Staatsverständnis des Parlamentarischen Rates. Ein Beitrag zur Entstehungsgeschichte des Grundgesetzes für die BRD, Bonn 1971 (= Beiträge zur Geschichte des Parlamentarismus und der politischen Parteien Bd. 42).

Pernthaler, Peter/Weber, Karl, Landesbürgerschaft und Bundesstaat. Der Status des Landesbürgers als Kriterium des Bundesstaates und Maßstab der Demokratie in den Ländern, Wien 1983.

Pommerin, Reiner, Die Mitglieder des Parlamentarischen Rat. Porträtskizzen des britischen Verbindungsoffiziers Chaput de Saintonge, in: Vierteljahrshefte für Zeitgeschichte 36, 3 (1988), S. 557-588.

Reuter, Christiane, „Graue Eminenz der bayerischen Politik". Eine politische Biographie Anton Pfeiffers (1888-1957) [= Dissertationen zur Bayerischen Landes- und Münchner Stadtgeschichte, Heft 117], München 1987.

Schleser, Walter Fr., Die deutsche Staatsangehörigkeit. Ein Leitfaden, 4. Auflage, Frankfurt/M. 1980.

Schmid, Carlo, Erinnerungen (Dritter Band der Gesammelten Werke), Bern u.a. 1979.

Thedieck, Karl, Deutsche Staatsangehörigkeit im Bund und in den Ländern. Genese und Grundlagen der Staatsangehörigkeit in deutschlandrechtlicher Perspektive (Schriften zum Öffentlichen Recht, Bd. 563), Berlin 1989.

Thränhardt, Dietrich, Geschichte der Bundesrepublik Deutschland, Erweiterte Neuausgabe, Frankfurt/M. 1996.

Ziemske, Burkhardt, Die deutsche Staatsangehörigkeit nach dem Grundgesetz (Schriften zum Öffentlichen Recht, Bd. 680), Berlin 1995.

Die Autoren

Heike Hagedorn ist Stipendiatin der Studienstiftung des deutschen Volkes. Nach Studienaufenthalten in Santiago de Chile, St. Petersburg und Paris arbeitet sie an einer Dissertation zu Konzept und Praxis der Einbürgerung in Frankreich und Deutschland.

Paul Harris hat nach einem mehrjährigen Aufenthalt in Deutschland mit einer Dissertation über die jüdische Einwanderung nach Deutschland an der Auburn University, Alabama, promoviert. Zur Zeit ist er Stipendiat der Friedrich-Ebert-Stiftung und arbeitet am Institut für Politikwissenschaft der Universität Münster an einer komparativen Studie zur Eingliederung jüdischer Einwanderer in den USA und Deutschland.

Günter Hinken ist nach seinem Studium der Sozialwissenschaften Referendar am Studienseminar in Münster.

Uwe Hunger ist wissenschaftlicher Mitarbeiter am Institut für Politikwissenschaft der Universität Münster und schließt im Frühjahr 1998 seine Dissertation zum Verhältnis von Globalisierung und Tarifvertragssystem am Beispiel des Baubereichs in Deutschland ab.

Markus Schaefer war nach seiner Staatsarbeit über das italienische Parteiensystem wissenschaftlicher Mitarbeiter am Institut für Politikwissenschaft. Er hat eine Studie über regionale Disparitäten und Problembereiche bei der Zuwanderung in Nordrhein-Westfalen erstellt und ist jetzt Referendar am Studienseminar Rheine.

Dietrich Thränhardt ist Professor für Politikwissenschaft an der Universität Münster und hat Bücher und Aufsätze zur Migration, zur Innenpolitik und zur deutschen Zeitgeschichte veröffentlicht, u.a. Europe - a New Immigration Continent. Policies and Politics in Comparative Perspective, 1996[2]; Vom betreuten Ausländer zum gleichberechtigten Bürger, Freiburg 1990 (mit Jürgen Puskeppeleit); Ausländerinnen und Ausländer in Nordrhein-Westfalen. Die Lebenslage der Menschen aus den ehem. Anwerbeländern und die Handlungsmöglichkeiten der Politik, Düsseldorf 1994 (mit Renate Dieregsweiler, Martin Funke und Bernhard Santel); Kosten der Nichtintegration ausländischer Zuwanderer, Düsseldorf 1996 (mit Hans-Dietrich von Löffelholz). Zusammen mit Oliver Schmidtke koordiniert er die Arbeitsgruppe Migration der Deutschen Vereinigung für Politikwissenschaft.

Studien zu Migration und Minderheiten
Studies in Migration and Minorities
herausgegeben von Dietrich Thränhardt

Dietrich Thränhardt (Ed.)
Europe – A New Immigration Continent
Policies and Politics in Comparative Perspective
This study illustrates the challenges that Western European nations face as they struggle to come to terms with their new situation as countries of immigration, against their historical backdrop as important countries of out-migration. Since the end of the Cold War, immigration has become one of the foremost issues of national as well as European politics. In this volume, the models and policies of the four large nations of Western Europe – France, Germany, Great Britain, and Italy – are examined within a comparative framework by leading national experts on immigration policy. Bringing together the individual countries, elements of a "negative coordination" as well as those of a united European immigration policy are evaluated with particular attention given to EU visa arrangements and the discourse centering around a border free "Schengenland" Europe. Within this context, the thinking expressed by the concept "Fortress Europe" is confronted by highlighting the demographic disparities between rich and poor nations, and concepts of future policies are presented.
Bd. 1, 2. Aufl. 1996, 288 S., 48,80 DM, br.,
ISBN 3-89473-362-4

Helmuth Schweitzer
Der Mythos vom interkulturellen Lernen
Zur Kritik der sozialwissenschaftlichen Grundlagen interkultureller Erziehung und subkultureller Selbstorganisation ethnischer Minderheiten am Beispiel der USA und der Bundesrepublik Deutschland
Die Studie stellt zwei zentrale Grundsätze für die Gestaltung "interkultureller" Beziehungen zwischen ethnischen Gruppen in Frage: Interkulturelles Lernen ist keineswegs – wie in Deutschland propagiert – von vornherein als positives Konzept zur Überwindung von Fremdenfeindlichkeit und Rassismus zu betrachten.
Ebenso problematisch erscheint es, subkulturelle Abgrenzungsformen der Minderheiten gegenüber dem Einfluß der Dominanzkultur in Politik und Erziehungsinstitutionen als "Hang zur Gettobildung" abzustempeln oder umgekehrt als einzig erfolgreiche Methode zur Befreiung aus kollektiver Unterdrückung anzusehen.
Interkulturelles Lernen reduziert sich in Deutschland – allen idealistischen Vorstellungen aus Wissenschaft, Pädagogik und Politik zum Trotz – meist auf "folkloristisch-kulinarische Bereicherung" der Einheimischen und fördert Anpassung und soziale Ausgrenzung der "Fremden".
Vor dem Hintergrund eigener 20jähriger pädagogischer und sozialwissenschaftlicher Praxis in der "interkulturellen" Arbeit kommt der Autor zu dem Schluß:
Interkulturelles Lernen und rassistische Politik schließen sich nicht gegenseitig aus, sondern sind nur zwei Seiten der gleichen Medaille. Ohne Erhalt der eigenen Sprache und Selbstorganisation der Einwandererminderheiten findet gleichberechtigtes interkulturelles Lernen zwischen Mehrheits- und Minderheitsbevölkerung in emanzipatorischer Absicht gar keine realen Anknüpfungspunkte mehr.
Bd. 2, 1994, 499 S., 34,80 DM, br., ISBN 3-89473-887-1

Dimitrios Stambulis
ArbeitsimmigrantInnen zwischen "Isolation" und "Emanzipation"
Analysen und Konzepte zur Lebenssituation der Einwanderer in der Bundesrepublik Deutschland
Bd. 3, 1994, 184 S., 48,80 DM, br., ISBN 3-8258-2135-8

Andreas Demuth
Neue Ost-West-Wanderungen nach dem Fall des Eisernen Vorhangs?
Vorträge und Aufsätze der Konferenz über Neue Ost-West-Wanderungen als Folge der wirtschaftlichen und politischen Veränderungen in Mittel- und Osteuropa?
Die in diesem Band versammelten Aufsätze beschäftigen sich mit der europäischen Ost-West-Migration nach dem Fall des Eisernen Vorhangs. Eine grundlegende Einführung in die Migrationsproblematik soll zunächst auch denjenigen, die sich bisher nicht ausführlich mit dieser Frage beschäftigt haben, den Einstieg ermöglichen. Danach wird das Generalthema der Ost-West-Migration in seinen Gesamtkontext eingeordnet. In den folgenden Länderstudien werden Situation und Probleme sowohl der Entsendeländer wie auch der Durchreise- und Empfängerländer exemplarisch dargestellt.
Dieser Band ist das Ergebnis einer Konferenz, die vom Institut für Politikwissenschaft der Universität Münster in Zusammenarbeit mit dem Schweizer Eidgenössischen Departement für Auswärtige Angelegenheiten veranstaltet wurde.
Bd. 4, 1995, 220 S., 48,80 DM, br., ISBN 3–8258–2222–2

Dieter Staas
Migration und Fremdenfeindlichkeit als politisches Problem
Der vorliegende Text untersucht die sozialen, ökonomischen, historischen und politischen Aspekte

LIT Verlag Münster–Hamburg–London
Bestellungen über: Dieckstr. 73 48145 Münster Tel.: 0251–23 50 91 Fax: 0251–23 19 72

der mit Migration verbundenen Fremdenfeindlichkeit. Darstellung und Analyse beschränken sich dabei auf die Erscheinungsformen fremdenfeindlicher Gewalt in Deutschland seit der Wiedervereinigung. Da diese Arbeit zudem beansprucht, einen praktischen Beitrag zum Thema Migration und Fremdenfeindlichkeit zu leisten, werden aus der Ursachenanalyse Lösungsansätze abgeleitet.
Bd. 5, 1994, 244 S., 48,80 DM, br., ISBN 3-8258-2330-X

Dieter Haselbach (ed.)
Multiculturalism in a World of Leaking Boundaries
Using Canada and Germany as examples, the politics of multiculturalism are explored. It demonstrates that the mulitcultural mode of inclusion and exclusion is problematic, both in relation to institutional power, and in the definition of citizenship. The crucial question is that of membership. Who is in charge of defining the relation between individuals and groups? Is a group allowed to claim membership of individuals of a certain descent? May a group impose duties on an individual, different from the duties that are imbedded with citizenship? Can a group reject membership claims? Can citizenship be, or has it to be, defined differently, for different groups? The volume claims to put these questions in a perspective broad enough that answers can be successfully sought.
Bd. 7, 1998, 328 S., 49,80 DM, br., ISBN 3-8258-3664-9

Studies in the History of International Relations

herausgegeben von Harald Kleinschmidt
(University of Tsukuba, Japan)

Charles Covell
Kant, Liberalism and the Pursuit of Justice in the International Order
Bd. 1, 1995, 300 S., 48,80 DM, br., ISBN 3-8258-2223-0

Mikiko Iwasaki (Hrsg.)
Varieties of Regional Integration
Bd. 2, 1995, 300 S., 48,80 DM, br., ISBN 3-8258-2224-9

Pan-European Conference In International Relations

Frank R. Pfetsch (Ed.)
International Relations and Pan-Europe
Theoretical Approaches and Empirical Case Studies. Publication of the proceedings of the Inaugural Pan-European Conference in International Relations, held in Heidelberg, Germany, September 16 – 22, 1993

This book originated from the "Inaugural Pan-European Conference in International Relations" held in Heidelberg, September 1992. More than four hundred scholars from about thirty countries convened in workshops covering topics ranging from theoretical and disciplinary considerations to applied security concepts.
The selection from this broad range of topics was provided by an editorial committee from the "Standing Group on International Relations" in the "European Consortium for Political Research". The articles in this book are grouped into six main fields of research, i. e. "International Relations and its Theoretical Orientations", "Foreign Policy Studies", "Europe", "The Study of Conflicts", "Security Studies" and "United Nations". The reader has the option to overview the present state of scholarly activity in International Relations or get an insight into specific study-areas. This book claims to reflect the state of the art in the study of international relations particularly in Europe where most of the authors live or come from.
2. Aufl. 1994, 800 pp., 148,– DM, pb., ISBN 3–89473–945–2

Heidelberger Studien zur Internationalen Politik

herausgegeben von Frank R. Pfetsch

Frank R. Pfetsch (Hrsg.)
Globales Konfliktpanorama 1990 – 1995
Mit Beiträgen von Peter Billing, Andreas Busch, Christof Hartmann, Sabine Klotz, Marianne Rinza, Christoph Rohloff, Hardi Schindler und Bernhard J. Trautner
Dieses Buch beschreibt 100 interne und internationale Konflikte, die zwischen 1990 und 1995 in der Welt ausgetragen wurden. Die Konflikte sind chronologisch nach ihrer Entstehung aufgeführt und geographisch den Regionen Schwarzafrika, Nord-, Mittel- und Südamerika, Asien, Australien und Ozeanien, Europa und Vorderer und Mittlerer Orient zugeordnet. Jede Konfliktbeschreibung beginnt mit der Nennung der Konfliktparteien und der Konfliktdauer sowie mit der Beschreibung der Vorgeschichte, ohne die die heutigen Konflikte nicht zu verstehen sind. "Globales Konfliktpanorama 1990 – 1995" wurde von Regionalspezialisten geschrieben und ist ein in sich geschlossenes Werk; es kann auch als Weiterführung der fünfbändigen Ausgabe "Konflikte seit 1945" genutzt werden. Den Ausblick in "Konflikte seit 1945" – geschrieben im Dezember 1990 – hat die Autorengruppe mit der Prognose geschlossen, daß nach Beendigung des Kalten Krieges neue, bisher verdeckte oder gewaltsam homogenisierte Konfliktlinien in den früheren Ostblockstaaten aufbrechen werden.

LIT Verlag Münster – Hamburg – London
Bestellungen über: Dieckstr. 73 48145 Münster Tel.: 0251 – 23 50 91 Fax: 0251 – 23 19 72

Die zutage getretenen ethnischen und Nationalitätenkonflikte in Ost- und Südosteuropa sowie in Afrika haben diese Prognose bestätigt. Auch das rivalisierende imperialistische Ausgreifen der Supermächte in die Regionen der Dritten Welt ist einer Art Kondominiumpolitik gewichen, die, sich kristallisierend in der UNO, lokale Konflikte einzudämmen versucht. Die innerstaatlichen Konflikte um Selbständigkeit oder Selbstbestimmung haben die zwischenstaatlichen um Territorien und Grenzen weitgehend abgelöst.

Bd. 1, 1996, 317 S., 38,80 DM, br., ISBN 3-8258-3000-4

Bernhard J. Trautner
Konstruktive Konfliktbearbeitung im Vorderen und Mittleren Orient
Ansätze der Deeskalation und Beilegung nationaler und internationaler Konflikte 1945–1995
Die Studie untersucht die Ausgangsbedingungen konstruktiver Bearbeitung nationaler und internationaler Konflikte zwischen 1945 und 1995 in der von der islamischen Mehrheitskultur geprägten Subregion Nordafrikas, des Nahen und Mittleren Ostens sowie Mittelasiens. Auf der Basis eines Datensatzes von 168 Konflikten bzw. Konfliktphasen werden aus vornehmlich strukturellen Variablen, wie bsw. den ethnischen oder weltanschaulichen Differenzen der Beteiligten oder der Art der Konfliktgüter erklärungskräftige von weniger erklärungskräftigen Einflußfaktoren isoliert, und ihre Wirkungsrichtung in bezug auf gewaltfreien, kompromißhaften bzw. endgültigen Konfliktaustrag multivariat modelliert. Ein weiteres Modell unterscheidet günstige von ungünstigen Ausgangsbedingungen für eine Einmischung von Vermittlern. Die auf diese Weise hoch aggregierten Erkenntnisse werden anhand der Vermittlungstätigkeit dritter Parteien in konkreten Beispielen anschaulich gemacht. In dieser Analyse werden auch dynamische Faktoren des Deeskalations- und Beilegungsprozesses beleuchtet. Ein Vergleich der subregionalen Befunde mit den parallel im globalen Maßstab erhobenen Daten eines Projektes der Universität Heidelberg geht der Bedeutung einer häufig vermuteten "Eigengesetzlichkeit" der Konfliktbearbeitung im Vorderen und Mittleren Orient nach.

Bd. 2, 1997, 416 S., 58,80 DM, br., ISBN 3-89473-962-2

Sabine Klotz
Wie neutral war Schweden?
Die schwedische Neutralitätspolitik im Wandel
Seit 1814 war Schweden an keinem Krieg mehr beteiligt. Das Buch untersucht die Frage, inwiefern diese Tatsache auf die von Schweden verfolgte Neutralitätspolitik zurückzuführen ist.
Nach einer Definition der Begriffe "Neutralität" und "Blockfreiheit" und einem Vergleich der

Sicherheitspolitik der vier dauernd neutralen europäischen Staaten Schweden, Finnland, Österreich und der Schweiz wird die historische Entwicklung der schwedischen Neutralitätspolitik und die geostrategische Lage Schwedens dargestellt. Anschließend wird die schwedische Sicherheitspolitik während des Ost-West-Konflikts und seit 1989 behandelt, wobei der Anspruch dem tatsächlichen Regierungshandeln gegenüber gestellt wird.

Bd. 3, 1998, 160 S., 38,80 DM, br., ISBN 3-89473-964-9

Hardi Schindler
Konflikte in Südamerika
In der Friedens- und Konfliktforschung ist die Region Südamerika vernachlässigt und unterrepräsentiert. Dabei vollzog sich dort ein bemerkenswerter Wandel weg von politischer Instabilität mit Putschen, Militärdiktaturen, Guerillakriegen und ökonomischem Niedergang hin zur Demokratie, wirtschaftlicher Entwicklung und regionaler Integration. Die abgegrenzte geographische Lage Südamerikas, die relative religiös-kulturelle Homogenität und die gemeinsame Geschichte begünstigen eine konflikttheoretische Konzentration auf besondere Schwerpunkte.
Die Arbeit beschreibt und analysiert die 27 politischen Konflikte, die in Südamerika seit dem Ende des Zweiten Weltkrieges zu verzeichnen waren. Die Konflikte sind typologisch nach den Streitgegenständen gegliedert. In vergleichender Perspektive werden die Ursachen, Entstehungsbedingungen und Verläufe dargestellt. Unter Berücksichtigung überstaatlicher Organisationen werden die Regelungen, die Ergebnisse und die Lösungen der Konflikte untersucht. Das wesentliche Augenmerk liegt auf der Analyse der Beziehung von Konfliktgegenständen, Eskalationsverläufen und der Konfliktdynamik.

Bd. 4, 1998, 224 S., 38,80 DM, br., ISBN 3-89473-959-2

Hüseyin Ağuiçenoğlu
Genese der türkischen und kurdischen Nationalismen im Vergleich
Vom islamisch-osmanischen Universalismus zum nationalen Konflikt
Tagtäglich erreichen uns über die Massenmedien neue Nachrichten über die gewalttätigen Auseinandersetzungen im Kurdenkonflikt. Die Auswirkungen dieses Konfliktes bleiben jedoch nicht nur auf die Staaten beschränkt, in denen die Kurden ursprünglich leben, sondern haben mittlerweile auch Deutschland erreicht. Schätzungsweise leben eine halbe Million kurdische Einwanderer in Deutschland, die von den blutigen Auseinandersetzungen in ihrem Heimatland betroffen sind und durch ihre zum Teil gewalttätigen Aktionen Einfluß auf Deutschlands Kurdenpolitik ausüben. Obwohl die Medien in den letzten Jahren das deutsche Publikum mit zahlreichen Informationen über die Kurdenfrage versorgt haben, fehlt es nach

LIT Verlag Münster – Hamburg – London
Bestellungen über: Dieckstr. 73 48145 Münster Tel.: 0251 – 23 50 91 Fax: 0251 – 23 19 72

wie vor an wissenschaftlichen Arbeiten zum Thema. Die vorliegende Studie leistet einen wichtigen Beitrag zu diesem wenig bearbeiteten Gebiet der internationalen Konfliktforschung. In der Arbeit wird zunächst die Entstehung und Entwicklung der türkischen und kurdischen Nationalismen im Lichte der westlichen Nationalismusforschung untersucht und anschließend vor diesem theoretischen und historischen Hintergrund ein Erklärungsmodell für die Entstehung der Kurdenfrage in der Türkei herausgearbeitet. Dabei gelingt es dem Autor bei der Erforschung solch eines emotional aufgeladenen Themas, von dem er direkt betroffen ist, die wissenschaftliche Objektivität zu wahren. Dieses Buch richtet sich sowohl an das Fachpublikum aus den Bereichen internationale Konfliktforschung und Orientalistik wie auch an eine breitere Öffentlichkeit.

Bd. 5, 1997, 288 S., 48,80 DM, br., ISBN 3-8258-3335-6

Manfred Breuer
Nordirland. Eine Konfliktanalyse
Zum Thema Nordirland wurden bereits unzählige Untersuchungen veröffentlicht, die im Grunde alle Aspekte des Konflikts abdecken. Dabei stehen sowohl deskriptive Gesamtdarstellungen als auch Analysen einzelner Aspekte der *"Troubles"* zur Verfügung. Vorliegende Arbeit schlägt nun den Bogen zwischen diesen beiden Ansätzen, indem sämtliche für den Konflikt relevanten Aspekte – von den historischen Wurzeln bis zu außenpolitischen Verflechtungen – zunächst deskriptiv eingeführt werden, um zusätzlich jedoch einer Analyse unterzogen zu werden. Dabei werden jeweils die Akteure, Institutionen und Lösungsansätze untersucht, die entlang der untersuchten Konfliktlinien von Bedeutung sind. Somit ist das vorliegende Werk gleichermaßen geeignet als einführende Gesamtdarstellung des Konflikts, als Kurzanalyse der einzelnen Konfliktlinien sowie als Referenz, die den schnellen Zugang zu allen relevanten *"Players"* im anscheinend unüberwindlichen nordirischen Bürgerkrieg ermöglicht.

Bd. 6, 1994, 140 S., 38,80 DM, br., ISBN 3-89473-957-6

Christine D. Althauser
Rußlands Weg in den Europarat
"Die im April 1997 fertiggestellte Studie zeichnet Rußlands Weg in den 1949 gegründeten Europarat nach. Beleuchtet werden Interessen und Motivation der aufnehmenden Organisation wie die der Russischen Föderation. Im Spannungsfeld der übergreifenden Frage, wie Rußland nach dem Ende des Ost-West-Konflikts in internationale Strukturen eingebunden werden kann, ohne daß die Standards der Organisationen – in diesem Falle des Europarates – ausgehöhlt werden, werden die Etappen der Aufnahme Rußlands in die Straßburger Organisation dargestellt. Deutlich wird, daß Rußland – seit Februar 1996 nunmehr Mitglied

des Europarates – noch einen weiten Weg bis zur vollkommenen Erfüllung der eingegangenen Verpflichtungen zurückzulegen hat."

Bd. 7, 1998, 224 S., 39,80 DM, br., ISBN 3-8258-3535-9

Volker Hanefeld
Der Begriff der Nation bei Herder
Nationale Identität im internationalen Kontext
Bd. 8, 1998, 208 S., 39,90 DM, br., ISBN 3-8258-3720-3

Politische Verhaltensforschung
herausgegeben von Prof. Dr. Ralf Zoll
(Philipps-Universität Marburg)

Ralf Zoll (Hrsg.)
StudentIn und Politik
Materialien zur Entwicklung eines neuen Politikverständnissen
Bd. 1, 1993, 180 S., 34,80 DM, br., ISBN 3–89473–888–x

Ralf Zoll (Hrsg.)
Die soziale Lage älterer MigrantInnen in Deutschland
"Gastarbeiter" haben einen wesentlichen Beitrag zum sogenannten Deutschen Wirtschaftswunder geleistet. Die erste Generation dieser Arbeitsmigranten geht in diesen Jahren in Rente. Ein bedeutsamer Teil von ihnen wird in Deutschland verbleiben. Obwohl sie seit Jahrzehnten hier leben, wurden sie von unserer Gesellschaft und ihren politischen Repräsentanten weitgehend vergessen. Die bislang umfangreichste Studie zur sozialen Situation von Gastarbeitern ermittelte, daß ihre ökonomischen und gesundheitlichen Lebensbedingungen weitaus schlechter sind als die vergleichbarer deutscher Bevölkerungsgruppen. Deutsche Wohlfahrtseinrichtungen sind nicht darauf eingerichtet, den anstehenden stationären wie ambulanten Betreuungsbedarf zu befriedigen. Die Kürzungen in den Sozialetats werden eine Gruppe in unserer Gesellschaft empfindlich treffen, die erheblich dazu beigetragen hat, daß eine Mehrheit in Wohlstand leben kann.
Bd. 2, 1997, 256 S., 48,80 DM, br., ISBN 3-8258-3529-4

LIT Verlag Münster – Hamburg – London
Bestellungen über: Dieckstr. 73 48145 Münster Tel.: 0251 – 23 50 91 Fax: 0251 – 23 19 72